"十四五"时期国家重点出版物出版专项规划项目

 转型时代的中国财经战略论丛

上市公司税收激进行为的同群效应研究

Research on Peer Effects in Tax Aggressiveness of
Listed Companies

张钦成 著

中国财经出版传媒集团
经济科学出版社
Economic Science Press

图书在版编目（CIP）数据

上市公司税收激进行为的同群效应研究/张钦成著
．－－北京：经济科学出版社，2022.9
（转型时代的中国财经战略论丛）
ISBN 978 - 7 - 5218 - 3978 - 4

Ⅰ.①上…　Ⅱ.①张…　Ⅲ.①上市公司 - 税收管理 -
研究 - 中国　Ⅳ.①F812.423

中国版本图书馆 CIP 数据核字（2022）第 159820 号

责任编辑：于　源　冯　蓉
责任校对：杨　海
责任印制：范　艳

上市公司税收激进行为的同群效应研究
张钦成　著

经济科学出版社出版、发行　新华书店经销
社址：北京市海淀区阜成路甲 28 号　邮编：100142
总编部电话：010 - 88191217　发行部电话：010 - 88191522
网址：www. esp. com. cn
电子邮箱：esp@ esp. com. cn
天猫网店：经济科学出版社旗舰店
网址：http://jjkxcbs. tmall. com
北京季蜂印刷有限公司印装
710 × 1000　16 开　18.25 印张　290000 字
2022 年 12 月第 1 版　2022 年 12 月第 1 次印刷
ISBN 978 - 7 - 5218 - 3978 - 4　定价：76.00 元
（图书出现印装问题，本社负责调换。电话：010 - 88191510）
（版权所有　侵权必究　打击盗版　举报热线：010 - 88191661
QQ：2242791300　营销中心电话：010 - 88191537
电子邮箱：dbts@ esp. com. cn）

总　序

　　"转型时代的中国财经战略论丛"是山东财经大学与经济科学出版社在"十三五"系列学术著作的基础上，在"十四五"期间继续合作推出的系列学术著作，属于"'十四五'时期国家重点出版物出版专项规划项目"。

　　自 2016 年起，山东财经大学就开始资助该系列学术著作的出版，至今已走过 6 个春秋，期间共资助出版了 122 部学术著作。这些著作的选题绝大部分隶属于经济学和管理学范畴，同时也涉及法学、艺术学、文学、教育学和理学等领域，有力地推动了我校经济学、管理学和其他学科门类的发展，促进了我校科学研究事业的进一步繁荣发展。

　　山东财经大学是财政部、教育部和山东省人民政府共同建设的高校，2011 年由原山东经济学院和原山东财政学院合并筹建，2012 年正式揭牌成立。学校现有专任教师 1690 人，其中教授 261 人、副教授 625 人。专任教师中具有博士学位的 982 人，其中入选青年长江学者 3 人、国家"万人计划"等国家级人才 11 人、全国五一劳动奖章获得者 1 人、"泰山学者"工程等省级人才 28 人，入选教育部教学指导委员会委员 8 人、全国优秀教师 16 人、省级教学名师 20 人。近年来，学校紧紧围绕建设全国一流财经特色名校的战略目标，以稳规模、优结构、提质量、强特色为主线，不断深化改革创新，整体学科实力跻身全国财经高校前列，经管类学科竞争力居省属高校首位。学校现拥有一级学科博士点 4 个，一级学科硕士点 11 个，硕士专业学位类别 20 个，博士后科研流动站 1 个。在全国第四轮学科评估中，应用经济学、工商管理获 B＋，管理科学与工程、公共管理获 B－，B＋以上学科数位居省属高校前三甲，学科实力进入全国财经高校前十。2016 年以来，学校聚焦内涵式发展，全面实施了科研强校战略，取得了可喜成绩。获批国家级课题项目 241 项，教育部及其他省部级课题项目 390 项，承担各级各类横向课题 445 项；教师共发表高水平学术论文 3700 余篇，出版著作 323 部。同时，新增了山东省重点实验室、山东省重点新型智库、山东省社科理论重点研究基地、山东省协同创新中心、山东省工程技术研究中心、山东省两化融合促进中心等科研平台。学校的发展为教师从事科学研究提供了广阔的平台，创造了更加良好的学术生态。

"十四五"时期是我国由全面建成小康社会向基本实现社会主义现代化迈进的关键时期，也是我校合校以来第二个十年的跃升发展期。今年党的二十大的胜利召开为学校高质量发展指明了新的方向，建校 70 周年暨合并建校 10 周年校庆也为学校内涵式发展注入了新的活力。作为"十四五"时期国家重点出版物出版专项规划项目，"转型时代的中国财经战略论丛"将继续坚持以马克思列宁主义、毛泽东思想、邓小平理论、"三个代表"重要思想、科学发展观、习近平新时代中国特色社会主义思想为指导，结合《中共中央关于制定国民经济和社会发展第十四个五年规划和二〇三五年远景目标的建议》以及党的二十大精神，将国家"十四五"期间重大财经战略作为重点选题，积极开展基础研究和应用研究。

"十四五"时期的"转型时代的中国财经战略论丛"将进一步体现鲜明的时代特征、问题导向和创新意识，着力推出反映我校学术前沿水平、体现相关领域高水准的创新性成果，更好地服务我校一流学科和高水平大学建设，展现我校财经特色名校工程建设成效。通过向广大教师提供进一步的出版资助，鼓励我校广大教师潜心治学，扎实研究，在基础研究上密切跟踪国内外学术发展和学科建设的前沿与动态，着力推进学科体系、学术体系和话语体系建设与创新；在应用研究上立足党和国家事业发展需要，聚焦经济社会发展中的全局性、战略性和前瞻性的重大理论与实践问题，力求提出一些具有现实性、针对性和较强参考价值的思路和对策。

山东财经大学校长

2022 年 10 月 28 日

前　言

逐利的本性决定了公司会采用税收激进行为来减少现金流出以提高盈利水平，因而公司税收激进行为一直是学术界和实务界普遍关注的焦点问题。学术界在探究公司税收激进行为的影响因素时，大多数研究文献聚焦于公司治理机制、高管个人特征等公司特征因素视角和制度环境、税收政策等宏观环境因素视角，鲜有文献从同伴公司之间的行为互动这一视角考察公司税收激进行为的影响因素。然而，在现实中，处于同一群体（如同一行业或同一地区）内的公司在进行行为决策时会彼此模仿或者相互回应，从而形成公司行为的"同群效应"，即公司的行为决策会受到同一群体内同伴公司行为的影响。目前，国内外学者已经对公司投融资、高管薪酬等行为的同群效应展开研究并取得了许多重要的成果，但是对公司税收激进行为同群效应的研究还未深入开展。

因此，本书从同群效应的视角来探究公司税收激进行为，在回顾相关文献的基础上，结合公司税收激进理论、环境不确定性与组织决策的有限理性、社会学习理论、动态竞争理论、制度理论和委托代理理论构建理论分析框架，探究上市公司税收激进行为同群效应的存在性、形成机制、影响因素及经济后果，选取 2008~2018 年间我国沪、深两市 A股非金融类上市公司为研究样本进行实证检验，最终形成具体的研究结论并提出了相应的政策建议。

本书共分为八章。第 1 章为导论，交待本书的研究背景与研究意义，概括研究目标与研究内容，阐述研究思路，介绍研究方法，总结创新点；第 2 章为文献综述，对公司税收激进和同群效应领域的相关文献进行了梳理和评述；第 3 章对公司税收激进和同群效应的概念进行了界定并介绍了度量和识别方法，阐述了公司税收激进行为存在同群效应的理论基础;第4章展开理论分析并实证检验了上市公司税收激进行为同群效应的存在性;第5章展开理论分析并实证检验了上市公司税收激进行为同群效应的形成机制;第6章展开理论分析并实证检验了上市公司税收激进行为同群效应的影响因素;第7章展开理论分析并实证检验了上市公司税收激进行为同群效应的经济后果;第8章为本书的结论,总结归纳出本书的主要研究结论、研究局限以及预计未来研究方向并提出政策建议。

本书得出的主要研究结论包括:

第一,上市公司税收激进行为存在同群效应。基于社会学习理论、制度理论和动态竞争理论分析上市公司税收激进行为同群效应的存在性,选取行业为参照组并运用参照组组内线性均值模型进行实证检验发现:(1)上市公司的税收激进行为存在同群效应,即上市公司的税收激进行为会受到同伴公司税收激进行为的显著影响;(2)使用同伴公司股票特质收益的均值作为工具变量来消除"映像问题"可能带来的内生性偏误,上市公司税收激进行为同群效应依然存在;(3)排除税收激进行为地区趋同的影响后,基于行业参照组的上市公司税收激进行为的同群效应依然存在;(4)进一步分析发现,上市公司税收激进行为同群效应具有非对称性,并且能够产生社会乘数效应。

第二,上市公司税收激进行为中的信息性模仿和竞争性模仿是其同群效应的重要形成机制。在已验证上市公司税收激进行为存在同群效应的基础上,以社会学习理论、制度理论和动态竞争理论为基础,从信息性模仿和竞争性模仿两个角度进行上市公司税收激进行为同群效应形成机制的阐述与推理并进行实证检验发现:(1)信息性模仿机制是上市公司税收激进行为同群效应的形成机制之一。上市公司税收激进行为同群效应的形成遵从逻辑模仿律和先内后外律两大信息性模仿规律,即上市公司税收激进行为更易受到行业领导者和同一产权性质同伴公司税收激进行为的影响。(2)竞争性模仿机制是上市公司税收激进行为同群效应的形成机制之一。行业的竞争程度越高,上市公司税收激进行为同群效应越显著。

第三,信息质量和公司个体特征是上市公司税收激进行为同群效应的重要影响因素。在两种形成机制的基础上,运用社会学习理论及包含同伴信息的公司行为决策模型和动态竞争理论及最优反应函数进行上市公司税收激进行为同群效应影响因素的推导与分析并进行实证检验发现：（1）外部环境不确定性、管理层经验和董事联结等信息质量因素会通过信息性模仿机制显著影响上市公司税收激进行为的同群效应。外部环境不确定性程度越高，公司管理者经验越匮乏，或者公司与同伴公司存在董事联结且数量越多，上市公司税收激进行为的同群效应越显著。（2）融资约束、公司治理水平和卖空压力等公司个体特征会通过竞争性模仿机制显著影响上市公司税收激进行为的同群效应。公司融资约束程度越高，治理水平越高，或者当公司面临卖空压力时，上市公司税收激进行为同群效应越不显著。

第四，上市公司税收激进行为同群效应具有显著影响公司利益和管理层私利的经济后果。以公司税收激进理论和委托代理理论为基础构建了公司税收激进行为同群效应经济后果的理论分析框架，从公司利益和管理层私利两个角度分析同群税收激进的经济后果并进行实证检验发现：（1）税收激进行为同群效应显著提高了公司会计绩效和市场价值，即公司税收激进行为的同群效应越强，公司会计绩效越好，市场价值越高；（2）税收激进行为同群效应显著降低了公司管理层的货币薪酬和在职消费水平，即公司税收激进行为的同群效应越强，公司管理层的货币薪酬和在职消费水平越低。

综上所述，本书将同群效应引入到公司税收激进行为的研究中，首次系统地进行理论分析并实证检验了中国上市公司税收激进行为同群效应的存在性、形成机制、影响因素及经济后果。在理论层面上深化了公司税收激进行为影响因素的研究，拓展了公司行为同群效应的研究；在实践层面上对税收征管机构提高税收征管效率，对公司完善决策程序以提高决策效率具有重要的指导意义。

目 录

第1章　导　　论

本章首先阐述了本书的研究背景与研究意义，提出本书的主要研究问题；其次，阐述本书的研究目标与研究内容，对本书的主要研究内容进行概述，列示结构框架；再次，阐述本书的研究思路，概括本书的研究方法；最后，总结本书的创新点与主要贡献。

1.1　研究背景与意义

1.1.1　研究背景

为加快完善社会主义市场经济体制，党的十九大报告将深化我国税收制度改革作为一项重要举措。税收制度改革必须考虑纳税主体的应对行为，以及纳税群体中个体之间的互动行为和交叉影响，才能有效规范税收征管，实现税收制度改革的预期目标，建立一个微观主体有活力、宏观调控有度的经济体制。公司作为社会纳税的最重要主体之一，逐利的本性决定其会采取税收激进①行为来减少现金流出以提高盈利水平。

---

① 在国内外公司税收激进的相关文献中，研究者们对"税收激进（tax aggressiveness）"这一概念名称的措辞并不一致。在国外文献中，除了"tax aggressiveness"之外，使用"tax avoidance""tax sheltering""tax evasion""tax noncompliance"等措辞也十分普遍。虽然这些研究中的措辞不同，但是一般均表示公司减少显性税负的活动。在国内文献中，除了"税收激进"之外，也有诸多研究采用"避税""税收规避"等措辞。国内文献中的措辞虽然也不一致，但是度量方法却基本一致，绝大多数研究都是采用会税差异及其变体或者公司实际所得税率及其变体，也沿用了国外文献对该概念的界定。国内研究者的措辞不同更多源于对国外文献中相关措辞的翻译不同。本书选用"税收激进"一词来统一定义相关概念，以避免语义上的混乱使读者产生误解。具体的概念界定详见第3章。

因此，公司税收激进行为一直是学术界和实务界普遍关注的重要问题。现有的公司税收激进研究文献主要从公司治理机制、高管个人特征等公司特征因素视角和制度环境、税收政策等宏观环境因素视角对公司税收激进行为进行探究，鲜有文献从同伴公司之间的行为互动这一视角考察公司税收激进行为的影响因素。然而，在现实中，处于同一群体（如同一行业或同一地区）内的公司在进行行为决策时会彼此模仿或者相互回应，从而形成公司行为的"同群效应"①，即公司的行为决策会受到同一群体内同伴公司行为的影响。格雷厄姆和哈维（Graham and Harvey，2001）通过对 392 位财务总监进行调查研究发现，多数财务总监在进行决策时，会将同行业内的同伴公司的决策行为作为重要参考。库比克等（Kubick et al.，2015）研究发现在产品竞争市场上，其他公司会模仿产品市场领导者的税收激进行为。这些研究成果初步揭示了公司税收激进行为在同伴公司间存在互动关系。理论上，由于决策环境的不确定性和同伴的竞争压力，拥有有限信息的决策者会通过模仿和回应同伴的行为决策以应对决策环境的不确定性，并缓解竞争压力，从而导致同一群体内部的主体行为呈现趋同特征。因此，公司的税收激进行为很可能会受到同伴公司税收激进行为的影响，从而导致公司税收激进行为同群效应的形成。

社会心理学研究表明，处于相似行业、相似组织或者具有其他相似特征的群体内的个体间会产生互动行为进而交叉影响，这一现象被称为"同群效应"（peer effects）（赵颖，2016）。近年来，关于同群效应的研究在社会学、经济学等领域中得到了较多的关注。同群效应反映了人们做决策时，存在同伴的情况下，会受到周围同伴的影响，从而使自身的行为和行为后果发生变化，尤其是在外部环境不确定性程度较高或者群体内竞争较为激烈时。这一视角扩充了经典经济理论，在考虑个体与市场之间的互动关系之外加入了"同伴"（peers）的影响，具有重要的理论与现实意义。传统的财务会计研究将公司财务行为视为公司独立决策的结果，却忽视了其他同伴公司对其决策行为的影响。直至近年来，有研究发现公司部分财务行为存在同群效应，例如，利瑞和罗伯茨（Leary and Roberts，2014）研究发现，公司资本结构等财务决策并非完

---

① "同群效应"来自国外文献的"peer effects"一词，国内学者对其翻译有所不同，其常见的翻译名称还有"同伴效应""同侪效应"等。

全取决于公司个体特征，而是会受到行业参照组内同伴公司的显著影响，其影响力甚至要大过之前已发现的其他影响因素。

随着我国经济转型升级步伐的加快和市场化改革的不断深入，我国公司决策环境的不确定性日益增强，竞争压力不断加大，制度环境加速变化，这将导致公司行为的彼此模仿和相互回应的现象更为普遍，公司行为的同群效应会更加显著。目前，国内外学者已经对公司投融资、高管薪酬等公司行为同群效应展开研究并取得了一定的成果，但是对公司税收激进行为同群效应的研究还未深入开展。因此，本书结合我国特定的市场环境及制度背景，识别上市公司税收激进行为同群效应的存在性，深入分析其形成机制，并进一步考察上市公司税收激进行为同群效应的影响因素与经济后果，为提高税收征管效率，规范公司纳税行为，深化我国税收制度改革，完善社会主义市场经济体制提供有益参考。

1.1.2 研究意义

1. 理论意义

鉴于对我国公司税收激进行为同群效应展开研究的理论与现实需要，本书以社会学习理论、动态竞争理论、制度理论等作为理论基础，结合我国特定的市场环境及制度背景，识别上市公司税收激进行为同群效应的存在性及其形成机制，并考察上市公司税收激进行为同群效应的影响因素与经济后果。具体而言，本书的理论意义主要包括以下几个方面。

第一，拓展了公司税收激进行为影响因素的理论与实证研究。长期以来，公司税收激进行为一直是财务会计研究领域关注的重要问题，且对其影响因素和经济后果进行了大量的研究。然而，鲜有文献探讨公司税收激进行为的互动现象和交叉影响。本书的研究将公司税收激进行为的研究拓展到公司决策的同群效应这一层面，使用社会学习理论、动态竞争理论、制度理论等作为理论基础来分析同群效应对上市公司税收激进行为的影响，为公司税收激进行为的影响因素研究补充了新的理论依据，并提供了来自中国上市公司的经验证据。

第二，完善了公司行为同群效应形成机制的理论与实证研究。具体地，本书以社会学习理论、动态竞争理论和制度理论为基础进行了理论分析并构建了公司税收激进行为同群效应的形成机制研究框架，分别从信息性模仿和竞争性模仿两个角度来探究公司税收激进行为同群效应的形成机制，拓展了同群效应形成机制的相关文献。

第三，丰富了公司行为同群效应影响因素的理论与实证研究。具体地，本书以社会学习理论及包含同伴信息的公司行为决策模型和动态竞争理论及最优反应函数为基础推导并构建了公司税收激进行为同群效应影响因素的理论分析框架，理论分析并实证检验了信息质量（包含先验信息质量、自有信息质量和同伴信息质量）和公司个体特征（包含融资约束、公司治理水平和卖空压力）两种公司税收激进行为的重要决策依据如何分别通过信息性模仿机制和竞争性模仿机制对上市公司税收激进行为同群效应产生影响，是对新兴市场公司税收激进相关文献的补充，也是对同群效应影响因素相关文献的拓展。

第四，深化了公司行为同群效应经济后果的理论与实证研究。具体地，本书以公司税收激进理论、制度理论和信息不对称以及委托代理理论为基础构建了公司税收激进行为同群效应经济后果的理论分析框架，从公司会计绩效和市场价值两个方面实证检验了公司税收激进行为同群效应对公司利益的影响，并且从高管货币薪酬和在职消费两个方面实证检验了公司税收激进行为同群效应对管理层私利的影响，明确了上市公司税收激进行为同群效应是公司价值提升的"利器"还是管理层攫取私利的"工具"，是对同群效应经济后果相关研究的拓展。

2. 现实意义

本书研究发现，公司税收激进行为表现出同群效应，即公司税收激进行为会受到同伴公司税收激进行为的显著影响。信息性模仿机制和竞争性模仿机制是公司税收激进行为同群效应的主要形成机制。公司税收激进行为同群效应受到信息质量和公司特质等重要税收激进行为决策依据的影响。公司税收激进行为同群效应显著提高了公司会计绩效和市场价值，降低了公司管理层的货币薪酬和在职消费水平。因此，由本书研究结论可见，同群效应起到了沟通公司微观层面与同伴群体中观层面的桥梁作用，对税收征管机构完善税收征管制度，提高税收征管效率，规范公司纳税行为具有重要的借鉴意义；对公司管理层完善决策程序，降低决策成本，提高决策效率具有参考价值；对公司股东准确了解公司行为，合理评价公司管理层提供了理论与经验证据；为深化我国税收制度改革，提高税收征管效率和经济运行效率，完善社会主义市场经济体制具有重要的现实意义。

第一，为税收征管部门完善税收征管制度，提高税收征管效率提供理论依据与经验证据。党的十九大报告将深化我国税收制度改革作为加快完善社会主义市场经济体制的一项重要的举措。税收征管部门只有深入理解公司的纳税行为才能有效规范税收征管，实现税收制度改革的预期目标。本书展开理论分析并实证检验了公司税收激进行为同群效应的存在性，表明公司的税收激进行为会受到同一群体内同伴公司税收激进行为的影响，进一步分析表明该同群效应呈现出非对称性特征并产生社会乘数效应。这些研究发现有助于税收征管部门了解公司税收激进行为同群效应，在制定税收征管政策时充分考虑税收激进行为同群效应的影响，达到完善税收征管制度的目的。税收激进行为同群效应形成机制的理论分析与实证检验为税收征管部门指明了税收激进行为同群效应中的重点监管对象，税收激进行为同群效应影响因素的理论分析与实证检验为税收征管部门明确了不同因素影响下税收激进行为同群效应的差异，有助于税收征管部门在征管过程中"有的放矢"，提高税收征管效率。

第二，为公司完善决策程序，提高决策效率提供理论依据与经验证据。在我国经济转型升级和市场化改革不断深入的背景下，公司管理层所面临的决策环境不确定性加大，竞争压力加剧，制度环境加速变化，增加了公司管理层的决策难度。加之，公司税收激进行为的决策风险较高，决策失误可能导致的处罚会给公司带来经济和声誉上的双重损失，这对公司的决策水平提出了更高的要求。本书理论分析并实证检验了公司税收激进行为同群效应的存在性，表明公司会模仿和回应同一群体内同伴公司的税收激进行为，有助于公司管理层参照同伴公司进行税收激进行为决策。税收激进行为同群效应形成机制的理论分析与实证检验为公司指明了税收激进行为同群效应中的重点参照对象，税收激进行为同群效应影响因素的理论分析与实证检验表明在外部环境不确定、管理层缺乏经验、同伴信息易于获取等情况下，公司更应实施同群的税收激进行为。因此，本书的理论分析和实证检验有助于公司完善决策程序，提高决策效率。

第三，为公司股东准确了解公司行为，合理评价公司管理层提供理论依据与经验证据。公司行为活动的同群效应不仅影响到公司自身，更是关乎广大投资者合理投资策略的制定和实际的投资收益。本书理论分析并实证检验了公司税收激进行为同群效应的存在性、形成机制、影响因素及经济后果，有助于公司股东准确了解公司税收激进行为同群效应及其动机，合理评价管理层的税收激进行为决策，并通过完善治理机制、"用脚投票"等行为引导公司税收激进行为同群效应发挥积极作用。因此，本书的研究有助于股东及时发现公司税收激进行为同群效应可能存在的风险，并且激励和引导公司管理层通过合理的同群税收激进行为来提升公司价值。

第四，为政府部门完善政策法规，优化制度环境提供理论依据与经验证据。我国正处全面深化改革的关键时期，资本市场发展还不够成熟，公司制度改革正不断深化，公司的外部监管机制不够完善，公司的内部治理环境较差。政府部门应充分认识到公司行为决策不仅会对公司自身产生重大影响，也会对同一群体内的其他同伴公司产生影响，继而在同群中层层传导产生同群效应。政府部门如何利用公司行为决策的同群效应制定合理可行的法规政策，降低和避免同群效应可能造成的负面影响，有效促进同群效应积极作用的发挥，是亟待解决的问题。本书的研究揭示了同群效应对公司行为影响的存在性、形成机制、影响因素及经济后果，为政府部门完善政策法规，优化制度环境提供了理论依据与经验证据。

1.2 研究目标与内容

1.2.1 研究目标

本书关于上市公司税收激进行为同群效应的研究，预期达到两个主要研究目标。

第一，在理论分析和实证检验上市公司税收激进行为同群效应存在性的基础上，从信息性模仿和竞争性模仿两个角度理论分析并实证检验上市公司税收激进行为同群效应的形成机制，根据两种形成机制中的决策依据，从信息质量和公司特质两个方面展开理论分析并实证检验上市公司税收激进行为同群效应的影响因素，并且从公司利益和管理层私利两个角度展开理论分析并实证检验上市公司税收激进行为同群效应的经济后果。从而尽可能系统地呈现上市公司税收激进行为的同群效应，以期有助于税收征管部门、公司管理层及其他利益相关者更加准确深入地理解上市公司税收激进行为之间的交互影响。

第二，在总结理论分析及实证检验结果的基础上，结合目前我国的特定经济环境与制度背景，对税收征管制度的设计与完善和公司税收激进行为决策提供相关的参考意见与建议，促进税收征管部门逐步完善税收征管制度并提高税收征管效率，促进上市公司完善决策机制并增强复杂环境下的决策能力，最终深化我国税收制度改革，完善社会主义市场经济体制，促进经济社会发展。

1.2.2　研究内容

本书的研究内容主要围绕上市公司税收激进行为同群效应的存在性、形成机制、影响因素和经济后果4个方面展开。首先，介绍研究背景与研究意义，梳理国内外相关研究，分析研究现状，找出其中不足，以此为基础确立文章的研究主题"上市公司税收激进行为的同群效应研究"。其次，界定公司税收激进和同群效应的相关概念并阐述相关理论基础。再次，从信息性模仿和竞争性模仿两个角度分析我国上市公司税收激进行为同群效应的存在性、形成机制、影响因素和经济后果，从而提出研究假设。根据相应的研究假设，进行实证研究设计，运用描述性统计分析、相关性分析以及多元回归分析等多种方法，在相关内生性处理和稳健性检验后，形成上市公司税收激进行为同群效应存在性、形成机制、影响因素和经济后果的研究结论。最后，总结本书的研究结论，结合理论分析与实证检验结果，针对税收征管和公司行为决策，提出符合我国实际情况的政策建议。

具体而言，本书分为8章，研究的内容与各章节安排，详述如下：

第1章，导论。首先，交待本书的研究背景与研究意义，初步提出研究问题；其次，阐述研究目标与研究内容，对主要研究内容进行概述，列示结构框架；再次，阐述研究思路，概括研究方法；最后，总结创新点。

第2章，文献综述。相关的文献领域主要包括公司税收激进和同群效应两个方面。其中，公司税收激进文献综述包括：公司治理视角下的公司税收激进行为；高阶梯队理论视角下的公司税收激进行为；非正式制度视角下的公司税收激进行为；宏观经济环境、政策与公司税收激进行为；所有权性质与公司税收激进行为；社会责任与公司税收激进行为；公司税收激进行为的经济后果。同群效应文献综述包括：公司高管薪酬的同群效应；公司投融资行为的同群效应；公司其他决策行为的同群效应。最后对相关文献做出总体评述。

第3章，基本概念与理论基础。首先，本章对公司税收激进和同群效应的相关概念及其度量和识别方法进行了界定和回顾，明确了相关概念并为实证检验上市公司税收激进行为同群效应奠定了基础。其次，梳理并回顾了公司税收激进行为同群效应存在性、形成机制和影响因素的理论基础，包括公司税收激进理论、环境不确定性与组织决策的有限理性、社会学习理论、动态竞争理论、制度理论、委托代理理论，为深入分析上市公司税收激进行为同群效应提供了理论依据和分析思路。

第4章，上市公司税收激进行为同群效应存在性识别。本章主要对上市公司税收激进行为是否存在同群效应进行理论分析和实证检验。首先，结合相关理论并参考现有研究，主要从信息性模仿和竞争性模仿两个角度来理论分析上市公司税收激进行为同群效应的存在性，并提出研究假设。其次，选择行业作为参照组，采用参照组组内线性均值模型对公司税收激进行为同群效应的存在性进行实证检验。再次，为处理映像问题所带来的内生性，使用同伴公司股票特质收益的均值作为工具变量进行二阶段回归；为排除税收激进行为地区趋同的影响，加入同地区同伴公司税收激进程度的均值变量来控制地区因素的影响；为增强结论的可靠性，从更改税收激进的计量方法、更改行业划分标准、滞后效应、更改工具变量计算的窗口期、更改同伴公司指标的计算方法5个方面展开稳健性检验。最后，进一步分析同群效应的特征，包括非对称性和社会乘数效应。

第 5 章，上市公司税收激进行为同群效应的形成机制。本章主要对上市公司税收激进行为同群效应的形成机制进行理论分析和实证检验。首先，基于社会学习理论、制度理论和动态竞争理论，从信息性模仿和竞争性模仿两个角度来理论分析公司税收激进行为同群效应的形成机制，并提出研究假设。然后，构建合理的公司税收激进行为同群效应的形成机制检验模型，利用我国上市公司经验数据对公司税收激进行为同群效应的信息性模仿机制（包括逻辑模仿律和先内后外律）和竞争性模仿机制进行实证检验，形成上市公司税收激进行为同群效应形成机制的研究结论。

第 6 章，上市公司税收激进行为同群效应的影响因素。本章主要对上市公司税收激进行为同群效应的影响因素进行理论分析和实证检验。在上市公司税收激进行为同群效应的两种形成机制的基础上，选取信息质量（包含先验信息质量、自有信息质量和同伴信息质量）和公司个体特征（包含融资约束、公司治理水平和卖空压力）两种公司税收激进行为的重要决策依据作为公司税收激进行为同群效应的影响因素，模型推导并理论分析这些因素对公司税收激进行为同群效应形成机制的影响；然后，对这些影响因素进行科学的量化并构建合理的检验模型，利用我国上市公司经验数据进行实证检验，形成上市公司税收激进行为同群效应影响因素的研究结论。

第 7 章，上市公司税收激进行为同群效应的经济后果。本部分主要对上市公司税收激进行为同群效应的经济后果进行理论分析和实证检验。基于公司税收激进理论、制度理论和委托代理理论，选取公司利益和管理层私利两方面作为公司税收激进行为同群效应经济后果的基本切入点，理论分析公司税收激进行为同群效应对公司利益和管理层私利的可能影响；然后，对这些经济后果进行科学的量化并构建合理的检验模型，利用我国上市公司经验数据进行实证检验，形成公司税收激进行为同群效应经济后果的研究结论。

第 8 章，结论。首先，在前 7 章的文献回顾、概念界定与理论基础、理论分析以及相应实证检验的基础上，总结归纳出本书的主要研究结论。然后，在此基础上从税收征管部门和上市公司两个层面提出政策建议，为有效利用上市公司税收激进行为同群效应来提高税收征管效率，完善税收征管制度设计，降低公司决策成本，提高公司决策效率建言献策。最后，总结研究的局限性并展望进一步研究的方向。

1.3　研究思路与方法

1.3.1　研究思路

在梳理和评述相关文献的基础上，首先，基于公司税收激进理论、环境不确定性和组织决策的有限理性、社会学习理论、动态竞争理论、制度理论和委托代理理论阐述同一群体内的同伴公司间税收激进行为的信息性模仿和竞争性模仿，分析上市公司税收激进行为同群效应的存在性及其形成机制，通过理论模型推导该效应的影响因素与经济后果。然后，将此理论基础嵌入我国上市公司市场环境及制度背景进行理论分析并提出研究假设，构建上市公司税收激进行为同群效应检验模型。最后，根据上述理论分析与检验模型，分别对上市公司税收激进行为同群效应的存在性、形成机制与影响因素进行实证检验，最终形成具体的研究结论，并进一步提出相应的政策建议。具体的技术路线如图1-1所示。

1.3.2　研究方法

本书以社会学、管理学、经济学领域的公司税收激进理论、环境不确定性和组织决策的有限理性、社会学习理论、动态竞争理论、制度理论和委托代理理论为支撑，运用中国上市公司的经验数据，对上市公司税收激进行为同群效应的存在性、形成机制、影响因素和经济后果进行理论分析和实证检验。按照"提出问题—理论分析—实证检验—政策建议"的逻辑思路，将理论研究与实证检验相结合、定性分析与定量分析相结合。本书运用的研究方法主要包括文献研究法、演绎推理法、归纳分析法、数理推导法和实证检验法。

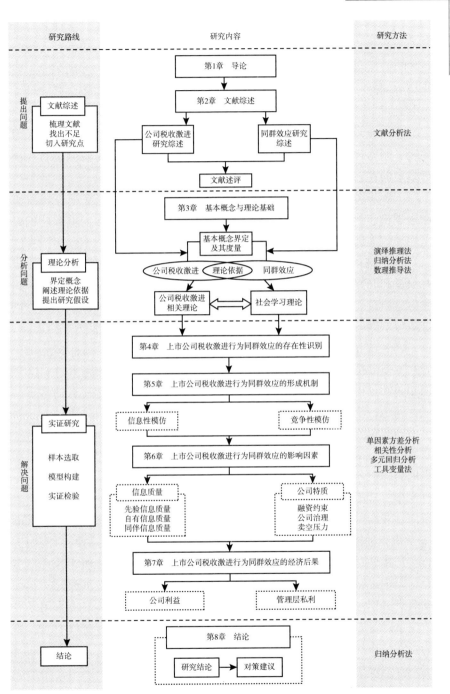

图 1-1 研究技术路线

（1）文献研究法。本书运用文献研究法归纳、分析、梳理和评述公司税收激进行为的影响因素和经济后果、财务决策中的同群效应以及公司税收激进行为同群效应的相关文献，剖析现有研究存在的不足，提出研究问题，探寻研究思路，为开展理论分析与实证研究奠定坚实的文献基础。

（2）演绎推理法。本书运用假说演绎推理的方法，基于社会学习理论、制度理论和动态竞争理论演绎推理我国上市公司税收激进行为同群效应的存在性及其形成机制，进而提出相应的研究假设。

（3）归纳分析法。本书运用假说演绎推理的方法，基于公司税收激进理论和委托代理理论归纳分析上市公司税收激进行为同群效应的经济后果，为经济后果的实证分析和检验提供理论依据。

（4）数理推导法。本书运用数理推导法，基于包含先验信息、自有信息和同伴信息等三类信息的公司税收激进行为决策模型，推导了先验信息质量、自有信息质量和同伴信息质量对上市公司税收激进行为同群效应的影响，进而提出相应的研究假设。

（5）实证检验法。本书运用的实证研究方法主要包括：①运用单因素方差分析法比较不同行业的上市公司税收激进程度的差异性；②运用相关性分析检验各变量之间的关系，检验变量之间可能存在的多重共线性问题；③运用参照组组内线性均值模型进行多元回归分析的方法对上市公司税收激进行为的存在性、形成机制、影响因素和经济后果进行实证检验。实证研究的经验数据来源包括：从国泰安 CSMAR 数据库中提取公司财务特征数据，从 Wind 资讯金融数据库中提取公司名义所得税税率，从国家统计局网站和税务年鉴获取宏观经济数据，从沪深交易所网站获取融资融券标的股票名单。实证研究采用 Excel 2016 和 Stata 15.0 进行数据处理。为保证模型回归的效度，本书在使用回归模型进行实证检验时，对所有连续变量进行了 1% 的双侧缩尾处理，并且在多元回归中进行了 White 异方差调整、Robust 稳健标准误修正和公司层面的聚类（Cluster）处理。此外，为保证研究结论稳健，本书还采用了更改变量计量方法、更改行业划分标准、更改工具变量计算窗口期等一系列稳健性检验方法。

1.4 研 究 创 新

本书的主要创新是将社会学研究领域中的"同群效应"引入公司税收激进行为的研究中，系统地进行了理论分析并实证检验了上市公司税收激进行为同群效应的存在性、形成机制、影响因素和经济后果。与以往的研究成果相比，本书的创新点和贡献主要体现在以下几个方面：

（1）深入系统地分析了税收激进行为中同群效应的存在性、形成机制、影响因素和经济后果。在明确公司税收激进和同群效应概念和识别方法的基础上，以公司税收激进理论、环境不确定性和组织决策的有限理性、社会学习理论、动态竞争理论、制度理论和委托代理理论对我国上市公司税收激进行为同群效应的存在性、形成机制、影响因素和经济后果进行了深入、系统的理论分析，为分析和理解公司税收激进行为提供了一个新视角。

（2）实证检验了我国上市公司税收激进行为同群效应的存在性。以往研究表明诸多公司决策行为存在同群效应，但是尚未有文献识别我国上市公司税收激进行为是否存在同群效应，本书研究发现我国上市公司税收激进行为存在明显的同群效应，并呈现出非对称性和社会乘数效应的特征，补充了现有公司税收激进行为和同群效应的研究文献。

（3）实证检验了我国上市公司税收激进行为同群效应的形成机制。国内外尚未有文献考察上市公司税收激进行为同群效应的形成机制，本书研究发现信息性模仿和竞争性模仿是上市公司税收激进行为同群效应的重要形成机制，弥补了以往研究的不足。

（4）实证检验了我国上市公司税收激进行为同群效应的影响因素。以往公司行为同群效应的影响因素研究尚未形成统一的研究框架，本书基于上市公司税收激进行为同群效应的形成机制，构建了包含信息性模仿中的信息质量和竞争性模仿中的公司个体特征在内的上市公司税收激进行为同群效应影响因素的研究框架并进行了实证检验，发现先验信息、自有信息及同伴信息的质量和融资约束水平、公司治理水平及卖空压力等公司个体特征是上市公司税收激进行为同群效应的重要影响因素，弥补了以往研究的不足。

（5）实证检验了我国上市公司税收激进行为同群效应的经济后果。以往研究主要借助同群效应这一视角考察公司的决策行为，但是缺乏对公司行为同群效应经济后果的研究，我国上市公司税收激进行为同群效应的经济后果研究更是鲜有涉及，本书的研究发现弥补了以往研究的不足。

第 2 章　文 献 综 述

公司的税收激进行为是财务会计中备受关注的研究领域之一。作为公司的重要决策行为之一，公司税收激进行为既受到公司治理机制、高管个人特征等公司特征因素和制度环境、税收政策等宏观环境因素的影响，又可能会受到同一群体内同伴公司税收激进行为的影响。在系统研究公司税收激进行为同群效应的存在性、形成机制、影响因素和经济后果之前，对公司税收激进和公司行为同群效应方面的文献进行回顾、梳理和评述，能够为本书的研究奠定坚实的文献基础。本章共分 4 节：第 2.1 节对公司税收激进的影响因素和经济后果方面的研究进行了综述；第 2.2 节对公司行为同群效应的研究进行了综述；第 2.3 节对公司税收激进行为同群效应的相关研究进行了回顾；第 2.4 节对以上文献进行了总体评述。

2.1　公司税收激进研究综述

2.1.1　公司税收激进行为的影响因素

1. 公司治理视角下的公司税收激进行为

（1）代理问题与公司税收激进。所有权和经营权的分离致使现代公司产生了代理问题。根据公司相关的利益冲突主体的不同，代理问题可以分为两种类别：一类是由于股权高度分散导致的股东与经理人之间的代理问题，也称代理型公司治理问题或第一类代理问题；另一类是由于股权集中于少数大股东手中，导致控股股东掠夺中小股东的代理问题，也称剥夺型公司治理问题或第二类代理问题。现有的公司税收激进研究主要关注第一类代理问题，较少关注第二类代理问题。巴德彻等（Badertscher et al.，2013）以 549 家民营企业为样本，按照两权分离程度分成三类，研究了两权分离程度的不同对民营企业税收激进行为的影响，研究发现，由于税收激进行为是一项风险活动，相比两权分离程度高的公司，所有权和控制权越集中的公司，经理人越厌恶风险，从而税收激进程度越低。麦奎尔等（McGuire et al.，2014）研究了双层股权结构中的代理问题是否影响公司税收激进，研究发现，与单一股权结构公司相比，当内部人的控制权和现金流权的差异增大时，双层股权结构的公司税收激进程度越低。陈等（Chen et al.，2010）利用第二类代理问题较为突出的家族企业作为研究对象来研究公司税收激进行为，发现与非家族企业相比，家族企业的税收激进程度更低，这是因为家族企业的大股东担忧中小股东和税收征管部门认为其通过税收激进行为来掩盖利益转移的"抽租"行为，从而导致潜在的罚金和声誉损失。蔡地和罗进辉（2015）研究发现，相比聘请职业经理人担任 CEO 的家族企业，由家族成员担任 CEO 的家族企业具有更高的税收激进程度，家族股东的超额控制权越高，家族 CEO 对家族企业税收激进程度的正向影响也越弱。

（2）管理层激励与公司税收激进。管理层激励是重要的公司内部治理机制之一，其对公司税收激进行为的影响引起了诸多研究者的关注。为了鼓励管理层积极开展税收激进活动来提升股东价值，那么就应该设置恰当、合理的管理层激励措施。现有的大多数研究表明管理层激励水平越高，公司税收激进程度也越高，其中公司 CEO 的激励水平与公司税收激进行为的研究最多。雷戈和威尔逊（Rego and Wilson，2012）发现股权激励水平越高，公司税收激进程度越高。盖特纳（Gaertner，1992）研究发现 CEO 税后激励与实际税率呈负相关，说明公司用更高的薪酬来补偿 CEO 实施税收激进行为所承担的风险。阿姆斯壮等（Armstrong et al.，2012）研究发现公司税务主管的薪酬激励水平与公司实际税率呈负相关。库比克和马斯利（Kubick and Masli，2016）研究发现 CFO 的锦标赛激励（tournament incentives）与公司税收激进程度呈正相关，并且使用股权激励（equity incentives）的锦标赛激励增加了公司税收激进程度。池等（Chi et al.，2017）研究了 CEO 内部债务激励与公司税收激进，发现由于持有内部债务降低了 CEO 风险偏好，CEO 持有公司内部债务与公司税收激进程度负相关。与以上结论不同，德赛和达摩波罗（Desai and Dharmapala，2006）以高管股票期权占总薪酬的比重来衡量管理层激励，发现管理层激励的增加会减少公司税收激进行为。

（3）董事会制度与公司税收激进。拉尼斯和理查森（Lanis and Richardson，2011）研究了董事会构成对公司税收激进行为的影响，发现外部董事比例的提高能够抑制公司税收激进行为。相类似的，阿姆斯壮等（Armstrong et al.，2015）研究了董事会独立性对公司税收激进行为的影响，发现董事会独立性越强，公司税收激进程度越低。理查森（Richardson et al.，2013）研究了董事会监管特性对公司税收激进行为的影响，发现内部控制越完善、内部审计委员会独立性越强，公司税收激进程度越低。

（4）外部公司治理机制与公司税收激进。除了内部公司治理机制，现有文献对外部公司治理机制的关注越来越多，主要涉及税收征管、外部审计、机构投资者、评级机构、产品市场以及公司控制权市场等。首先，在税收征管方面，胡普思（Hoopes，2012）研究了美国国税局的税收征管对公司税收激进行为的影响，发现高强度的税收征管能够抑制美国上市公司的税收激进行为。曾亚敏和张俊生（2009）构建了地区税收征管指数，分析税收征管力度对中国上市公司中股东与管理者之间的代理成本、大股东与小股东之间的代理成本的影响，发现税收征管能够作为一种外部治理机制发挥公司治理的功用。此后，国内研究开始将税收征管作为外部治理机制来探究其对公司税收激进行为的影响。江轩宇（2013）研究发现税收征管有助于降低公司的税收激进程度。蔡宏标和饶品贵（2015）研究发现税收征管力度越强，机构投资者所发挥的外部治理作用对公司税收激进行为的抑制越明显。卢洪友和张楠（2016）发现地方政府换届会提高税务机关的税收征管力度，从而降低公司税收激进程度。其次，在外部审计方面，高质量外部审计可以有效制约公司税收激进活动（金鑫和雷光勇，2011），并且审计师的税收专长能够提高客户税收激进程度（McGuire et al.，2012），此外，审计师具备行业专长时，客户的税收激进水平更高（魏春燕，2014）。再次，在机构投资者和评级机构方面，蔡宏标和饶品贵（2015）研究发现机构投资者能够抑制公司税收激进行为。伯德和卡洛伊（Bird and Karolyi, 2016）使用断点回归方法研究发现罗素指数重构这一对机构投资者的正向冲击降低了公司实际税率，进一步研究发现强有力的公司治理和较高的管理层股权激励将减少影响效果。陈等（Chen et al., 2017）研究发现《多德－弗兰克法案》实施以后，评级机构的评级对象公司其税务筹划活动更加激进，导致这一结果的主要是融资受到约束的公司、外部融资减少的公司和外部监管薄弱的公司。最后，在产品市场方面，库比克（Kubick et al., 2015）发现产品市场中具有优势的公司更有可能实施税收激进行为，并且其他公司会模仿产品市场领导者的税收激进行为。阿姆斯壮（Armstrong et al., 2016）研究发现同一行业公司的税收激进行为呈现战略互补性：行业竞争对手的税收激进程度变化导致公司税收激进程度的同向变化，公司对行业竞争对手税收激进程度变化的反应可能是由于其忌惮税收激进程度高于行业竞争对手而带来更多税收监管。除此以外，媒体治理、公司控制权等方面也受到关注。田高良等（2016）研究了媒体关注对公司税收激进行为的影响，发现媒体关注所发挥的治理作用能够抑制公司税收激进行为。古尔等（Gul et al., 2016）研究发现参与并购的公司其税收激进程度更高，这可能是由于管理层希望通过并购来实施基于税收激进的机会主义行为以达到自利目的。

2. 高层梯队理论视角下的公司税收激进行为

高阶梯队理论认为，由于决策环境的不确定性和决策者的有限理性，高阶领导的认知与价值观成为其完成组织战略决策的重要依据，因此决策者个体特征会反映在组织的行为决策中（Hambrick, 2007）。税收激进行为作为公司战略决策行为之一，势必受到公司高管个人特征的影响。现有研究主要关注了高管过度自信、从军经历、性别特征等方面对公司税收激进行为的影响。迪伦（Dyreng, 2010）研究发现如果公司高管之前受雇于税收激进的公司，其会将税收激进行为传递到新公司。奇兹（Chyz, 2013）发现高管个人税收激进度越高，公司税收激进程度越高。在性别特征方面，弗朗西斯（Francis et al., 2014）发现更换成女性 CFO 的公司税收激进程度显著降低。曾爱民等（2019）运用中国上市公司数据考察女性高管对公司税收激进行为的影响，研究发现，女性 CEO 实施的公司税收激进行为更少，但是女性 CFO 对公司税收激进行为的影响并不显著。在管理层能力方面，代彬等（2016）研究发现管理层能力越强越能抑制公司税收激进行为。在从军经历方面，劳和米尔斯（Law and Mills，2017）研究发现具有从军经历的高管更少进行税收激进行为，纳税筹划战略不激进，纳税储备金更少，使用避税天堂避税的行为也更少。在过度自信方面，库比克和洛哈特（Kubick and Lockhart，2017）利用 CEO 获得媒体奖项这一外部冲击事件，使用 PSM + DID 的方法研究了 CEO 过度自信对公司税收激进程度的影响，发现 CEO 过度自信会提高公司税收激进程度。在境外居留权方面，张胜等（2016）研究表明，实际控制人拥有境外居留权能够提升高税负公司的税收激进程度，并且降低了低税负公司的税收激进程度。

3. 非正式制度视角下的公司税收激进行为

非正式制度是人们在长期交往过程中逐渐形成的，被人们无意识接受的并得到广泛认可和共同遵守的行为规范。在公司税收激进行为的研究中，国内外研究者对非正式制度与公司税收激进行为的关系给予了较多关注。尤其是在政治关联、社会资本和客户与供应商关系方面。首先，在政治关联方面，公司更高的政治关联程度将显著提高公司的税收激进程度。吴文锋等（2009）研究发现，在公司税外负担较重的地区，高管具有政府背景的民营企业能够获取更多税收优惠，所得税的名义税率和实际税率均低于没有政府背景的民营企业。罗党论和魏翥（2012）发现政治关联程度越高的公司会有更大程度的税收激进行为。李维安和徐业坤（2013）以民营上市公司为样本的研究表明，民营企业的高管拥有的政治身份的层次越高，税收激进程度越高。吉姆和张（Kim and Zhang，2016）也发现政治关联公司的税收激进度更高。陈等（Chen et al.，2015）、卢洪友和张楠（2016）、陈德球等（2016）研究发现地方政府换届会增加公司税收激进行为。其次，在社会资本方面，现有研究分为两类：微观社会资本和宏观社会资本。布朗和德雷克（Brown and Drake，2014）研究了公司董事会网络联结程度这一公司微观社会资本对公司税收激进行为的影响，发现董事会网络联结度越高，其现金实际税率越低，并且，当焦点公司与其伙伴公司雇佣同一家当地会计师事务所时，联结作用对公司税收激进行为的影响也越大。哈桑等

（Hasan et al.，2017）研究了美国各郡的社会资本水平这一宏观社会资本对公司税收激进行为的影响，发现地区社会资本水平与公司税收激进负相关。最后，在客户与供应商关系方面，岑等（Cen et al.，2017）研究了客户供应商关系紧密的公司是否通过供应链避税，发现客户与供应商的关系越紧密，公司税收激进程度越高。

4. 宏观经济环境、政策与公司税收激进行为

近年来，宏观经济环境与政策对微观企业行为影响的研究备受关注。税收激进行为作为典型的微观企业行为势必会受到宏观经济环境与政策的影响。现有研究涉及地区制度环境、金融发展水平、宏观经济周期等诸多宏观经济环境因素，但对宏观经济政策的研究较少。刘慧龙和吴联生（2014）考察了制度环境对公司税收激进的影响，发现地区市场化水平、政府治理水平和法治化水平越高，公司实际税率越高，并且此效应只在非国有控股公司中存在。刘行和叶康涛（2014）研究发现地区金融发展水平会显著影响公司的所得税税负，金融发展水平越高，公司的所得税税负越高，并且主要体现在民营企业样本中。陈冬等（2016）研究发现国有企业税收激进行为会对宏观经济周期变化做出反应，在经济不景气时期，国有企业会降低税收激进程度，通过多缴税来支持政府。王亮亮（2016）考察了金融危机对公司税收激进行为的影响，研究发现，由于金融危机期间融资难度的增加，迫使公司通过提高税收激进程度来缓解融资约束。国外学者达利瓦尔等（Dhaliwal et al.，2015）检验了通货膨胀对公司税负的影响，发现资本和存货密集型公司，其公司实际税负与通货膨胀显著正相关。熊家财等（2019）研究发现，卖空压力会抑制上市公司的税收激进行为，尤其是在管理层持股比例较低和处于法治化水平较低地区的样本公司中。刘行和赵晓阳（2019）考察了地区最低工资标准对公司税收激进行为的影响，研究发现，地区的月最低工资标准的上涨会导致当地公司税收激进水平的提高。

5. 所有权性质与公司税收激进行为

所有权性质是我国公司治理的核心问题。所有权性质对公司业绩影响的问题，对于我国经济发展来说是一个重大问题。公司税收激进行为会对公司价值产生影响，也成为公司产权性质影响公司价值的重要途径。基于所有权性质的公司税收激进行为研究由来已久。吴联生（2009）考察了国有股权比例对公司所得税税负的影响，发现国有股权占比与公司所得税的实际税率之间呈现显著正相关关系。除了直接考察所有权性质与公司税收激进行为的关系之外，更多的研究是按照所有权性质将公司分为国有企业和非国有企业，考察其他影响因素对公司税收激进行为的影响是否因公司所有权性质不同而产生差异。金鑫和雷光勇（2011）的研究表明高质量外部审计可以有效制约公司税收激进活动，且这种制约作用在不同所有权性质公司存在显著差异。田高良等（2016）发现媒体关注对公司税收激进行为的抑制作用仅在中央国有企业和民营企业样本中显著。陈等（Chen et al.，2016）发现，相比非国有企业，地方官员更替对国有企业税收激进行为的制约作用更加显著。陈冬等（2016）发现，在经济下行期，相比非国有企业，国有企业税收激进程度显著下降。

6. 社会责任与公司税收激进行为

公司缴纳的所得税为社会公共物品提供资金支持，因此，公司税收激进行为所带来的税负降低会对社会产生一些负面影响。这使得公司税收激进被看作是公司不负社会责任的行为。国内外研究针对公司社会责任是否与公司税收激进相关进行了一系列的实证检验。多数研究发现公司社会责任履行和信息披露与公司税收激进呈负相关。拉尼斯和理查森（Lanis and Richardson，2012）以澳大利亚上市公司经验数据检验了公司社会责任信息披露与公司税收激进之间的关系，发现社会责任信息披露与税收激进负相关。翟华云（2012）以我国 A 股上市公司为样本进行实证检验，发现社会责任表现与公司税收激进水平呈显著负相关。霍伊等（Hoi et al.，2013）研究发现公司不负社会责任的行为越多，采取税收激进行为的可能性越高，暂时性和永久性的会税差异越大。程和林（Cheng and Lin，2014）考察了公司社会责任与税收激进之间的关系是否受到市场和制度发展水平的影响，发现制度发展水平低的地区，公司社会责任与税收激进正相关，相反，在制度发展水平高的地区，公司社会责任与税收激进负相关。然而，戴维斯等（Davis et al.，2015）研究发现公司社会责任与实际税率呈负相关，与税务游说支出呈正相关。邹萍（2018）基于我国 A 股上市公司的研究发现，公司社会责任信息披露水平和质量越高，其实际税负越低，尤其是在自愿披露社会责任信息的公司样本中，这表明公司"言行不一"，表面上标榜自身所承担的社会责任，暗地里进行避税活动。

除了以上公司税收激进的影响因素之外，国内外研究还关注了公司战略、公司内部信息环境、声誉机制等影响因素。在公司战略方面，希金斯等（Higgins et al.，2015）基于美国上市公司数据研究了公司战略对公司税收激进行为的影响，发现相比采用防御战略和其他一般战略的公司，采用开拓战略的公司税收激进程度更高。袁蓉丽等（2019）基于中国上市公司数据研究了战略差异度对公司税收激进行为的影响，发现公司的战略差异度越大，其税收激进程度越高。加勒摩和拉布罗（Gallemore and Labro，2015）考察了公司内部信息环境与公司税收激进行为之间的关系，发现内部信息质量越高，公司税收激进程度越高。格雷厄姆等（Graham et al.，2014）调查研究了近 600 名税务主管关于公司税收激进行为的促进因素和阻碍因素，有 69% 的税务主管认为声誉机制很重要，因此不倾向于实施税收激进行为。

2.1.2　公司税收激进行为的经济后果

公司税收激进行为的经济后果研究中，公司税收激进行为对公司价值的影响受到国内外学者的关注最多。公司税收激进行为减少了现金流出，因而公司税收激进理论的传统观点认为公司税收激进行为能够增加公司价值。有些学者的研究可以支持这一观点。例如，罗党论和魏翥（2012）研究发现在我国所得税改革之前公司的税收激进行为能够提高公司价值。然而，公司税收激进理论的传统观点隐含了公司所有权和经营权两权合一的前提假设，并没有将委托代理问题纳入公司税收激进行为的研究框架。近年来越来越多的学者研究发现，在全面考虑潜在的委托代理问题所产生的代理成本后，税收激进行为只有在治理水平较高的公司中才能发挥价值提升的作用。产生这一经济后果的原因主要在于公司管理层会通过复杂而不透明的公司税收激进行为的掩盖来攫取个人私利。德赛和达摩波罗（Desai and Dharmapala，2009）研究发现，高水平的公司治理能够减少公司税收激进行为对公司价值的损害。基于货币政策视角，程小可等（2016）考察了不同货币政策下公司税收激进行为对公司价值的影响，发现货币政策宽松时期，投资者将公司税收激进行为视为代理问题的突出表现，对税收激进公司的价值给予较低评价；货币政策紧缩期，合理的税收激进行为可作为一种替代性的内源融资方式缓解公司潜在的融资约束问题，并且投资者将实际税负的降低解读为一种公司价值增加的信号。廖歆欣和刘运国（2016）研究发现管理层的在职消费水平越高，公司税收激进程度越高，公司内外部监管能够显著弱化该相关关系。钟等（Chung et al.，2015）从内幕交易视角考察了公司税收激进和管理层抽租的关系，发现管理者的确是通过税收激进来抽取内部交易的租金。叶康涛和刘行（2014）研究发现上市公司税收激进程度越高，内部代理成本也越高。

此外，研究者还检验了权益资本成本、股价崩盘、公司报表审计、公司透明度、公司风险等多方面的公司税收激进行为经济后果。弗兰克等（Frank et al.，2009）研究发现公司税收激进行为会产生更加激进的财务报告。吴等（Goh et al.，2016）发现公司税收激进程度与权益资本成本之间显著正相关。吉姆等（Kim et al.，2011）发现公司税收激进与股价崩盘呈正相关，江轩宇（2013）利用中国上市公司经验证据也得出相似结论。艾尔斯等（Ayers et al.，2010）研究发现公司的税收激进行为导致了更低的信用评级。多诺霍和罗伯特（Donohoe and Robert，2014）发现税收激进公司会支付更高的外部审计费用。陈冬和罗祎（2015）以中国上市公司为研究对象，当地区法律环境较好时，也得出了类似结论。刘笑霞等（2019）研究发现公司税收激进程度越高，会计师事务所变更的可能性越大。刘行和叶康涛（2013）考察了公司税收激进对投资效率的影响，发现由于公司税收激进导致过度投资，公司税收激进程度越高，其非效率投资越多。巴拉克里希南等（Balakrishnan et al.，2018）研究发现，公司税收激进将导致公司的透明度下降。钟等（Chung et al.，2019）研究发现公司的平均税收激进程度越高，则公司的内部交易利润率越高，并且公司的治理水平能够减弱两者之间的关系。张新民等（2019）考察了公司税收激进行为对公司风险的影响，发现税收激进程度越高，公司的风险越大，说明税收激进的确会导致公司风险的增大。

上述研究结论大多基于公司股东与管理层之间的代理问题。也有学者基于债权人视角考察公司税收激进行为的经济后果，如后青松等（2016）、王静和张天西（2017）研究发现，公司税收激进行为伴随着更高的银行贷款成本，以及更短的贷款期限。

2.2 公司行为同群效应研究综述

同群效应（peer effects）是指关系较近的个体之间相互作用时，某一个体的行为受到包含该个体的参照组内其他成员行为或特征的影响。格莱泽等（Glaeser et al.，2003）指出同伴行为可以产生滚雪球效果，小的决策变动会对同伴行为产生较大的影响，即具有乘数效应[1]。社会学领域最早开始研究"同群效应"，加维利亚和拉斐尔（Gaviria and Raphael，2001）研究发现，青少年的饮酒、吸烟等行为存在学校层面的同群效应。米勒和佩奇（Miller and Page，2004）提出"起立鼓掌模型"来形象地展示同群效应现象：观看演出过程中，当周围的观众起立鼓掌时，自己也很可能会受到这些同伴的影响而起立鼓掌。李涛和周开国（2006）利用中国部分城市的居民抽样调查数据进行实证研究发现，群体内其他个体参与博彩所产生的同群效应会使个体在未来参与博彩时抱有更高的期望。吴等（Wu et al.，2004）研究发现个人的慈善捐赠活动具有一定程度的同群效应现象。

近年来，会计学领域开始关注"同群效应"。主要借鉴社会学和经济学领域所探究的"同群效应"理论机制，实证检验公司决策行为的同群效应。其中，对公司高管薪酬以及公司投融资行为的同群效应关注最多。

2.2.1 公司高管薪酬的同群效应

现有研究表明，高管薪酬在行业、地域、社会关系等多个维度上都

---

[1] 社会乘数效应是同群效应的重要特征，是政策制定中需要考虑的重要因素。格莱泽等（Gleaser et al.，2003）认为，由于个体行为之间存在的互动关系，某一个体行为的微小变动会在群体中的同伴之间来回传播并被反复模仿，在反复的模仿中微小的变动被逐步放大，导致群体内其他个体该行为的平均变动水平是该个体行为变动的数倍，这一倍数被称为社会乘数。

存在同群效应。首先,在行业同群效应方面,福肯德和杨(Faulkender and Yang, 2010)研究发现公司会选择同伴公司中高管薪酬较高的公司作为参照,尤其在同伴公司较少,CEO 同时兼任董事长,CEO 任期较长,或者董事供职于多个董事会时,高管薪酬同群效应更加明显。阿尔伯克基等(Albuquerque et al., 2013)通过使用 PSM 的方法识别同伴公司,研究认为,公司在制定高管薪酬时以高管薪酬较高的公司作为参照,除了是一种自利行为外,还可能是对未观测到的高管才能的一种回报。福肯德和杨(Faulkender and Yang, 2013)检验了 2006 年薪酬披露法规的实施是否减少了公司选择同伴公司中高管薪酬较高的公司作为参照的这一同群行为,研究表明,高管薪酬同群效应并没有在法规实施后消失,反而在一些情况下增强,例如,在机构持股比例较低、董事持股比例较低和 CEO 持股比例较低时。其次,除了行业内同伴公司行为存在同群效应之外,地区内同伴公司高管薪酬也存在同群效应。例如,赵颖(2016)采用 1999~2012 年中国非金融上市公司的数据,通过使用 PSM 方法识别同伴公司,对中国高管薪酬在地区或行业中是否存在同群效应进行了分析,研究表明,高管薪酬存在显著的地区同群效应和行业同群效应。最后,在社会关系层面,舒(Shue, 2013)以哈佛商学院 MBA 毕业生为研究对象,发现同学间的同群效应对公司的决策行为产生影响,同一班级的毕业生在制定公司高管薪酬和并购政策方面有显著的一致性。

2.2.2 公司投融资决策的同群效应

首先,在公司投资决策方面,福柯和弗雷萨德(Foucault and Fresard, 2014)发现同伴公司的股票价格影响公司投资决策。石桂峰(2015)研究发现,同地区不同行业的公司中存在投资行为的同群效应。张敦力和江新峰(2016)研究结果表明,管理者权力能够抑制公司投资行为的同群效应,尤其是在非国有企业样本中。其次,在融资和资本结构决策方面,利瑞和罗伯茨(Leary and Roberts, 2014)以 1965~2008 年的美国上市公司样本数据,以同伴公司的股票特质收益作为工具变量,实证检验了公司的资本结构决策是否存在同群效应,研究发现美国上市公司的资本结构决策存在同群效应,且市场占有率小、不分配股利、存在融资约束的公司表现出较强的同群效应。杜勇等（Duong et al.，2015）研究发现公司的债务期限结构显著受到同行业内同伴公司债务期限结构的影响。姜永盛等（2015）基于我国上市公司经验数据的研究表明，同行业内同伴公司的资本结构决策行为显著影响公司财务政策。此后，陆蓉等（2017）也得出结论，我国上市公司的资本结构会显著受到同行业内同伴公司资本结构的影响。钟田丽和张天宇（2017）借鉴利瑞和罗伯茨（Leary and Roberts，2014）的研究以同伴公司股票特质收益作为工具变量，证实我国上市公司资本结构、负债期限结构决策存在同群效应。李志生等（2018）研究发现公司的过度负债存在显著的地区同群效应。最后，在并购决策方面，万良勇等（2016）实证研究发现，我国上市公司的并购决策存在明显的行业同群效应。苏诚（2017）发现我国上市公司并购行为存在连锁董事网络同群效应。

2.2.3　其他公司决策行为的同群效应

除了公司高管薪酬以及公司投融资行为的同群效应外，近年来一些学者也研究了公司股利政策、捐赠行为、研发投入以及高管减持的同群效应。首先，在股利政策方面，波帕达克（Popadak，2012）探讨了同群效应在公司股利政策中的存在性，发现公司在股利发放决策上存在模仿行为。考斯蒂亚和兰塔拉（Kaustia and Rantala，2015）发现公司股票拆分决策也存在同群效应。其次，在公司捐赠行为方面，王营和曹廷求（2017）基于社会嵌入理论，从董事网络嵌入角度研究了公司慈善捐赠的同群效应，发现董事联结公司之间的慈善捐赠行为存在显著的同群效应。再次，在研发投入方面，罗福凯等（2018）研究发现，公司研发投入显著受同伴公司的影响。最后，在高管减持方面，易志高等（2019）基于同群效应视角，研究同伴公司高管减持对公司高管减持行为的影响，发现上市公司高管减持存在同群效应。

2.3　公司税收激进行为同群效应研究综述

近几年，公司税收激进行为同群效应的研究刚刚兴起。较早的相关研究来自产品市场竞争对公司税收激进行为影响的相关文献。库比克等（Kubick et al.，2015）发现在产品市场中具有优势的公司更有可能实施税收激进行为，并且这些公司会成为同伴公司的模仿对象。阿姆斯壮等（Armstrong et al.，2016）研究发现同一行业公司的税收激进行为呈现战略互补性，即行业竞争对手的税收激进程度变化导致公司税收激进程度的同向变化。这些研究初步揭示了产品竞争市场中公司税收激进行为会受到同伴公司税收激进行为的影响，对进一步研究公司税收激进行为同群效应具有重要的启发意义。

此后，研究者开始深入探究公司税收激进行为中的同伴压力现象。陈等（Chen et al.，2016）利用 1989～2013 年的美国各州税率的变化作为外生冲击，研究了公司税收激进是否受到同行业同伴公司税收激进行为的影响，发现当同伴公司所在州税率下降时，公司税收激进行为会变得更加激进，并且税率下降幅度越大，税负越重，融资约束越严重，行业竞争压力越大，跨国经营等情况下该现象越明显。伯德等（Bird et al.，2018）使用公司高管轮换这一外生冲击来识别公司税收激进行为同群效应的存在性，发现当高管轮换造成焦点公司的税率发生改变时，其行业内的同伴公司也会同方向改变账面税率，平均改变幅度为焦点公司的 10%。这两篇文献分别从州税率变化这一宏观政策冲击和高管更换这一公司内部治理变动，研究了美国上市公司税收激进行为中的同伴压力，为深入研究公司税收激进行为的同群效应奠定了基础。

国内学者也开始关注公司税收激进行为的同群效应，尤其是其中的同伴压力现象，补充了来自中国的经验证据。杨明增和张钦成（2019）基于中国上市公司数据，使用高新技术企业减税激励政策这一外生冲击来识别公司税收激进行为中的同伴压力，发现当同伴公司成为高新技术企业造成税率下降时，所产生的同伴压力会导致焦点公司也会提高税收激进程度，降低实际税率。李青原和刘叶畅（2019）运用 2007～2016 年中国 A 股上市公司数据，以股票特质收益作为工具变量研究发现行业内竞争者的税收激进行为会显著影响公司税收激进。

2.4 文 献 评 述

如前文所述，关于公司税收激进行为的研究较多，涉及影响公司税收激进行为的公司治理机制、高管个人特征、政治关联以及宏观经济环境等因素，同时包括了公司价值、代理成本、公司透明度等经济后果的诸多方面。关于公司行为同群效应的研究也逐渐兴起，由公司高管薪酬、投融资行为等向股利政策、研发行为等公司决策行为拓展。但整体而言，以往的此类研究较少关注同群效应对公司税收激进行为的影响，尤其缺乏基于中国上市公司经验证据并考虑我国市场环境和制度背景的系统研究。理论上，由于决策环境的不确定和激烈的市场竞争，拥有有限信息的决策者会将同伴公司的决策行为作为重要参考，通过模仿和回应同伴公司的决策行为来应对决策环境的不确定性，保持竞争优势，从而导致同伴公司群体内部的个体行为趋于一致。作为重要的公司财务行为，公司税收激进行为是否也存在同群效应呢？幸运的是，近几年的研究逐渐开始关注公司间税收激进行为的互动。然而，同群效应影响公司税收激进行为的研究才刚刚起步，尚未深入，存在局限。其主要包含以下几个方面：

（1）尚未有文献系统地进行理论分析并实证检验上市公司税收激进行为的同群效应。现有的国内外研究还停留在公司税收激进行为同伴压力的识别上，尚未对公司税收激进行为同群效应的存在性、形成机制、影响因素和经济后果等诸多方面进行深入、系统的探究。在完成税收激进行为同群效应存在性识别的基础上，应关注这一效应是如何产生的，受哪些因素的影响等问题，这对深入理解公司税收激进行为的同群效应至关重要。

（2）同群效应的形成机制研究有待进一步深化。现有公司行为同群效应的形成机制研究主要关注基于社会学习理论的信息性模仿和基于动态竞争理论的竞争性模仿，然而尚未形成统一的形成机制理论分析框架。一方面，对同群效应产生机制的研究能够透过公司行为交互影响这一现象，帮助理解公司行为背后的动机，因此探究形成机制具有重要的现实意义；另一方面，不同公司行为同群效应的产生机制有所不同，现有研究并未专门对公司税收激进行为的同群效应形成机制展开讨论。进一步的研究应该充分发掘同群效应的理论基础，从而补充完善同群效应形成机制的研究，特别是公司税收激进行为同群效应的形成机制研究，以深化公司行为同群效应的理论研究。

（3）同群效应的影响因素研究尚未形成统一的研究框架。一方面，现有公司行为同群效应的影响因素研究更多关注影响公司行为的因素，在选取影响因素时较为随意，尚未形成统一的影响因素研究框架。对同群效应影响因素的研究能够帮助理解公司行为同群效应发生变化的原因，因此探究影响因素具有重要的理论和现实意义。另一方面，不同公司行为同群效应的影响因素有所不同，现有研究并未专门对公司税收激进行为同群效应的影响因素展开讨论。进一步的研究应该从形成机制出发，补充完善同群效应影响因素研究，特别是公司税收激进行为同群效应的影响因素研究。

（4）同群效应的经济后果研究十分匮乏。一方面，现有公司行为同群效应研究关注最少的方面是其经济后果，仅有的这些经济后果研究也缺乏理论分析，尚未形成研究框架。对同群效应经济后果的研究能够帮助判断公司行为同群效应的利与弊，因此探究其经济后果具有重要的现实意义。另一方面，不同公司行为同群效应的经济后果有所不同，现有研究并未专门对公司税收激进行为的同群效应经济后果进行探究。进一步的研究应该基于理论分析来实证检验不同公司行为同群效应的经济后果，尤其是公司税收激进行为同群效应的经济后果，为税收征管部门和公司利益相关者提供参考。

（5）公司税收激进行为同群效应的研究方法较为单一。现有研究主要是通过外部冲击如高管变更、税收减免政策来识别公司间税收激进的行为互动，仅是点对点层面上对同伴压力的识别，尚未采用更为普遍的同群效应计量识别方法，即参照组组内线性均值模型（Linear-in-means Model），在面对点的层面上来识别公司税收激进行为同群效应。进一步的研究应该采用参照组组内线性均值模型以及其他多种研究方法来识别公司税收激进行为同群效应，深化研究的同时，提高识别结果的可靠性。

（6）多数研究都是基于国外上市公司的实证检验，缺乏使用我国上市公司经验数据并考虑我国市场环境和制度背景的公司行为同群效应研究。在我国市场化改革不断深入的大背景下，公司面临的外部环境的不确定性更高，公司治理机制不断完善以及资本市场不断深化改革带来了一系列政策的实施等，这些变化所构成的我国经济大环境会对公司行为及其同群效应产生怎样的影响，值得深入探究。

因此，本书基于中国非金融类上市公司经验数据，采用参照组组内线性均值模型，以公司税收激进理论、社会学习理论、动态竞争理论、制度理论和委托代理理论等为理论基础进行理论分析并实证检验公司税收激进行为的同群效应是否存在；从公司税收激进行为的内在机理出发，从信息性模仿和竞争性模仿两个角度理论分析并实证检验公司税收激进行为同群效应的形成机制；将形成机制和我国市场环境和制度背景以及公司个体特征相结合，探究公司税收激进行为同群效应的影响因素；并从公司利益和管理层私利两个方面探究公司税收激进行为同群效应的经济后果。这不仅能够拓展同群效应和公司税收激进行为影响因素的相关研究，而且能够为该领域的研究提供基于中国背景的理论分析和经验证据。为税收征管部门提高税收征管效率，公司管理层降低决策成本与风险，进而深化我国税收制度改革，完善社会主义市场经济体制提供有益参考。

第3章　基本概念与理论基础

本章主要对文章所涉及的基本概念和基础理论进行界定和回顾。具体来讲，首先，对文章所涉及的公司税收激进和同群效应的相关概念及其度量和识别方法进行界定和回顾，明确了相关概念并为实证检验上市公司税收激进行为同群效应奠定了基础；其次，对文章所依据的公司税收激进理论、环境不确定性与组织决策的有限理性、社会学习理论、动态竞争理论、制度理论、委托代理理论等相关理论基础进行梳理和回顾，为深入分析上市公司税收激进行为同群效应提供理论依据和分析思路。

3.1　基 本 概 念

3.1.1　公司税收激进的概念及其度量

1. 公司税收激进的概念

本书根据汉隆和海茨曼（Hanlon and Heitzman，2010）在其公司税收研究的综述文章中对公司税收激进给出的定义，认为公司税收激进是任意能够降低公司税负的决策行为，这些决策行为不仅包括税收节约行为，也包括为减少显性税负而进行的税收规避行为甚至是逃税行为，并且该概念并不强调行为是否合法。一般而言，公司的纳税筹划行为分为税收节约行为、税收规避行为和逃税行为。税收节约行为是指公司采用合法的手段达到节约税款的目的，具体而言，是在遵守税收法律法规的前提下，利用现有税收、会计等政策规定，通过计算分析在多种经营策略中选择税负最低的方案来事先安排财务、交易等经营活动（田高良等，2016）。税收规避行为是指公司利用税收法律法规的漏洞或者不完善性以期达到纳税支出最小化的行为，严格来讲，税收规避行为并未触犯国家法律，不具有违法性，但是却违背税法宗旨和税收政策意图，破坏社会公平。逃税行为是指违反税收法律法规，利用虚假的申报来减少纳税支出的行为，具有明显的违法性。由于税收法律法规的复杂性和不完善性，在合法与违法之间存在相当大的灰色空间，因此，税收节约行为、税收规避行为和逃税行为之间的界线并不十分清晰（Hanlon and Heitzman，2010）。多数研究沿用了上述概念定义，认为公司税收激进是指公司通过纳税安排对应纳税所得额进行向下调整，既包括合法的税收节约行为和处于税法灰色地带的税收规避行为，也包括非法的逃税行为（Chen et al.，2010；Lanis and Richardson，2011）。

此外，本书的公司税收激进均是指公司所得税。因为不同于流转税和财产税，我国所得税的税收优惠政策更多，并且公司通过技术手段进行操纵的空间更大（曹书军等，2009）。这主要源于两个方面的原因：其一，不同于增值税等流转税以价值增加为税基，公司所得税是以所得作为税基，使得税基相对难以确定，这为公司向下调整应纳税所得额提供了便利；其二，"金税工程"的建设使公司的流转税更加透明，流转税的税收激进行为更容易被税收征管部门发现（吕冰洋和郭庆旺，2011），公司难以通过流转税实施税收激进行为。因此，本书选择公司所得税的税收激进程度来度量公司税收激进，进而研究其同群效应。

2. 公司税收激进的度量

公司税收激进的衡量指标一般分为两类，一类是公司的会计—税收差异及其变体，另一类则是公司的实际所得税率及其变体。为了结果的稳健，本书使用上述两类方法衡量公司的税收激进程度，在主检验中使用前者，在稳健性检验中使用后者。

会计—税收差异（Book - Tax Difference）指的是会计收益与应税收益之间的差异，也就是会计上的利润总额与应纳税所得之差。公司的会计利润与税收利润的一致性可以分为"会税一致"（Book - Tax Conformity）和"会税差异"（Book - Tax Difference，BTD）两种情况。在"会税一致"情况下，公司管理层实施税收激进行为的动机不强，因为公司财务报表中的会计利润与上报税务机关的税收利润差异较小，降低税收利润的同时也同样会降低会计利润。在"会税差异"情况下，公司管理层实施税收激进行为的动机增强，因为公司管理层能够在向上操纵会计利润来粉饰财务报告的同时，向下操纵应税利润来减少纳税支出（Frank et al., 2009）。

由于公司的税收激进行为会提高会税差异（BTD），因此梅松和普莱斯科（Mazon and Plesko，2001）提出采用会税差异（BTD）来衡量公司税收激进程度，会税差异（BTD）越大，公司的会计利润与应纳税所得额之间的差异越大，公司税收激进程度越高。威尔逊（Wilson，2009）研究发现，相比没有被指控的公司，被指控存在税收激进行为的公司其会税差异更大。陈等（Chan et al., 2010）研究发现，中国上市公司的会税差异与其被税务部门出具的税务审计调整额显著正相关，也就是说，会税差异被作为中国税务部门判断公司是否存在税收激进嫌疑的一个重要指标（刘行和叶康涛，2013）。这说明采用会税差异（BTD）来衡量公司税收激进是合理的。

会税差异（BTD）的具体计算公式为：

$$BTD = \left(税前利润 - \frac{所得税费用 - 递延所得税费用}{年末名义所得税率} \right) \Big/ 资产总额$$

$$(3.1)$$

然而，采用公式（3.1）对公司税收激进的度量中既包含向上操纵应计利润，又包含向下操纵税收利润，因而度量结果易受应计利润的影响。因此，德赛和达摩波罗（Desai and Dharmapala，2006）提出固定效应残值法计算的会税差异（DD_BTD），用剔除应计利润影响之后的会税差异来衡量公司税收激进。

固定效应残值法计算的会税差异（DD_BTD）的计算过程，首先对模型（3.2）进行回归。模型（3.2）为：

$$BTD_{i,t} = \beta_1 TACC_{i,t} + \mu_i + \varepsilon_{i,t} \qquad (3.2)$$

其中，$TACC_{i,t}$ 等于净利润与经营性现金流量的差与资产总额的比值，μ_i 表示公司 i 在样本期间内残差的平均值；$\varepsilon_{i,t}$ 表示 t 年度公司 i 的残差与公司 i 在样本期间内残差平均值 μ_i 的偏离度。

$$DD\_BTD_{i,t} = \mu_i + \varepsilon_{i,t} \tag{3.3}$$

其中，DD_BTD 代表会税差异（BTD）中不能被应计利润解释的那一部分，其值越大表示公司的税收激进程度越高。

此外，国内外相关文献中有诸多研究（如吴联生，2009；Lanis and Richardson，2012；刘行和赵晓阳，2019）也采用公司的实际所得税率及其变体来衡量公司税收激进。为增强结果的可靠性，本研究在稳健性检验中也采用公司的实际所得税率（ETR）及其变体（Rate）进行进一步检验。实际所得税率（ETR）的具体计算公式为：

$$ETR = (所得税费用 - 递延所得税费用)/税前利润 \tag{3.4}$$

考虑到我国所得税的税收优惠政策较多，公司之间的名义所得税税率存在较大差异（吴联生，2009），仅使用实际所得税率（ETR）来衡量公司税收激进可能会存在偏差。为了消除公司名义所得税税率的影响，使用名义所得税税率对实际所得税率（ETR）进行调整，得到实际所得税率的变体（Rate）。Rate 越高，公司税收激进程度越高。实际所得税率的变体（Rate）的具体计算公式为：

$$Rate = 名义所得税率（TR） - 实际所得税率（ETR） \tag{3.5}$$

上述 4 种公司税收激进的度量方法被广泛运用于国内外公司税收激进的文献中（如 Chen et al.，2010；蔡宏标和饶品贵，2015；田高良等，2016；Higgins et al.，2015；Kim et al.，2011；刘行和叶康涛，2013；张新民等，2019），说明这些度量方法具有较高的效度。

3.1.2 同群效应的概念及其计量识别方法

1. 同群效应的概念

"同群效应"指的是这样一种现象，当环境不确定或面临竞争压力时，个体（或组织）的行为不仅会受到其自身特征的影响，同时也会受到其所在群体内其他个体（或组织）行为的影响，从而使个体（或组织）的行为和结果发生变化。同群效应（peer effects）[①] 在国内外不同的研究中，存在多种概念名称，如同伴影响（peer influences）、遵从（conformity）、传染效应（contagion effects）、邻里效应（neighborhood effects）等。国内外诸多学者为"同群效应"这一概念做了界定。社会心理学研究表明，某一主体的行为会受到其所在群体内其他主体行为的影响，这一现象被称为"同群效应"（万良勇等，2016）。根据曼斯基（Manski，1993）的定义，"同群效应"是指某一主体的行为会受到来自该主体同一群体内的其他个体（即同伴）行为的影响，这一定义得到了较为普遍的认可。

"同群效应"的研究首先在教育学领域兴起，为教育资源分配等政策的制定和实施提供了有益参考。之后，"同群效应"被引入社会学和公共经济学等领域。近年来，一些学者将"同群效应"引入公司行为的研究中。"同群效应"反映了公司在进行决策时，并不仅仅凭借自身的历史信息和当前信息来完成决策，群体中其他同伴公司的行为也是公司决策的重要依据，影响着公司自身的行为和行为后果。由此可见，同群效应扩充了经典经济理论，在原有的公司决策模型中加入了"同伴"的影响，具有重要的理论意义和现实意义。

同群效应的主要形成机制是信息性模仿（Information-based Imitation）和竞争性模仿（Rivalry-based Imitation）[②]。比赫昌达尼等（Bikhchandani et al.，1992）从信息性模仿的角度揭示了同群效应的形成机制，认为群体中缺乏经验和信息渠道的主体在做出决策时会更加依赖同伴的信息，并对同伴行为加以模仿，使得群体内部的个体行为趋同。一些研究者也从竞争性模仿的角度揭示了同群效应的形成机制（Kaustia and Rantala，2015；Moretti，2011）。

[①]　由于"Peer Effects"来自国外文献，国内学者对其翻译有所不同，其常见的翻译名称还有"同伴效应""同侪效应"等。"同群效应"（peer effects）不同于国内外研究中的"羊群效应"或者"从众效应"（herd behavior）和"溢出效应"（spillover effects）。其中，"羊群效应"或者"从众效应"过于强调个人（或组织）的非理性因素，"溢出效应"重点关注宏观地区层面上的非预期影响，然而，同群效应重点关注的是微观主体行为（包括个人或组织），该效应包含了行为决策中的理性因素，并且更加强调同一群体中个体间的行为互动。

[②]　信息性模仿（information-based imitation）也被称为社会学习（social learning）；竞争性模仿（rivalry-based imitation）也被称为社会互动（social interaction）。

2. 同群效应的计量识别方法

同群效应的计量识别是同群效应研究的一大重点问题。然而，由于同群效应的内生性问题较为严重，使得计量识别该效应较为困难。比较常见的计量识别方法是使用可观测数据，以个体（或组织）的行为或结果为因变量，以同一群体中其他同伴的行为或结果为主要自变量进行计量回归。如果它的偏导数不等于零，那么证明同群效应是存在的，如果在不同的变量值水平下的偏微分不同，则证明同群效应存在非对称性（Winston and Zimmerman，2003）。这一类比较常见的计量识别方法之中，参照组组内的线性均值模型（linear-in-means model）是学者们计量识别同群效应最为常用的方法，该模型将同伴的行为或结果的平均值作为自变量，假定个体（或组织）的行为结果不仅受到其个体自身因素的影响，同时还会受到参照组组内其他个体（或组织）的行为结果平均值的影响。基于以上分析，根据曼斯基（Manski，1993）的研究，同群效应的参照组组内线性均值模型构建为：

$$y_i = \alpha_0 + \alpha_1 \bar{y}_{-i} + \alpha_2 x_i + \alpha_3 \bar{x}_{-i} + \varepsilon_{i,t} \tag{3.6}$$

其中，i 是群体中的个体（即公司），–i 是个体 i 在参照组（如个体所处的地区或行业）内的同伴，y_i 为个体 i 的行为结果，$\bar{y}_{-i}$ 为个体 i 所在参照组内同伴的平均行为结果，x_i 为个体 i 的自身特征，$\bar{x}_{-i}$ 为个体所在参照组内同伴的平均特征。

参照组组内的线性均值模型（linear-in-means model）识别公司行为的同群效应已被广泛运用于国内外关于公司行为同群效应的文献中（如 Leary and Roberts，2014；Duong et al.，2015；陆蓉等，2017；钟田丽和张天宇，2017；李志生等，2018；万良勇等，2016；易志高等，2019），表明这种识别方法具有较高的效度。

本书将"同群效应"的研究拓展至上市公司的税收激进行为研究领域。本书研究的"同群效应"在公司税收激进行为中的表现如图 3 – 1 所示。

根据图 3 –1，"同群效应"是指某焦点公司①的税收激进行为会受

---

① 同伴公司是一个相对概念，同一群体内的个体之间互为同伴。为便于区分，根据现有文献，在检验公司 i 受同一参照组内其他公司（–i）影响时，称公司 i 为焦点公司（focal firm），而其他公司（–i）则称为同伴公司（peer firm）。

到参照组内同伴公司税收激进行为的影响（图 3 - 1 中右侧虚线方框内垂直向上的虚线）。焦点公司的税收激进行为不仅受到其公司自身基本面特征和参照组共同影响因素的影响（影响焦点公司税收激进行为的两条实线），还会受到参照组内同伴公司基本面特征和税收激进行为的影响（两条向上的虚线）。根据曼斯基（Manski，1993）的相关研究，本书界定，当实证检验发现参照组内同伴上市公司的税收激进行为均值影响焦点上市公司的税收激进行为时，即可确认上市公司税收激进行为"同群效应"的存在。

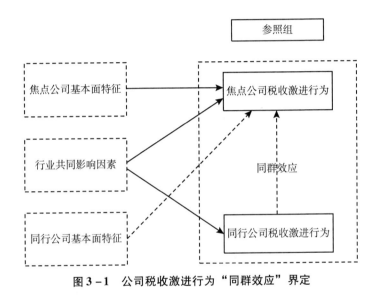

图 3 - 1　公司税收激进行为"同群效应"界定

曼斯基（Manski，1993）认为同一群体内的个体呈现出行为趋同现象主要源于内生效应（endogenous effects）、外生效应（exogenous effects）和关联效应（correlated effects）3 个方面的原因。一是内生效应（endogenous effects），同一群体内的个体呈现出行为趋同可能是因为个体的行为受到同一群体中其他个体（同伴）行为的影响。具体到本书所研究的公司税收激进而言，公司的税收激进行为很可能直接受到其同一群体中其他公司（同伴公司）的税收激进行为的影响而进行调整。这种行为趋同即为内生效应，也是本书将要研究的公司税收激进行为的同群效应。二是外生效应（exogenous effects），同一群体内的个体呈现出行为趋同可能是受到共同所处同一个群体的外部情景因素的影响。具体到本书所研究的公司税收激进而言，同一群体内的公司呈现出税收激进行为的趋同可能由于这些公司面临同样的外部环境因素，如同地区的税收征管强度、高新技术行业的税收优惠政策等，因此迫于外部环境因素而实施相似的税收激进策略，这种行为趋同即为外生效应，也被称为情景效应（contextual effects）。三是关联效应（correlated effects），同一群体内的个体呈现出行为趋同可能因为群体成员之间的个体特征的相关性。具体到本书所研究的公司税收激进而言，同一群体内的公司呈现出税收激进行为的趋同可能因为群体内公司的名义税率、资本结构、盈利水平等公司个体特征是相关的，而这些公司个体特征又足以影响公司的税收激进行为，这种行为趋同即为关联效应。

上述 3 种效应具有不同的政策意义。其中，仅有内生效应能够产生"社会乘数效应"（social multiplier effects），即小幅度的政策调整可以通过社会互动放大其实施效果，然而外生效应和关联效应并不会产生这种效果。

此外，使用参照组组内的线性均值模型识别公司行为同群效应的难点在于克服"映像问题"（Manski，1993），即焦点公司的行为和同伴公司的行为如同人和镜子中自己的映像，人动影动，同时变化（李青原和刘叶畅，2019）。通常宏观经济环境和政策等会对参照组组内的公司产生影响，致使大家形成一致预期，这种参照组组内公司行为的趋同可能不完全来自于同群效应的影响，而是更多来自参照组共同"外部冲击"的影响所致（陆蓉等，2017），从而呈现出行为和时间上的高度一致（易志高等，2019），这将可能对系数估计造成偏误，产生内生性问题。因此，同群效应的计量识别过程中需要谨慎地剔除掉外生效应和关联效应的影响。这成为识别公司行为同群效应的一大难题。安（An，2015）认为在原有的模型上加入合适的工具变量（instrumental variables，IV）进行估计，利用工具变量的外生性来剔除掉外生效应和关联效应的影响，对解决同群效应识别难题来说是有效的。由此可见，寻找合适的工具变量来准确识别上市公司税收激进行为的同群效应是十分必要的。

3.2　理　论　基　础

3.2.1　公司税收激进理论

对税收激进行为的研究始于个人纳税筹划行为。在公共经济学领域，众多研究者较为深入研究了个人纳税筹划行为的动因和影响因素（Slemrod and Yitzhaki，2002）。该理论框架下，个人纳税筹划行为决策是个人面临环境不确定性时，对税收筹划行为的收益和风险之间的权衡。个人纳税筹划程度通常取决于税率高低、征管强度、处罚成本及个人的风险偏好（Allingham and Sandmo，1972）。这一理论框架不涉及个人纳税筹划行为的道德问题，仅仅将纳税筹划者作为追求个人利益最大化的理性决策者。在公司税收激进行为研究的初期，个人纳税筹划的研究框架被引入公司税收激进行为的研究。传统的公司税收激进行为研究认为高税负会使公司在追求利润最大化的过程中面临着较高的纳税支出，成为公司发展的阻碍，而税收激进行为能够为公司减少纳税支出，节约现金流，增加公司的内源融资，缓解融资约束，降低公司的资本成本，有利于进行投资决策以及增加生产要素投入。一旦预期税收激进行为所带来的收益超过其带来的处罚成本，则公司决策者将不断寻找机会实施税收激进行为以减少纳税义务，增加公司现金流量。

然而，传统的公司税收激进理论隐含了公司所有权和经营权两权合一的前提假设，仅对规模较小、股权集中的寡头控股公司的税收激进行为适用。规模较大且公开发行上市的公司，其股权较为分散，两权分离的情况凸显，公司的股东也因分散的投资组合呈现出风险中性。因此，传统的公司税收激进理论并不完全适用于规模较大且公开发行上市的公司，需要将委托代理问题引入公司税收激进理论的框架，才能更加深入分析上市公司的税收激进行为。

斯莱姆罗德（Slemrod，2004）、陈和楚（Chen and Chu，2005）以及克罗克和斯莱姆罗德（Crocker and Slemrod，2005）最早将委托代理问题引入公司税收激进理论框架，奠定了委托代理理论视角下的公司税收激进理论基础。斯莱姆罗德（Slemrod，2004）的研究认为，公司由于两权分离带来了委托代理问题，能够导致公司税收激进行为决策中包含管理层的个人私利。这就需要股东提高公司治理水平，以防止管理层实施复杂的税收激进行为来"中饱私囊"，从而降低公司的代理成本，确保管理层能够做出有益于公司价值的纳税决策。陈和楚（Chen and Chu，2005）在一个标准的委托代理模型下检验了公司税收激进行为，重点讨论了由于所有权与经营权分离而导致的公司效率损失。文中假设股东是风险中性的，而管理者是风险厌恶的。由于股东和管理者的激励契约的不完备，使管理者的努力方向与股东期望不一致，这使得公司税收激进不仅带来了税务机关的处罚风险，同时也降低了公司内部控制的有效性，增加了代理成本。克罗克和斯莱姆罗德（Crocker and Slemrod，2005）从公司股东与税务经理之间契约关系的角度考察了公司税收激进行为。税务经理拥有关于法律允许的应纳税所得额减少程度的私人信息，并可能进行偷税漏税的行为。文中提出了税务经理的最优薪酬契约，特别是该契约如何随着税务机关相关税收政策的变化而改变。由于公司股东与管理者之间薪酬契约的不完备，对管理者进行税收处罚更能有效抑制公司税收激进行为。德赛和达摩波罗（Desai and Dharmapala，2006）研究了公司税收激进、高管激励与公司治理结构之间的关系。该研究认为管理者在做出税收激进决策时会伴随"抽租"，两者之间显著正相关。这种正相关关系导致了公司治理水平对高管激励与公司税收激进行为关系的影响。管理者的激励报酬越高，公司的税收激进行为就会受到影响。但是，由于管理者的"抽租"行为与公司税收激进行为存在显著正相关关系，提高管理者的激励报酬反而会降低公司税收激进程度。两权分离意味着，公司股东应采取适当的激励措施才能使管理层实施有利于公司利益的税收激进政策。这些激励措施应该与税收激进行为后的股价或公司税后收益相联系。

由于自利动机会驱使管理层进行复杂而不透明的交易来掩盖税收激进行为背后的"抽租"行为，德赛等（Desai et al.，2007）将税收征管部门纳入公司税收激进的理论框架，认为高强度的税收征管与股东的监督作用一样，可以对管理层的自利行为实施额外监督以降低代理成本。高税率但低税收征管强度的税收环境中管理层通过税收激进实施自利行为的动机更加强烈。当税收征管强度提高时，由于管理层转移公司资产的行为更容易被发现，因此公司的外部股东更能够从中受益。胡普思（Hoopes，2012）研究了美国国税局监管对公司税收激进行为的影响，发现税收征管强度越高，美国上市公司的税收激进行为越少。汉隆和海茨曼（Hanlon and Heitzman，2010）认为税收征管抑制管理层抽租是为了防止其损害国家税收，股东受益只是税收征管的副产品。德赛等（Desai et al.，2007）的研究还发现，当公司治理水平较低时，税率的提高会导致更多的管理层抽租，从而降低公司税收激进行为的收益；当公司治理水平较高时，税率的提高将产生更高的税收激进行为收益。

　　以上有关公司税收激进行为的理论观点，将管理层、股东以及政府（尤其是税收征管部门）置于一个理论框架中，加深了对公司税收激进行为及其影响因素和经济后果的理解，也为公司税收激进行为的后续研究奠定了理论基础。

3.2.2　环境不确定性与组织决策的有限理性

1. 环境不确定性

　　柯尼特（Knight，2012）最早开始关注不确定性对经济分析的重要意义，并将其作为研究利润来源和企业家职能的重要线索，认为不确定性意味着决策者不知道某种行为后果的客观概率分布，甚至对行为后果一无所知。因此，不确定性通常是指对事物发生的概率未知的一种风险状态。组织决策环境的不确定性是指组织的决策者对某种组织行为没有拥有完全的信息或知识，换言之，对组织决策者来讲，组织行为发生的可能性及其经济后果是不确定的。环境是公司赖以生存的条件，影响公司的战略制定和经营决策。来自客户、供应商、竞争者和监管部门行为的不可预测性会导致公司环境的不确定性（Govindarajan，1984）。环境对公司的约束使管理者在制定公司战略和经营决策时必须考虑环境不确定性的影响并做出适当反应（申慧慧，2010）。有研究者认为，环境不确定性（environmental uncertainty）受外部的环境复杂性（environmental complexity）和环境变动性（environmental dynamism）等因素的影响（Duncan et al.，1968）。模仿参照组内的同伴行为主要源于决策环境的不确定性（Lieberman and Asaba，2006）。公司管理层的决策过程中充斥着各种形式的不确定性，比如不清楚各种行为后果发生的概率，难以确定行动与后果之间的因果关系，甚至无法预判所有可能的行为和后果（Milliken，1987）。这时，模仿同伴行为可以降低决策行为中的不确定性（March and Olsen，2006）。

2. 组织决策的有限理性

人们在行为决策的过程中如何应对决策环境的不确定性呢？大多数这一领域的研究与西蒙的有限理性模型有关。西蒙最早将有限理性的概念引入经济学研究领域，指出有限理性是经济主体通过其实际行为表现出来的理性，并提出了有限理性行为模型。该模型中，西蒙（Simon，1959）用符合实际的理性人假设取代了古典决策模型中的完全理性人假设。西蒙（Simon，1959）指出完全理性的决策机制有 3 个重要的前提：一是，决策者能够找到所有备选方案；二是，决策者能够了解每个备选方案；三是，决策者对每个方案的所有可能后果的优劣都清楚明确。然而，这是非常不现实的。外部环境的不确定性和复杂性使得决策者不能获得完全信息，大多数情况下决策者不可能了解所有备选方案。因此，西蒙（Simon，1959）认为，在解释和预测个人真实的决策过程时，古典决策理论及其决策模型具有局限性，他在批判古典决策理论及其决策模型的完全理性假设的基础上，提出了"有限理性"（bounded rationality）理论。西蒙（Simon，1959）认为在进行决策时个人的理性程度是有限的，这种有限性是由两方面的因素引起的，一是，决策者在一定环境下可获取的信息是有限的，即决策者往往只能够获得决策所需要的有限信息，一般难以拥有理性决策理论中所规定的完全信息；二是，在一定的环境下决策者实际拥有的信息加工能力是有限的。如果组织行为的决策者是有限理性的，那么组织是如何行为的呢？这就需要组织不断地学习，不断纠正自身错误。当组织中的决策者作为一个个体，认为自身或组织所拥有的信息不足以支持其做出合理决策时，就有了学习同伴组织的动机，从而产生了基于模仿同伴行为的同群效应。

3.2.3 社会学习理论

社会学习（social learning）理论又被称为信息瀑布（information

cascades）理 论（Lieberman and Asaba，2006；Banerjee，1992；Bikh-
chandani et al.，1998；谢洪明等，2003）。该理论认为，假设每个决策
者都有一些关于自然状态的私有信息，第一个决策者的行为完全基于其
私有信息，但是决策者的行为信息会被跟随者观察到。当观察到的行为
信息积累到足够多时，追随者可能会忽略他们自己先前的信息并模仿前
人的行为。一个典型的例子是，一家排着长队的餐馆越来越受欢迎，排
在队伍末尾的许多人可能打算去他们熟悉的其他餐馆，但他们会受观察
到的排队情况影响而选择排队人多的餐馆就餐。因此，当从同伴行为中
获得了足够的信息时，跟随者可能会改变他们的初始决策。

　　社会学习理论同样被用于公司决策行为的研究中，该理论认为公司
管理层对其他公司行为活动的模仿并不是完全盲目的，而是在同伴公司
信息基础上做出的行为决策，是基于社会学习的模仿行为。当公司面临
的环境不确定性较高或者通过分析私有信息进行决策的成本较高时，公
司管理层会更加依赖于同伴公司的行为信息来帮助自己完成决策，从而
降低决策风险和决策成本，这便产生了"搭便车"现象（申慧慧，
2010；Lieberman and Asaba，2006）。例如，在面临投资决策时，由于公
司管理层自身对相关投资项目的信息掌握不够全面，其在决策过程中会
搜集并分析同伴公司的相关决策行为所隐含的信息，相互推测或者分享
彼此所掌握的信息，为降低投资决策的风险和成本而模仿同伴公司的决
策，从而产生同群效应（Bikhchandani et al.，1992）。根据比赫昌达尼
等（Bikhchandanie et al.，1998）研究中的模型，公司 A 首先做出决
策，公司 B 在公司 A 之后做出决策，能够通过观察公司 A 的决策行为
分析其掌握的信息。V 表示决策结果，若 V = 1 时为盈利，若 V = - 1
时为亏损，且两者的概率均为 0.5。公司收到的好信息和坏信息分别用
H 和 L 来表示，则有：

$$P[H(V=1)] = P[L(V=-1)] = p, \frac{1}{2} < P < 1 \qquad (3.7)$$

　　如果公司 B 判断公司 A 所掌握的信息与自身信息不符，公司 B 有
0.5 的概率随机选择是否进行模仿。接下来公司 C 做出决策，如果公司
C 发现公司 A 和公司 B 的信息不一致时，则不会模仿公司 A 和公司 B
做出决策，而是会与公司 A 一样独立完成决策，成为新一轮信息流瀑
的首位决策者；如果公司 C 发现公司 A 和公司 B 的信息一致时，则公
司 C 不再考虑私有信息，而是模仿公司 A 和公司 B 做出决策，以此类

推，接下来的公司 D、公司 E、公司 F 等的后续决策者都会模仿前面公司的决策，从而形成信息瀑布，同群效应也会由此产生。

此外，社会学习理论认为，相比其他公司，一些被认为掌握更多信息的"引领者"公司会对同伴公司的行为决策产生更强的影响（Bikhchandanie et al.，1998）。规模较大公司或经营成功公司的决策行为更容易被其他同伴公司模仿，因为其他同伴公司认为这些"引领者"公司所掌握的信息更加全面且质量更高。

3.2.4　动态竞争理论

动态竞争（dynamic competition）理论最早源于 20 世纪 50 年代爱德华兹（Edwards）对公司间对抗的研究。20 世纪 80 年代初，随着公司间竞争的加剧，更多学者投入动态竞争理论的研究，自此动态竞争理论逐步兴起。动态竞争理论认为，公司战略是动态的，公司发起的竞争行为会引发竞争对手的反应甚至是回击。公司战略是由一系列行动构成的，这些行动包括价格调整、开拓新市场、推广新产品、进入新行业、兼并收购等。与以往的竞争理论和战略理论不同，动态竞争理论将竞争行动量化，强调竞争行动的质量，认为那些实施速度快，竞争对手不能及时回击或者根本无法回击的优质竞争行动才是公司获得竞争优势的主要工具。动态竞争的研究可以分为多点竞争和竞争互动（谢洪明等，2003）。

多点竞争（multipoint competition），也称多市场竞争，主要研究横跨多个市场的公司所采取的竞争行为。当公司和竞争对手均横跨多个市场时，为减弱单一市场的竞争程度，会出现竞争避让的现象，即公司 A 在一个市场中受到公司 B 竞争行为攻击时，公司 A 并不在同一市场进行反击，而是在另外一个市场中发起攻击，从而缓解竞争压力，实现双方攻守平衡。由于多市场竞争给公司反击竞争对手提供了更多选择，同时也增加了竞争反击的不确定性，因此面临多市场竞争的公司更容易在竞争中妥协（Bernheim and Whinston，1990）。此外，公司和竞争对手之间的市场关联越紧密，公司间的竞争行为和反击行为可能更加"相互克制"（Baum and Korn，1999）。

竞争互动（competitive action-reaction）的研究路线是关于竞争者行

为互动的研究。该理论更加关注竞争互动所呈现出的竞争攻击与反击的交替情形。相关研究认为,市场的形成源于公司间的行为互动,因此观察市场上竞争对手的行为是公司采取竞争行为的信息来源。具体来说,竞争互动的研究需要解释主动竞争行为(进攻)与被动竞争行为(回应)之间的互动。如果竞争对手的行为对焦点公司的竞争优势和竞争地位产生威胁,为了维护自身原有的竞争优势和竞争地位,焦点公司会采取竞争行为予以回应或反击。当竞争对手的竞争行为影响越大、强度越高时,本公司的回击数量也就越多;当竞争对手的竞争行为是战略性竞争、资源需求越多时,本公司的回击数量也就越少,回击速度也越慢(Chen et al.,1992)。此外,大公司和小公司在自身发展阶段和资源获取上存在较大差异,使其在竞争互动中表现出不同的特点。相比小公司,大公司发起的竞争行动更为迟缓,数量也更少;小公司在发起竞争攻击时更加主动灵活,但是受限于公司资源,其不愿采取反击行为,并且反击较为迟缓。

总之,动态竞争理论并非将公司个体作为分析对象,而是将依赖同一市场资源的公司作为整体来进行分析。在市场中,任何公司无法仅仅依据自身情况完成决策,市场中其他公司的行为也是公司进行决策的重要依据,尤其是竞争对手。随着市场化水平的提高,公司之间更加相互依存,同时又相互竞争。将动态竞争理论应用于对公司行为互动的研究中是十分必要和迫切的。作为竞争性组织,公司是一个以利润最大化为目标的经济实体。竞争属性决定了其在行为决策上与同伴公司(竞争对手)存在互动关系,这些行为决策就包含了公司税收激进行为这一重要的财务行为。因此,动态竞争理论能够为探究公司税收激进行为同群效应提供必要的理论基础。

3.2.5　制度理论

制度理论认为,正式的组织结构和行为不仅反映了技术的必要性(Lawrence and Lorsch,1967)和资源依赖(Pfeffer and Salancik,1978),而且也反映了制度的力量(Meyer and Rowan,1977)。社会中组织结构与行为的趋同是制度理论所要解答的核心问题。在制度理论看来,为了追求"合法性",组织会尽力迎合规范、传统等制度环境因素,并与大

45

多数其他组织保持一致，这成为组织之间结构和行为趋同的主要原因。制度理论将这种趋同称之为"制度性同形"（Powell and DiMaggio，1991）。

1. 合法性

"合法性"（legitimacy）是制度理论中的核心概念，也有学者将其称为"正当性"。"合法性"中"法"的内涵较为广泛，包括我们所熟知的刚性约束，如法律、标准和规则等因素，也包括制度环境中的非刚性约束，如文化、传统、理念、行为逻辑等因素。20世纪60年代，研究者们逐步将"合法性"这一概念引入到微观组织的研究中。鲁夫和斯科特（Ruef and Scott，1998）认为组织是否具有合法性主要来自观察组织的行为和结构并做出评价的内部和外部组织或个人。公司税收激进行为受到税法等法律法规的制约，同时受到政府的税收征管机构的奖惩和公众舆论及媒体的监督。因此，税收激进行为的"合法性"将受到公司的极大关注。

2. 制度性同形

迪马吉奥和鲍威尔（DiMaggio and Powell，1983）定义了3种制度化同形，即强制性同形、规范性同形和模仿性同形。强制性同形主要源于其他组织的压力和文化期待对其所施加的压力。规范性同形源于专业化进程。模仿性同形主要源于决策环境的不确定性。当一个组织在决策过程中无法确定各种行为后果发生的概率，不清楚行动与后果之间的因果关系，甚至无法预判所有可能的行为和后果时，该组织可能模仿其他组织以降低行为决策的风险。根据制度理论中的模仿性同形，由于公司税收激进行为的决策环境不确定性，公司会密切关注其他公司的税收激进行为，特别是同一参照组内的公司，并适时进行模仿，从而产生公司税收激进行为的同群效应。

3.2.6　委托代理理论

随着经济社会的发展，公司规模逐步扩大，社会分工更加细化，导致公司所有权和经营权分离，成为现代公司制度的显著特征。公司是一系列契约的组合，公司所有者（委托人）与经营者（代理人）存在契约关系。委托代理关系的产生，是经济社会发展的必然结果。虽然在经济社会发展过程中，公司规模快速扩张，公司结构迅速变化，经营效率得以提升，但是也带来了严重的代理问题。具体而言，直接参与日常经营的公司经营者（代理人）对公司内部生产经营状况和外部经营环境以及自身工作能力和努力程度等方面的信息更加了解，而这些信息对于不参与日常生产经营的所有者（委托人）来说是难以掌握的，由此导致契约双方存在信息不对称。在公司所有者（委托人）与经营者（代理人）双方的契约中，双方在什么情况下可以做什么，不可以做什么，并不能做到完全准确地说明，由此导致双方契约的不完备。由此可见，作为契约双方，公司所有者（委托人）与经营者（代理人）之间存在信息不对称和双方契约的不完备，使得双方在行为以及价值取向上不一致。一方面，公司所有者可以不参与公司生产经营，但是为了追求自身财富的最大化，会千方百计要求经营者以此为目标去不懈努力；另一方面，参与公司日常经营的管理者，不拥有公司所有权和剩余索取权，经营者的目标是增加报酬和闲暇时间并尽量避免风险，从而追求个人利益最大化，此时公司所有者（委托人）与经营者（代理人）之间便产生了利益冲突。因此，如何平衡公司所有者和经营者之间的利益关系，缓解双方利益冲突以实现双方共赢是重要的公司治理问题。

詹森和梅克林（Jensen and Meckling，1976）提出了"代理成本"这一名词，认为代理成本是公司所有者（委托人）与经营者（代理人）之间的代理冲突所导致的损失。代理成本主要包括监督成本、履约成本和剩余损失 3 个部分。其中，监督成本是委托人为监督代理人的过度消费和消极怠工而耗费的支出；履约成本是指代理人为了取得委托人的信任而发生的自我约束支出，比如定期报告经营情况、聘请外部独立审计等；剩余损失是委托代理关系所导致的其他损失。为降低代理成本，提高经营效率，公司需要建立完善的治理机制，来缓解所有者（委托人）与经营者（代理人）之间的代理冲突。

对于公司税收激进行为而言，传统的现金流观认为，公司的税收激进行为能够通过减少纳税支出来增加公司的收益和现金流量，降低资本成本，从而提升公司价值（Graham and Tucker，2006）。公司税收激进行为的传统观隐含了公司所有权和经营权两权合一的前提假设，忽视了

47

公司税收激进行为所产生的潜在代理成本。由于规模较大且公开发行上市的公司股权分散，两权分离的情况凸显，因此公司税收激进行为的传统观点并不完全适用于这类公司，需要将委托代理问题引入公司税收激进行为的研究框架，才能更加深入分析公司的税收激进行为。斯莱姆罗德（Slemrod, 2004）将委托代理问题引入公司税收激进行为的研究框架中发现两权分离带来的委托代理问题导致公司税收激进行为中包含管理层私利，需要提高公司治理水平，降低公司的代理成本，以防止管理层实施复杂的税收激进行为来攫取私利。德赛和达摩波罗（Desai and Dharmapala, 2006）的研究也发现税收激进行为与公司价值之间并不显著相关，只有在治理水平较高的公司，其税收激进行为才能提升公司价值。之所以公司的税收激进行为会导致管理层自利，一是因为税收激进行为节约的现金流增加了管理者对自由现金流的支配权，为管理层的自利行为提供了机会（刘笑霞和李明辉，2018）；二是由于公司在实施税收激进行为时，为防止被税收征管部门发现，往往通过复杂而不透明的交易活动来掩盖其税收激进行为（叶康涛和刘行，2014）。这些交易活动在掩盖税收激进行为的同时，也加剧了公司内外部的信息不对称程度，使得公司管理层有机会进行自利行为，即复杂不透明的税收激进行为会掩盖和伴生公司管理层的寻租行为（陈冬和唐建新，2013）。

第 4 章 上市公司税收激进行为同群效应的存在性识别

社会互动文献认为，群体内的个体间会产生互动行为进而交叉影响，"同群效应"（peer effects）正是体现了个体之间交叉影响的一种内生的社会互动（Manski，2000）。传统的公司财务行为研究通常将公司财务行为视为公司独立决策的结果，却忽视了其他同伴公司对其行为的影响，而近年来有研究发现公司的融资行为会显著受到同行业内同伴公司的影响，其影响力甚至要大过之前已发现的其他影响因素，呈现出明显的"同群效应"（Leary and Roberts，2014）。那么，公司的税收激进行为是否存在"同群效应"呢？尽管公司依法纳税是其作为纳税主体应尽的责任和义务，但是逐利的本性决定其会采取税收激进行为来减少现金流出以提高盈利水平。决策环境的不确定性增加了公司税收激进行为决策的难度，激烈的市场竞争使公司不得不回应竞争对手的税收激进行为，促使同伴公司间产生税收激进行为的模仿与互动。本章将同群效应引入公司税收激进行为的研究，以 2008～2018 年中国沪、深两市 A 股非金融类上市公司为样本，理论分析并实证检验上市公司税收激进行为同群效应的存在性。首先，结合相关理论并参考现有研究，主要从信息性模仿和竞争性模仿两个角度来理论分析上市公司税收激进行为同群效应的存在性，并提出研究假设。其次，选择行业作为参照组，采用参照组组内线性均值模型对上市公司税收激进行为同群效应的存在性进行实证检验。再次，为处理映像问题所带来的内生性，使用同伴公司股票特质收益的均值作为工具变量进行二阶段回归；为排除税收激进行为地区趋同的影响，加入同地区同伴公司税收激进程度的均值变量来控制地区因素的影响；为增强结论的可靠性，从更改税收激进的计量方法、更改行业划分标准、滞后效应、更改工具变量计算的窗口期、更改同伴公

司指标的计算方法等五个方面展开稳健性检验。最后，进一步分析同群
效应的特征，包括非对称性和社会乘数效应。为分析公司税收激进行为
同群效应的形成机制、影响因素和经济后果奠定基础，同时也为税收征
管部门、公司管理层和公司股东提供有益借鉴。

4.1　理论分析与研究假设

当环境不确定或面临竞争压力时，个体（或组织）的行为会受到
其所在群体内其他个体（或组织）行为的影响，从而使个体（或组织）
的行为和结果发生变化，这一现象被称为"同群效应"。同群效应的载
体可以是个体，也可以是组织。其内在逻辑主要是个体或组织间的模仿
行为。结合已有研究，本书切入公司税收激进行为的视角，从信息性模
仿和竞争性模仿两个角度来分析公司行为"同群效应"的存在性。

一是信息性模仿（information-based imitation）。社会学习理论认为，
决策环境的不确定性是导致组织间模仿的主要动因（Lieberman and Asa-
ba，2006）。由于决策环境的不确定性，公司管理层对相关行为后果的
信息掌握不够全面，不能准确估计出决策行为和经济后果之间的因果关
系，其在决策过程中会搜集并分析同伴的相关决策行为所隐含的信息，
相互观察与推测或者彼此分享所掌握的信息。此时，通过模仿其他组织
的行为，可以显著地降低决策行为产生、选择和评价过程中的不确定性
（March and Olsen，1976）。制度理论同样将组织间模仿行为看作是对决
策环境不确定性的自然反应，并将其称为"模仿性同形"（DiMaggio
and Powell，1983）。基于制度理论的模仿性同形，面对环境不确定性，
公司会通过各种渠道获取更多的信息与经验知识来减少公司行为决策时
所面临的不确定性，从而降低决策成本和决策风险。显然，公司税收激
进作为一项风险决策，其决策环境的不确定性较高，把握不好合理避税
和逃税漏税的界线容易引起税收征管部门的注意，一旦越界并事发，公
司将面临税收征管部门更多监管甚至处罚。这不仅会给公司带来经济损
失并损害公司的声誉，还会损害管理层的声誉和个人私利。面对决策环
境的不确定性，公司管理层不论是出于公司利益和声誉还是出于自身利
益和声誉的考虑，都将努力获取更多信息来帮助其完成税收激进行为的

决策，降低公司税收激进行为的风险。其中，同伴公司是获取信息的重要渠道，并为模仿提供范本。从同伴公司税收激进行为中所获取的信息为公司税收激进提供了可以模仿的低风险方案，并且该方案可以降低公司的决策成本。此外，公司为了获得"合法性"，也将模仿同伴公司。制度理论认为，组织为了获得"合法性"而努力与规范、文化、观念以及社会期望保持一致，从而产生了组织行为的趋同。"合法性"会给公司带来更多的社会认可，从而获得更多外部资源。违反"合法性"将导致利益相关者以及社会公众对公司产生质疑，使公司丧失与其他组织和个体的合作机会，阻碍外部资源的获取。公司遵守相关税收法律法规并依法纳税是公司获得"合法性"的重要途径。当同伴公司调整纳税行为时，焦点公司为避免丧失"合法性"而声誉受损甚至遭到处罚，很可能会模仿同伴公司。公司管理层会密切关注同伴公司税收激进行为的变化，适时做出反应，从而使自身的税收激进行为与同伴公司保持同步，以缓解合法性压力，防止违反"合法性"而带来经济损失和声誉损失。由于公司在应对合法性压力时会采取防御性策略（King and Whetten，2008），这就意味着，在合法性压力下，公司只会受到行业平均水平而不是最高水平的影响。布朗和德雷克（Brown and Drake，2014）研究发现董事联结的同伴公司是公司进行税收激进行为决策的重要信息来源，税收激进行为在董事联结的公司中存在趋同现象。众所周知，面临更为相似的市场环境，同一行业内的同伴公司可比性更高，彼此的信息和彼此间的模仿对公司决策的参考价值更大。库比克等（Kubick et al.，2015）的研究就发现产品市场中公司间存在税收激进行为的模仿行为。因此，公司在实施税收激进行为时会尽可能获取同行业公司的信息并加以模仿，从而使得同行业公司的税收激进行为呈现出"同群效应"。

　　二是竞争性模仿（rivalry-based imitation）。动态竞争理论认为公司与其竞争者之间存在行为互动。当公司面临其他公司的竞争，竞争对手实施的进攻性竞争行为会迫使公司采取回击性竞争行为，由此产生动态竞争理论中所描述的竞争互动。为缓解竞争对手所带来的压力，维护公司的竞争优势，保持公司的竞争地位，公司在被迫采取回击性竞争行为时会紧盯对手的进攻性竞争行为，并很可能对竞争对手的行为进行模仿（Lieberman and Asaba，2006）。阿姆斯壮等（Armstrong et al.，2016）

研究发现同一行业内的公司税收激进行为呈现出趋同性，行业竞争对手的税收激进程度发生变动时会导致公司税收激进程度产生同方向变动。此外，公司对竞争对手税收激进行为的模仿还源于其忌惮税收激进程度高于行业竞争对手而带来更多税收监管和处罚，这将威胁公司在行业中的竞争地位。因此，基于动态竞争理论，公司模仿同伴公司的行为，在税收激进行为决策中与同伴公司（竞争对手）呈现互动关系，是公司作为竞争性组织的本质属性使然，也是公司应对并缓解竞争压力的自然反应。

随着我国市场经济的转型升级以及市场化水平和法治化水平的不断提高，公司决策环境的不确定性、"合法性"压力和竞争压力不断加大。首先，由于决策环境不确定性的加剧，公司管理层自有信息的有限性更加难以支持其做出合理决策，模仿同伴公司的动机更加强烈。市场化水平和法治化水平的提高加重了公司税收激进行为的违法成本，迫使公司更加密切关注同伴公司的税收激进行为，及时进行模仿，防止自身税收激进程度过高带来更多税收征管部门的关注甚至处罚，以降低经济损失和声誉损失的风险，从而加强了基于信息性模仿的"同群效应"。其次，随着产品市场竞争的日益激烈，公司需要更谨慎地权衡税收激进行为的收益和风险，以维护自身的竞争地位。这将使公司对竞争对手的税收激进行为及其变动更为关注，并适时通过模仿竞争对手的税收激进行为来进行回击，从而加强了基于竞争性模仿的"同群效应"。

综上所述，无论是基于社会学习理论和制度理论的信息性模仿，还是基于动态竞争理论的竞争性模仿，均说明公司税收激进行为会受到同伴公司税收激进行为的影响，在交互影响中形成"同群效应"。基于此，提出本章的研究假设4.1。

假设4.1：公司的税收激进行为会受到其同伴公司税收激进行为的显著影响，即公司的税收激进行为存在同群效应。

4.2 研究设计

4.2.1 同群效应参照组的选择

选择参照组是同群效应存在性识别的前提。在充分分析上市公司现实情况、同群效应的相关理论和同群效应实证检验方法的基础上，本书选择行业作为上市公司税收激进行为同群效应研究的参照组，具体原因如下：

一是从现实情况而言，同一行业中焦点公司与同伴公司联系紧密，行业同伴公司的税收激进行为是焦点公司税收激进行为决策的重要信息来源和参照。一般而言，参照对象的选择直接依赖于是否拥有获取对方信息的渠道（陈仕华和卢昌崇，2013）。同一行业中的上市公司能够通过以下渠道获取同伴公司的纳税信息：（1）公司的财务报告是公开的信息渠道。上市公司的年报和季报是公开的。在资产负债表中会披露"递延所得税资产""递延所得税负债"和"应缴税费"等涉税项目的期初和期末余额，同时在利润表中会披露"税金及附加"和"所得税费用"等涉税项目的当期和上期发生金额，并且在报表附注中还可能披露这些涉税项目的具体计算过程以及公司所享受的税收优惠。焦点公司可以通过这些信息推测同伴公司的纳税情况。（2）同行业公司间的董事联结是非正式的信息渠道。同一人在多家上市公司同时担任董事，这在中国上市公司中是非常普遍的。联结董事是公司间的信息传递的有效途径，这些信息中自然也包括纳税信息（田高良等，2017）。虽然是非正式渠道，但是董事联结的信息传递效率较高，对公司决策的影响较大。（3）税收筹划咨询机构是外部信息渠道。公司税收激进行为难度高、风险大，上市公司会更多由税收筹划咨询机构或调查机构的帮助来完成相应的操作。由于同行业公司之间面临更为相似的市场环境、法律环境和税收政策，并且同行业公司之间的基础条件更为接近，导致这些机构在给同一行业内的客户进行税收筹划时会采取较为一致的操作。此外，行业协会、行业分析师、审计师等渠道也会实现信息和经验在行业内的交流与共享（万良勇等，2016）。由于同行业公司间存在竞争关系，迫使焦点公司有更强烈的动机来收集和分析同伴公司的信息以及时做出反应，因此参照同行业公司进行税收激进行为决策更容易实现且更为迫切。由此可见，选择行业作为上市公司税收激进行为同群效应存在性识别的参照组是与现实情况相符的。

二是从理论分析角度而言，选择行业作为同群效应识别的参照组，不仅符合信息性模仿机制的相关理论基础，同时也符合竞争性模仿的相关理论基础。其他参照组（如地区、社会网络联结等）同群效应的形成主要是源于信息性模仿机制的相关理论基础。与此不同的是，同行业公司之间不仅具有有效的信息获取渠道以实现信息性模仿，从而支持信息性模仿的相关理论分析，而且同行业公司之间还存在竞争关系，能够支持竞争性模仿的相关理论分析。

三是从实证检验角度而言，选择行业作为同群效应识别的参照组主要基于以下原因：（1）参照组组内线性均值模型在使用大样本进行回归时近似于零和博弈（Brock and Durlauf，2001），这也说明"竞争关系"隐藏于参照组内部（张天宇，2017），因此选择行业作为参照组符合参照组组内线性均值模型这一同群效应的计量识别方法。（2）由于公司一般在税收激进行为决策之前就已经完成了行业选择，公司税收激进行为决策难以影响行业选择，因此行业参照组对于公司税收激进行为而言是部分外生的，一定程度上避免了自选择所导致的内生性问题。（3）我国上市公司存在多种行业分类标准，不仅有证监会的行业分类标准，还有申银万国、Wind 等证券机构的行业分类标准，这些行业分类标准都清晰明确，不仅方便实证检验，而且多种标准的实证检验可以增强检验结论的稳健性。

4.2.2　样本选择与数据来源

由于《中华人民共和国企业所得税法》（以下简称《新所得税法》）于 2008 年 1 月 1 日正式施行，新所得税法在税率、应纳税所得额核算、税前扣除项目、税收优惠政策以及征收管理方面发生了较大变化。为使公司税收激进的度量保持前后一致，免于更多干扰，本章选择以 2008 年为研究起点，以 2008 ~ 2018 年作为样本期间。对选取的样本进行如下处理：（1）剔除金融保险类上市公司样本；（2）剔除 ST、PT 等非正常上市公司样本；（3）剔除所需样本期间披露数据不全的上市公司样本；（4）剔除 B 股上市公司样本；（5）剔除当期所得税为 0 或小于 0 的上市公司样本。经过上述处理，最终得到 16051 个公司的年度样本观察值。公司名义所得税税率来自 Wind 资讯金融数据库，其他财务数据均来自国泰安 CSMAR 数据库。此外，本章对所有连续变量进行了 1% 的双侧缩尾处理，并且在多元回归中进行了 White 异方差调整、Robust 稳健标准误修正和公司层面的聚类（Cluster）处理。

4.2.3 变量定义

1. 被解释变量

遵照研究惯例并借鉴梅松和普莱斯科（Mazon and Plesko, 2001）、德赛和达摩波罗（Desai and Dharmapala, 2006）、刘行和叶康涛（2013），主检验中主要采用基于会税差异的两种度量方法，即会税差异（BTD）和固定效应残值法计算的会税差异（DD_BTD）来衡量公司税收激进程度。会税差异（BTD）的具体计算公式为：

$$BTD = \left(税前利润 - \frac{所得税费用 - 递延所得税费用}{年末名义所得税率}\right)\Big/ 资产总额$$

(4.1)

固定效应残值法计算的会税差异（DD_BTD）的计算过程，首先对模型（4.2）进行回归。模型（4.2）为：

$$BTD_{i,t} = \beta_1 TACC_{i,t} + \mu_i + \varepsilon_{i,t}$$
(4.2)

其中，$TACC_{i,t}$等于净利润与经营性现金流量的差与资产总额的比值，μ_i表示公司 i 在样本期间内残差的平均值；$\varepsilon_{i,t}$表示 t 年度公司 i 的残差与公司 i 在样本期间内残差平均值 μ_i 的偏离度。

由此可得固定效应残值法计算的会税差异（DD_BTD），如公式（4.3）所示：

$$DD\_BTD_{i,t} = \mu_i + \varepsilon_{i,t}$$
(4.3)

其中，DD_BTD 代表会税差异（BTD）中不能被应计利润解释的那一部分，其值越大表示公司的税收激进程度越高。

稳健性检验中，借鉴吴联生（2009）、刘行和叶康涛（2013），采用基于有效税率的两种税收激进衡量指标，对实际所得税率（ETR）和名义所得税率与实际所得税率的差额（Rate）进行进一步检验，增强检验结果的可靠性。实际所得税率（ETR）的具体计算公式为：

$$ETR = (所得税费用 - 递延所得税费用)/税前利润$$
(4.4)

考虑到我国所得税的税收优惠政策较多，公司之间的名义所得税税率存在较大差异（吴联生，2009），仅使用实际所得税率（ETR）来衡量公司税收激进可能会存在偏差。为了消除公司名义所得税税率的影响，使用名义所得税税率对实际所得税率（ETR）进行调整，得到实际所得税率的变体（Rate）。Rate 越高，公司税收激进程度越高。实际所得税率的变体（Rate）的具体计算公式为：

$$Rate = 名义所得税率（TR）- 实际所得税率（ETR）\qquad (4.5)$$

上述 4 种公司税收激进的度量方法被广泛运用于国内外公司税收激进的文献中（如 Chen et al.，2010；蔡宏标和饶品贵，2015；田高良等，2016；Higgins et al.，2015；Kim et al.，2011；刘行和叶康涛，2013；张新民等，2019），说明这些度量方法具有较高的效度。

2. 解释变量

解释变量包括同伴公司平均税收激进程度（PeerTA）和同伴公司平均税收激进程度的一阶差分（ΔPeerTA）。同伴公司平均税收激进程度（PeerTA）是指公司 i 所在行业内所有上市公司（去除 i 公司，即焦点公司）在 t 年税收激进程度的平均值。同伴公司平均税收激进程度的一阶差分（ΔPeerTA）是指公司 i 所在行业内所有上市公司（去除 i 公司，即焦点公司）第 t 年与第 t−1 年税收激进程度平均值的差值，表示同伴公司平均税收激进程度的变动。

3. 控制变量

为控制其他因素的影响，本书借鉴刘慧龙和吴联生（2014）、李万福和陈晖丽（2012）等研究文献，控制以下变量：

（1）名义所得税税率（TR）。我国上市公司的名义所得税税率差异较大，如一般情况下适用 25% 的基本税率，国家重点扶持的高新技术企业、技术先进型服务企业以及部分地区的鼓励型产业减按 15% 的税率征收企业所得税，重点软件企业和集成电路设计企业在特定情形下减按 10% 的税率征收企业所得税。显然，名义所得税税率越高，公司税收激进的行为动机越强，因此预计名义所得税税率（TR）的回归系数为正。

（2）公司规模（Size），等于公司总资产的自然对数。目前关于公司规模（Size）与公司税收激进行为相关关系的研究结论并不一致。有些研究（如 Gupta and Newberry，1997）认为，规模较大的公司受到更多社会关注，税收激进行为的成本更高，导致其难以实施税收激进行为；另外一些研究（如 Lanis and Richardson，2011）认为，规模较大的公司拥有更多的资源来完成税收筹划，并可以通过游说来获得更多税收优惠，从而更容易实施税收激进行为。因此难以预期公司规模（Size）回归系数的符号。

（3）资产负债率（Lev），等于总负债与总资产的比值。由于负债所产生的利息能够用以抵税，资产负债率越高，公司用利息费用冲抵的所得税利润越多，减少了公司税负，从而降低了公司税收激进的行为动机，因此预期资产负债率（Lev）的回归系数为负（刘笑霞和李明辉，2018；严若森等，2018）。

（4）资产净利率（ROA），等于净利润与总资产的比值，该变量反映了公司的盈利能力。已有研究表明，公司的盈利能力与税收激进程度显著正相关（Lanis and Richardson，2011；Gupta and Newberry，1997）。因此预期资产净利率（ROA）的回归系数为正。

（5）资本密集度（PPE），等于公司固定资产与总资产的比值。资本密集度越高，则固定资产占比越大，公司能够采用更多不同的固定资产折旧方法，这会影响公司税收激进。古普塔和纽伯里（Gupta and Newberry，1997）发现资本密集度（PPE）与公司税收激进呈负相关关系，但吴等（Wu et al.，2007）却得出与之相反的结论，因此难以预期资本密集度（PPE）回归系数的符号。

（6）成长性（Growth），等于营业收入增长率。成长性可以反映公司的发展潜力和投资模式。目前关于公司成长性（Growth）与公司税收激进行为相关关系的研究结论并不一致。已有研究发现，成长性（Growth）与公司税收激进之间既可能是正相关，也有可能负相关（Gupta and Newberry，1997；Derashid and Zhang，2003；Wu et al.，2007）。因此，难以预计成长性（Growth）回归系数的符号。

（7）管理层与股东间的代理成本（MSAC），等于管理费用与主营业务收入的比值，该变量能够反映公司的内部治理水平。根据公司税收激进行为的委托代理观，管理层与股东间的代理成本（MSAC）越高，公司内部治理水平越低，公司的税收激进程度越高。因此预期管理层与股东间的代理成本（MSAC）的回归系数为正。

（8）股权集中度（Owncon1），指公司第一大股东持股比例。第一大股东持股比例越高，则该公司股权越集中。根据税收激进行为的委托代理观，公司的股权集中度越高，大股东对管理层的监管越严格，公司管理层通过税收激进行为攫取私利的动机越弱，公司税收激进程度越低。因此预期股权集中度（Owncon1）的回归系数为负。

（9）为控制外生效应问题，借鉴利瑞和罗伯茨（Leary and Roberts，2014），控制了以上各控制变量去除焦点公司 i 后的行业平均值。

（10）年度（Year），控制公司税收激进行为的年度效应。

（11）行业效应（Industry），控制公司税收激进行为的行业效应。

（12）公司个体固定效应（Firm），控制公司税收激进行为的公司个体固定效应。

本章相关变量的类型、名称、符号和描述如表 4 - 1 所示。

表 4 - 1　　　　　　　　　　　变量定义及说明

变量类型	变量名称		变量符号	变量描述
被解释变量	公司税收激进（TA）	会税差异	BTD	会计 - 税收差异 =（利润总额 - 应纳税所得额）/资产总额，应纳税所得额 =（所得税费用 - 递延所得税费用）/名义税率
		固定效应残值法计算的会税差异	DD_BTD	BTD 中不能被总应计解释的那一部分会税差异，具体计算方法详见前文
主要解释变量	同伴公司平均税收激进程度		PeerTA	公司 i 所在行业内所有上市公司（去除 i 公司，即焦点公司）在 t 年税收激进程度的平均值。采用 BTD 和 DD_BTD 两种方法计量
	同伴公司平均税收激进程度的一阶差分		ΔPeerTA	公司 i 所在行业内所有上市公司（去除 i 公司，即焦点公司）第 t 年与第 t - 1 年税收激进程度平均值的差值
控制变量	公司名义所得税税率		TR	公司名义所得税税率
	资本密集度		PPE	资本密集度，等于公司固定资产与总资产的比值
	成长性		Growth	营业收入的增长率
	公司规模		Size	公司规模，等于公司总资产的自然对数
	资产负债率		Lev	资产负债率，等于总负债与总资产的比值
	资产净利率		ROA	资产净利率，等于净利润与总资产的比值
	代理成本		MSAC	管理层与股东间的代理成本，等于管理费用与主营业务收入的比值

变量类型	变量名称	变量符号	变量描述
控制变量	股权集中度	Owncon1	股权集中度，指公司第一大股东持股比例
	同伴公司名义所得税税率均值	TR_peer	公司 i 所在行业内所有上市公司（去除 i 公司，即焦点公司）在 t 年公司名义所得税税率的平均值
	同伴公司资本密集度均值	PPE_peer	公司 i 所在行业内所有上市公司（去除 i 公司，即焦点公司）在 t 年资本密集度的平均值
	同伴公司营业收入增长率均值	Growth_peer	公司 i 所在行业内所有上市公司（去除 i 公司，即焦点公司）在 t 年营业收入增长率的平均值
	同伴公司规模均值	Size_peer	公司 i 所在行业内所有上市公司（去除 i 公司，即焦点公司）在 t 年公司规模的平均值
	同伴公司资产负债率均值	Lev_peer	公司 i 所在行业内所有上市公司（去除 i 公司，即焦点公司）在 t 年资产负债率的平均值
	同伴公司资产净利率均值	ROA_peer	公司 i 所在行业内所有上市公司（去除 i 公司，即焦点公司）在 t 年资产净利率的平均值
	同伴公司代理成本均值	MSAC_peer	公司 i 所在行业内所有上市公司（去除 i 公司，即焦点公司）在 t 年管理层与股东间代理成本的平均值
	同伴公司股权集中度均值	Owncon1_peer	公司 i 所在行业内所有上市公司（去除 i 公司，即焦点公司）在 t 年第一大股东持股比例的平均值
	年度	Year	控制年度效应
	行业	Industry	控制行业效应
	公司	Firm	控制公司个体固定效应

4.2.4 模型构建

为检验公司税收激进行为同群效应的存在性，即焦点公司税收激进行为与行业参照组内同伴公司的税收激进行为是否存在显著的相关性，本书借鉴曼斯基（Manski，1993）、利瑞和罗伯茨（Leary and Roberts，2014）、钟田丽和张天宇（2017）等研究，基于参照组组内线性均值模型，构建模型（4.6）进行实证分析。为减弱遗漏变量所产生的内生性问题，并且表示公司税收激进行为的变动情况，参考陆蓉等（2017）在模型（4.6）的基础之上为各变量做一阶差分构建模型（4.7）进行实证分析。

相关基本模型为：

$$TA_{i,j,t} = \alpha_0 + \alpha_1 PeerTA_{-i,j,t} + \sum Controls_{i,j,t}^{Self} + \sum Controls_{-i,j,t}^{Peer}$$
$$+ \sum Industry + \sum Year + \sum Firm + \varepsilon_{i,j,t} \qquad (4.6)$$

其中，下标 i、-i、j、t 分别表示焦点公司、同伴公司、行业和年度；$TA_{i,j,t}$ 表示焦点公司 i 的税收激进程度，分别用会税差异（BTD）和固定效应残值法计算的会税差异（DD_BTD）来衡量；解释变量 $PeerTA_{-i,j,t}$ 为同伴公司平均税收激进程度（不包含焦点公司 i），分别用会税差异（BTD_Peer）和固定效应残值法计算的会税差异（DD_BTD_Peer）来度量；$\sum Controls_{i,j,t}^{Self}$ 表示一系列焦点公司个体特征控制变量，包括名义所得税税率（TR）、资本密集度（PPE）、成长性（Growth）、公司规模（Size）、资产负债率（Lev）、资产净利率（ROA）、管理层与股东间的代理成本（MSAC）、股权集中度（Owncon1）等可能对公司税收激进行为产生影响的变量；$\sum Controls_{-i,j,t}^{Peer}$ 表示一系列同伴公司外生效应控制变量（不包含焦点公司 i），包括同伴公司名义所得税税率均值（TR_peer）、同伴公司资本密集度均值（PPE_peer）、同伴公司营业收入增长率均值（Growth_peer）、同伴公司规模均值（Size_peer）、同伴公司资产负债率均值（Lev_peer）、同伴公司资产净利率均值（ROA_peer）、同伴公司代理成本均值（MSAC_peer）、同伴公司股权集中度均值（Owncon1_peer）等可能对焦点公司税收激进行为产生影响的外生效应变量；Industry 表示控制行业；Year 表示控制年份；Firm 表示控制公司个体固定效应；$\varepsilon_{i,j,t}$ 为随机扰动项。

$$\Delta TA_{i,j,t} = \alpha_0 + \alpha_1 \Delta PeerTA_{-i,j,t} + \sum \Delta Controls_{i,j,t}^{Self}$$
$$+ \sum \Delta Controls_{-i,j,t}^{Peer} + \sum Industry$$
$$+ \sum Year + \sum Firm + \varepsilon_{i,j,t} \qquad (4.7)$$

模型（4.7）中的被解释变量、解释变量和控制变量均为模型（4.6）中各变量的一阶差分，以表示各变量的变动。

4.3　实证过程与结果分析

4.3.1　描述性统计

焦点公司与同伴公司的税收激进程度（BTD、DD_BTD、ETR 和 Rate）和各控制变量的描述性统计见表 4-2。从表中可以看出，同伴公司税收激进程度等各项指标的均值与焦点公司对应的各指标均值相等，这与理论相符，也与利瑞和罗伯茨（Leary and Roberts，2014）、钟田丽和张天宇（2017）等研究一致。

表 4-2　　　　　　　　　　　主要变量的描述性统计表

Panel A：焦点公司	样本量	均值	标准差	最小值	25%分位数	中位数	75%分位数	最大值
BTD	16051	0.002	0.050	-0.148	-0.017	-0.003	0.013	0.272
DD BTD	16051	-0.006	0.088	-0.254	-0.040	-0.016	0.012	0.454
ETR	16051	0.213	0.142	0.000	0.134	0.183	0.267	0.775
Rate	16051	-0.021	0.139	-0.575	-0.063	-0.008	0.046	0.250
TR	16051	0.192	0.051	0.100	0.150	0.150	0.250	0.250
PPE	16051	0.221	0.167	0.002	0.091	0.186	0.314	0.720
Growth	16051	0.268	0.671	-0.495	0.007	0.138	0.317	5.301
Size	16051	22.112	1.309	19.522	21.175	21.928	22.864	26.190
Lev	16051	0.438	0.208	0.049	0.273	0.436	0.599	0.888
ROA	16051	0.051	0.041	0.002	0.021	0.041	0.069	0.210
MSAC	16051	0.094	0.071	0.010	0.047	0.079	0.117	0.431
Owncon1	16051	0.357	0.151	0.090	0.236	0.338	0.462	0.753

续表

Panel B: 同伴公司均值	样本量	均值	标准差	最小值	25% 分位数	中位数	75% 分位数	最大值
BTD_peer	16051	0.002	0.014	−0.070	−0.006	0.000	0.007	0.051
DD BTD_peer	16051	−0.006	0.027	−0.122	−0.021	−0.007	0.005	0.086
ETR_peer	16051	0.213	0.050	0.013	0.179	0.200	0.243	0.500
Rate_peer	16051	−0.021	0.039	−0.288	−0.041	−0.021	−0.001	0.220
TR_peer	16051	0.192	0.032	0.119	0.167	0.180	0.225	0.250
PPE_peer	16051	0.221	0.113	0.016	0.163	0.203	0.282	0.689
Growth_peer	16051	0.268	0.188	−0.302	0.155	0.237	0.352	2.950
Size_peer	16051	22.112	0.728	19.781	21.624	21.972	22.450	25.217
Lev_peer	16051	0.438	0.107	0.114	0.363	0.414	0.504	0.764
ROA_peer	16051	0.051	0.015	0.006	0.042	0.049	0.059	0.140
MSAC_peer	16051	0.094	0.037	0.024	0.068	0.089	0.114	0.327
Owncon1_peer	16051	0.357	0.052	0.173	0.328	0.351	0.384	0.688

被解释变量方面，会税差异（BTD）的均值为 0.002，标准差为 0.050，最大值和最小值分别为 0.272 和 −0.148；固定效应残值法计算的会税差异（DD_BTD）的均值为 −0.006，标准差为 0.088，最大值和最小值分别为 0.454 和 −0.254。这表明样本公司的税收激进程度存在较大差异。会税差异（BTD）和固定效应残值法计算的会税差异（DD_BTD）的均值都非常接近于 0，其统计分布情况与基于中国背景的公司税收激进研究相类似（江轩宇，2013；田高良等，2016；刘行和叶康涛，2013；刘行和李小荣，2012）。有效税率（ETR）的均值为 0.213，表明样本公司的平均有效税率约为 21.3%，25% 分位数为 0.134，表明样本公司有接近 1/4 的公司能保持 13% 以下的低税率。

解释变量方面，同伴公司平均会税差异（BTD_Peer）的均值为 0.002，标准差为 0.014，最大值和最小值分别为 0.051 和 −0.070；同伴公司平均固定效应残值法计算的会税差异（DD_BTD_Peer）的均值为 −0.006，标准差为 0.027，最大值和最小值分别为 0.086 和 −0.122。这表明样本公司中同伴公司平均税收激进程度也存在较大差异，为上市公司税收激进行为同群效应存在性识别提供了重要前提。

控制变量方面，名义税率（TR）的均值为 19.2%，最大值为 25%，最小值为 10%，说明一部分样本公司适用 15% 和 10% 的所得税税率。资本密集度（PPE）的均值为 0.221，最大值为 0.720，最小值为 0.002，说明样本公司资本密集度的差异较大。成长性（Growth）的均值为 0.268，即营业收入增长率约为 26.8%，表明整体上看样本公司的成长性较好。公司规模（Size）的均值为 22.112，标准差为 1.309，最小值为 19.522，最大值为 26.190，说明样本公司的平均资产规模约为 18 亿元且样本公司的规模存在较大差异。资产负债率（Lev）的均值为 43.8%，表明样本公司的总负债占据总资产近一半，较为适中。资产净利率（ROA）的均值为 0.051，标准差为 0.041，最大值为 0.210，最小值为 0.002，表明样本公司的平均盈利能力较弱且差异较大。管理层与股东间的代理成本（MSAC）的均值为 0.094，标准差为 0.071，最大值为 0.431，最小值为 0.010，表明样本公司的管理层与股东间的代理成本存在较大差距。股权集中度（Owncon1）均值为 0.357，反映出样本公司的股权结构中股权集中度较高，第一大股东的持股比例偏大。

4.3.2　税收激进程度的行业间差异分析

按照 2012 年证监会发布的上市公司行业分类指引，本章通过统计公司税收激进程度在不同行业的分布情况，发现不同行业公司税收激进程度的均值有较大差异。如表 4-3 所示，不同行业间公司税收激进程度的均值相差较大，税收激进程度均值最大的行业为新闻和出版业（R85），其会税差异（BTD）和固定效应残值法计算的会税差异（DD_BTD）分别为 0.053 和 0.106，而税收激进程度均值最小的行业为卫生行业（Q83），其会税差异（BTD）和固定效应残值法计算的会税差异（DD_BTD）分别为 -0.043 和 -0.092。此外，各行业样本量也存在较大差异，样本量最大的三个行业是计算机、通信和其他电子设备制造业（C39）、医药制造业（C27）和化学原料及化学制品制造业（C26），样本量分别为 1414 个、1139 个和 1018 个；样本量最小的 3 个行业是石油和天然气开采业（B07）、文化艺术业（R87）和卫生行业（Q83），样本量分别为 5 个、10 个和 12 个，一定程度上反映出各行业竞争环境的不同。

表4－3　　　　　　　　　分行业税收激进的描述性统计

行业类别代码	行业类别名称	样本量	BTD			DD_BTD		
			均值	标准差	中位数	均值	标准差	中位数
A01	农业	46	0.036	0.041	0.028	0.056	0.060	0.048
A04	渔业	25	0.022	0.039	0.017	0.038	0.071	0.028
B06	煤炭开采和洗选业	185	− 0.009	0.069	− 0.011	− 0.040	0.098	− 0.037
B07	石油和天然气开采业	5	0.022	0.064	0.013	0.040	0.124	0.021
B09	有色金属矿采选业	153	0.017	0.091	− 0.005	0.057	0.170	− 0.009
B11	开采辅助活动	47	− 0.017	0.024	− 0.011	− 0.045	0.032	− 0.042
C13	农副食品加工业	187	0.010	0.054	0.001	0.019	0.102	− 0.008
C14	食品制造业	191	0.014	0.057	0.006	0.018	0.077	0.006
C15	酒、饮料和精制茶制造业	253	− 0.014	0.041	− 0.007	− 0.044	0.067	− 0.029
C17	纺织业	235	0.008	0.060	0.001	0.012	0.102	− 0.010
C18	纺织服装、服饰业	157	− 0.014	0.044	− 0.007	− 0.042	0.068	− 0.033
C19	皮革、毛皮、羽毛及其制品和制鞋业	15	− 0.024	0.031	− 0.021	− 0.056	0.057	− 0.046
C20	木材加工及木、竹、藤、棕、草制品业	16	− 0.005	0.041	− 0.011	− 0.009	0.075	− 0.032
C21	家具制造业	25	− 0.034	0.041	− 0.023	− 0.079	0.066	− 0.060
C22	造纸及纸制品业	152	0.003	0.030	− 0.001	− 0.006	0.040	− 0.010
C23	印刷和记录媒介复制业	46	0.002	0.022	− 0.003	− 0.007	0.036	− 0.013
C24	文教、工美、体育和娱乐用品制造业	54	− 0.001	0.042	0.002	− 0.017	0.053	− 0.007
C25	石油加工、炼焦及核燃料加工业	74	− 0.001	0.046	− 0.005	− 0.013	0.068	− 0.011
C26	化学原料及化学制品制造业	1018	− 0.001	0.046	− 0.003	− 0.012	0.079	− 0.017
C27	医药制造业	1139	0.004	0.053	− 0.002	− 0.002	0.080	− 0.014
C28	化学纤维制造业	128	0.020	0.064	0.006	0.043	0.117	0.008

行业类别代码	行业类别名称	样本量	BTD			DD_BTD		
			均值	标准差	中位数	均值	标准差	中位数
C29	橡胶和塑料制品业	266	-0.006	0.031	-0.006	-0.026	0.047	-0.024
C30	非金属矿物制品业	480	0.003	0.043	-0.001	-0.007	0.068	-0.013
C31	黑色金属冶炼及压延加工业	168	0.010	0.034	0.003	0.009	0.051	0.000
C32	有色金属冶炼及压延加工业	356	-0.003	0.046	-0.003	-0.019	0.087	-0.020
C33	金属制品业	272	-0.004	0.040	-0.005	-0.013	0.077	-0.024
C34	通用设备制造业	577	-0.001	0.040	-0.005	-0.014	0.053	-0.021
C35	专用设备制造业	801	-0.004	0.041	-0.005	-0.020	0.073	-0.022
C36	汽车制造业	555	0.007	0.050	0.000	0.009	0.092	-0.009
C37	铁路、船舶、航空航天和其他运输设备制造业	237	0.004	0.044	0.001	-0.008	0.078	-0.012
C38	电气机械及器材制造业	1033	-0.003	0.039	-0.004	-0.018	0.067	-0.020
C39	计算机、通信和其他电子设备制造业	1414	0.003	0.045	0.000	-0.003	0.075	-0.010
C40	仪器仪表制造业	130	-0.007	0.034	-0.003	-0.026	0.044	-0.025
C41	其他制造业	103	-0.002	0.048	-0.010	0.004	0.128	-0.024
D44	电力、热力生产和供应业	473	0.010	0.048	0.001	0.010	0.064	-0.006
D45	燃气生产和供应业	102	0.025	0.085	0.002	0.044	0.173	0.005
D46	水的生产和供应业	89	0.024	0.051	0.009	0.046	0.104	0.011
E48	土木工程建筑业	375	-0.008	0.039	-0.007	-0.027	0.063	-0.027
E50	建筑装饰和其他建筑业	74	-0.024	0.031	-0.018	-0.067	0.043	-0.057
F51	批发业	487	0.005	0.059	-0.002	0.005	0.098	-0.016
F52	零售业	610	0.002	0.047	-0.004	0.000	0.083	-0.020
G54	道路运输业	259	0.010	0.039	0.004	0.009	0.057	-0.002

行业类别代码	行业类别名称	样本量	BTD			DD_BTD		
			均值	标准差	中位数	均值	标准差	中位数
G55	水上运输业	195	0.019	0.059	0.009	0.045	0.128	0.014
G56	航空运输业	64	0.006	0.030	0.005	−0.003	0.042	−0.009
G59	仓储业	31	−0.016	0.038	−0.018	−0.045	0.049	−0.034
H61	住宿业	51	0.027	0.075	0.014	0.041	0.111	0.021
I63	电信、广播电视和卫星传输服务	40	0.014	0.059	0.001	0.017	0.078	0.003
I64	互联网和相关服务	166	0.012	0.071	−0.002	0.022	0.129	−0.012
I65	软件和信息技术服务业	692	0.007	0.053	0.001	−0.002	0.084	−0.006
K70	房地产业	961	−0.007	0.054	−0.007	−0.035	0.104	−0.030
L72	商务服务业	213	0.002	0.056	−0.005	−0.011	0.095	−0.017
M74	专业技术服务业	90	−0.012	0.038	−0.009	−0.036	0.061	−0.028
N77	生态保护和环境治理业	83	0.007	0.056	−0.001	0.015	0.129	−0.014
N78	公共设施管理业	97	−0.018	0.044	−0.014	−0.051	0.061	−0.040
Q83	卫生	12	−0.043	0.059	−0.025	−0.092	0.076	−0.063
R85	新闻和出版业	70	0.053	0.090	0.025	0.106	0.154	0.050
R86	广播、电视、电影和影视录音制作业	99	0.014	0.090	−0.002	0.022	0.145	−0.011
R87	文化艺术业	10	0.045	0.083	0.027	0.071	0.116	0.022
S90	综合	165	0.020	0.075	0.003	0.051	0.150	0.006

注：以上行业是按照中国证券监督管理委员会发布的《上市公司行业分类指引（2012年修订）》（总共90个二级行业类别）统计，本书样本中总共涉及59个行业类别。由于2012年之前的样本公司适用的是2001年证监会行业分类标准，这导致2012年前后样本公司所适用的行业分类标准不一致。为了使全样本期间样本公司的行业分类标准一致，在仔细比较了2001年和2012年证监会行业分类标准中行业代码和行业类别名称的基础上，本书对2008～2011年的样本公司所属行业进行了调整，使其与其他年份所适用的2012年证监会行业分类标准相统一。

为检验税收激进行为在不同行业间是否存在差异，初步识别上市公司税收激进行为的"同群效应"，本书进行了单因素方差分析（ANO-

VA）。单因素方差分析（ANOVA）结果如表4-4所示，不论使用会税差异（BTD）还是固定效应残值法计算的会税差异（DD_BTD）进行分析，均显示在同一行业内公司税收激进程度具有相似性，在不同的行业之间税收激进程度却存在显著差异（P=0.0000）。

表4-4　　　　公司税收激进的单因素方差分析（ANOVA）检验

变量	差异源	平方和	df	均方	F	显著性
BTD	组间	1.32731296	58	0.022884706	9.28	0.0000
	组内	39.4398023	15992	0.002466221		
	总计	40.7671152	16050	0.002540007		
DD_BTD	组间	8.11342521	58	0.139886642	19.43	0.0000
	组内	115.128711	15992	0.007199144		
	总计	123.242137	16050	0.007678638		

4.3.3　相关性分析

表4-5报告了检验模型各变量之间的相关系数，上三角为Spearman相关系数矩阵，下三角为Pearson相关系数矩阵。从表4-5中可以看出：公司税收激进（BTD）与同伴公司税收激进（BTD_peer）之间的Pearson相关系数和Spearman相关系数分别为0.137和0.150，且均在1%水平上显著为正；公司税收激进（DD_BTD）与同伴公司税收激进（DD_BTD_peer）之间的Pearson相关系数和Spearman相关系数分别为0.172和0.201，且均在1%水平上显著为正。上述结果表明，同伴公司税收激进程度越高，焦点公司税收激进程度也越高，即上市公司税收激进行为存在"同群效应"，初步支持假设4.1。在控制变量中，资产负债率（Lev）和股权集中度（Owncon1）两个控制变量与公司税收激进（BTD和DD_BTD）之间的Pearson相关系数和Spearman相关系数均在1%水平上显著为负，与预期一致；名义所得税税率（TR）、资产净利率（ROA）和管理层与股东间的代理成本（MSAC）三个控制变量与公司税收激进（BTD和DD_BTD）之间的Pearson相关系数和Spearman相关系数均在1%水平上显著为正，与预期一致；无法预计方

表 4 - 5   相关系数矩阵

变量	BTD	DD_BTD	BTD_peer	DD_BTD_peer	TR	PPE	Growth	Size	Lev	ROA
BTD	1	0.865 ***	0.150 ***	0.150 ***	0.180 ***	0.062 ***	-0.019 **	-0.017	-0.088 ***	0.165 ***
DD_BTD	0.841 ***	1	0.182 ***	0.201 ***	0.195 ***	0.082 ***	-0.021 ***	-0.022	-0.095 ***	0.129 ***
BTD_peer	0.137 ***	0.147 ***	1	0.881 ***	0.036 ***	0.141 ***	0.020 **	0.003	-0.003	0.033 ***
DD_BTD_peer	0.136 ***	0.172 ***	0.878 ***	1	0.062 ***	0.196 ***	0.003	-0.010	-0.011	0.027 ***
TR	0.147 ***	0.167 ***	0.058 ***	0.072 ***	1	0.005	-0.083 ***	0.272 ***	0.323 ***	-0.153 ***
PPE	0.067 **	0.028 ***	0.133 ***	0.183 ***	0.066 **	1	-0.105 ***	-0.025	-0.001	-0.087 ***
Growth	0.017 **	0.073 ***	0.017 **	0.009	0.045 ***	-0.084 ***	1	0.052 ***	0.041 ***	0.224 ***
Size	-0.020 **	-0.030 ***	-0.010	-0.022 ***	0.275 ***	0.044 ***	0.032 ***	1	0.504 ***	-0.116 ***
Lev	-0.050 ***	-0.046 ***	-0.000	-0.017 **	0.326 ***	0.051 ***	0.077 ***	0.492 ***	1	-0.404 ***
ROA	0.198 ***	0.163 ***	0.028 ***	0.007	-0.117 ***	-0.094 ***	0.108 ***	-0.118 ***	-0.362 ***	1
MSAC	0.073 ***	0.071 ***	0.033 ***	0.020 **	-0.225 ***	-0.114 ***	-0.056 ***	-0.362 ***	-0.352 ***	0.074 ***
Owncon1	-0.028 ***	-0.032 ***	-0.018 **	-0.027 ***	0.113 ***	0.068 ***	0.018 **	0.224 ***	0.087 ***	0.047 ***
TR_peer	0.026 ***	0.035 ***	0.120 ***	0.143 ***	0.586 ***	0.088 ***	0.021 ***	0.310 ***	0.335 ***	-0.113 ***
PPE_peer	0.056 ***	0.083 ***	0.188 ***	0.259 ***	0.081 ***	0.641 ***	-0.063 ***	0.047 ***	0.002	-0.003
Growth_peer	0.018 **	0.010	0.128 ***	0.091 ***	0.047 ***	-0.153 ***	0.140 ***	0.034 ***	0.032 ***	0.035 ***
Size_peer	-0.005	-0.012	-0.019 ***	-0.041 ***	0.349 ***	0.057 ***	0.017	0.508 ***	0.308 ***	-0.160 ***
Lev_peer	-0.000	-0.010	-0.006	-0.036 ***	0.407 ***	0.003	0.018	0.333 ***	0.463 ***	-0.200 ***

续表

变量	BTD	DD_BTD	BTD_peer	DD_BTD_peer	TR	PPE	Growth	Size	Lev	ROA
ROA_peer	0.021***	0.005	0.159***	0.086***	-0.188***	-0.006	0.026***	-0.237***	-0.275***	0.286***
MSAC_peer	0.018**	0.012	0.086***	0.058***	-0.327***	-0.185***	0.018***	-0.239***	-0.321***	0.141***
Owncon1_peer	-0.015*	-0.025***	-0.051***	-0.075***	0.282***	0.167***	-0.021***	0.270***	0.223***	-0.073***

变量	MSAC	Owncon1	TR_peer	PPE_peer	Growth_peer	Size_peer	ROA_peer	Lev_peer	MSAC_peer	Owncon1_peer
BTD	0.043***	-0.026**	0.016**	0.072***	-0.004	0.001	0.021***	0.012	0.012	-0.009
DD_BTD	0.041***	-0.037***	0.025***	0.109***	-0.009	-0.003	0.018**	0.012	0.012	-0.022**
BTD_peer	0.003	-0.033***	0.109***	0.197***	0.056***	0.014*	0.163***	0.033***	0.033***	-0.103***
DD_BTD_peer	-0.024***	-0.029***	0.157***	0.279***	0.018**	-0.009	0.138***	-0.009	-0.009	-0.093***
TR	-0.315***	0.101***	0.564***	0.067***	0.000	0.341***	-0.238***	-0.351***	-0.351***	0.292***
PPE	-0.037***	0.054***	0.046***	0.621***	-0.203***	-0.022***	0.038***	-0.122***	-0.122***	0.038***
Growth	-0.075***	-0.014*	-0.068***	-0.087***	0.236***	-0.016**	0.112***	0.051***	0.051***	-0.059***
Size	-0.415***	0.188***	0.306***	0.000	0.050***	0.475***	-0.246***	-0.233***	-0.233***	0.203***
Lev	-0.442***	0.084***	0.328***	-0.024***	0.038***	0.283***	-0.292***	-0.341***	-0.341***	0.225***
ROA	0.101***	0.047***	-0.133***	0.001	0.049***	-0.158***	0.274***	0.166***	0.166***	-0.081***
MSAC	1	-0.197***	-0.379***	-0.109***	0.021***	-0.243***	0.262***	0.514***	0.514***	-0.283***
Owncon1	-0.189***	1	0.143***	0.070***	-0.033***	0.118***	-0.071***	-0.145***	-0.145***	0.195***
TR_peer	-0.273***	0.155***	1	0.167***	-0.004	0.557***	-0.377***	-0.616***	-0.616***	0.460***

续表

变量	MSAC	Owncon1	TR_peer	PPE_peer	Growth_peer	Size_peer	Lev_peer	ROA_peer	MSAC_peer	Owncon1_peer
PPE_peer	-0.143***	0.085***	0.130***	1	-0.299***	0.004	0.029***	0.028***	-0.230***	0.079***
Growth_peer	0.033***	-0.025***	0.081***	-0.240***	1	0.112***	0.079***	0.150***	0.062***	-0.063***
Size_peer	-0.225***	0.166***	0.566***	0.089***	0.064***	1	0.580***	-0.454***	-0.435***	0.365***
Lev_peer	-0.325***	0.149***	0.663***	0.008	0.082***	0.634***	1	-0.605***	-0.699***	0.426***
ROA_peer	0.196***	-0.067***	-0.306***	-0.022***	0.125***	-0.435***	-0.581***	1	0.427***	-0.186***
MSAC_peer	0.467***	-0.156***	-0.527***	-0.274***	0.054***	-0.461***	-0.638***	0.377***	1	-0.499***
Owncon1_peer	-0.237***	0.245***	0.454***	0.255***	-0.066***	0.520***	0.431***	-0.173***	-0.479***	1

注：*、**和***分别表示在0.1、0.05和0.01的水平上显著相关。下三角为 Pearson 相关系数矩阵，上三角为 Spearman 相关系数矩阵。

向的公司规模（Size）、资本密集度（PPE）和成长性（Growth）三个
变量中，公司规模（Size）与公司税收激进（BTD 和 DD_BTD）之间的
Pearson 相关系数和 Spearman 相关系数均在 1% 水平上显著为负，资本
密集度（PPE）与公司税收激进（BTD 和 DD_BTD）之间的 Pearson 相
关系数和 Spearman 相关系数均在 1% 水平上显著为正，成长性
（Growth）与公司税收激进（BTD 和 DD_BTD）之间的 Pearson 相关系数
均在 5% 水平以上显著为正，Spearman 相关系数均在 5% 水平上显著为
负。由此可见，各控制变量与公司税收激进（BTD、DD_BTD）的相关
系数大多都符合预期，且在一定的显著性水平上显著。此外，模型中的
其他各变量之间的相关系数均小于 0.8，并且计算后的 VIF 检验值均小
于 10，这表明回归模型的设计和变量的选取较为合适，初步排除了多
重共线性问题（潘省初，2009）。

4.3.4　基本回归结果分析

　　本章通过理论分析提出的假设 4.1 认为，公司的税收激进行为会
受到其同伴公司税收激进行为的显著影响，即公司的税收激进行为存
在同群效应。表 4 - 6 报告了假设 4.1 的实证检验结果。参考陆蓉等
（2017）的研究，表 4 - 6 中同时报告了原变量和一阶差分变量的回归
结果。第（1）和第（2）列报告了模型（4.6）使用原变量的回归结
果，解释变量 BTD_peer 和 DD_BTD_peer 的回归系数分别为 0.194 和
0.101，均在 1% 水平上显著为正，表明焦点公司的税收激进行为会受
到同伴公司税收激进行为的显著影响；第（3）和第（4）列报告了
模型（4.7）使用一阶差分变量的回归结果，回归过程中被解释变量、
解释变量和控制变量均采用了一阶差分处理，解释变量 ΔBTD_peer 和
ΔDD_BTD_peer 的回归系数分别为 0.207 和 0.139，均在 1% 水平上显
著为正，结果与原变量回归结果一致，表明公司税收激进行为的变动
会受到同伴公司税收激进行为变动的显著影响。上述结果表明，上市
公司税收激进行为存在"同群效应"，即上市公司税收激进行为会受
到其同伴公司税收激进行为的显著影响。假设 4.1 由此得以验证。

表4-6 上市公司税收激进行为同群效应的存在性识别

变量	当期		一阶差分	
	（1） BTD	（2） DD_BTD	（3） ΔBTD	（4） ΔDD_BTD
BTD_peer	0.194 *** （3.185）		0.207 *** （3.067）	
DD_BTD_peer		0.101 *** （3.337）		0.139 *** （2.596）
TR	0.249 *** （10.695）	0.245 *** （12.565）	0.284 *** （8.243）	0.284 *** （7.525）
PPE	0.002 （0.342）	0.003 （0.454）	0.014 （0.966）	0.017 （1.022）
Growth	0.001 （0.773）	0.001 （1.097）	-0.004 ** （-2.417）	-0.005 *** （-2.807）
Size	0.004 ** （2.204）	0.004 *** （3.552）	0.026 *** （6.118）	0.030 *** （6.416）
Lev	-0.008 （-1.175）	-0.008 * （-1.734）	-0.034 *** （-2.916）	-0.028 ** （-2.282）
ROA	0.410 *** （13.162）	0.379 *** （24.020）	0.460 *** （10.409）	0.455 *** （8.433）
MSAC	0.130 *** （6.173）	0.091 *** （7.290）	0.132 *** （4.060）	0.111 *** （2.932）
Owncon1	-0.021 ** （-2.005）	-0.014 ** （-1.991）	-0.034 （-1.531）	-0.024 （-0.884）
TR_peer	0.011 （0.153）	0.008 （0.126）	-0.039 （-0.403）	-0.035 （-0.333）
PPE_peer	-0.021 （-1.013）	-0.007 （-0.364）	-0.039 （-1.299）	-0.032 （-0.949）
Growth_peer	-0.002 （-0.600）	-0.000 （-0.163）	0.001 （0.271）	0.001 （0.380）
Size_peer	-0.005 （-1.497）	-0.007 ** （-2.302）	0.004 （0.901）	0.001 （0.260）

变量	当期		一阶差分	
	（1） BTD	（2） DD_BTD	（3） ΔBTD	（4） ΔDD_BTD
Lev_peer	0.024 （1.213）	0.029* （1.914）	−0.052* （−1.861）	−0.052* （−1.660）
ROA_peer	−0.039 （−0.675）	−0.003 （−0.049）	−0.139 （−1.625）	−0.133 （−1.359）
MSAC_peer	−0.030 （−0.661）	−0.025 （−0.641）	0.014 （0.200）	−0.022 （−0.279）
Owncon1_peer	0.018 （0.748）	0.012 （0.578）	0.000 （0.001）	−0.003 （−0.096）
_cons	−0.050 （−0.711）	−0.029 （−0.447）	−0.004 （−1.433）	−0.003 （−0.977）
Year	Yes	Yes	Yes	Yes
Industry	Yes	Yes	Yes	Yes
Firm	Yes	Yes	Yes	Yes
N	16051	16051	13456	13456
Adjust_R^2	0.088	0.081	0.074	0.059

注：*表示 $p < 0.1$，**表示 $p < 0.05$，***表示 $p < 0.01$。括号内为 t 值，并且经过异方差调整、稳健标准误修正和公司层面的聚类（Cluster）处理。当期使用全样本回归，样本观察值共计 16051 个。样本期间为 2008 ~ 2018 年，2008 年的样本没有前期数据，无法构建一阶差分变量，一阶差分回归的样本观察值减少至 13456 个。

4.3.5 内生性处理

本章主要研究公司税收激进行为同群效应的存在性，即同伴公司税收激进行为对焦点公司税收激进行为的影响。然而，使用参照组组内的线性均值模型识别公司行为同群效应的难点在于克服"映像问题"（Manski，1993），即焦点公司的行为和同伴公司的行为如同人和镜子中自己的映像，人动影动，同时变化（李青原和刘叶畅，2019）。通常宏观经济环境和政策会对参照组整体产生影响，致使参照组内同伴公司均做出一致反应，这种参照组内同伴公司间税收激进行为的趋同并非完全来自同群效应，而是受到共同的外部环境因素所致（陆蓉等，2017），呈现出行为和时间上的高度一致（易志高等，2019），这将可能对系数估计造成偏误，产生内生性问题。

为此，参考利瑞和罗伯茨（Leary and Roberts，2014）、李青原和刘叶畅（2019）、易志高等（2019）的研究，以同伴公司的股票特质收益作为工具变量来克服公司税收激进行为同群效应计量识别过程中的内生性问题。为进一步优化工具变量的外生性，借鉴陆蓉等（2017）的研究，在利瑞和罗伯茨（Leary and Roberts，2014）的基础上加入了规模、账面市值比和动量3个因子来计算同伴公司的股票特质收益。同伴公司的股票特质收益满足工具变量选择的要求：一是具有外生性，因为该工具变量主要反映同伴公司股票特质收益波动，并不包含影响整个行业环境的因素，也不会对焦点公司的税收激进行为产生影响；二是具有相关性，即与同伴公司税收激进行为相关，因为股票特质收益反映了公司预期现金流的变化，并且公司未来现金流变化的预期会影响公司税收激进的决策行为，因此股票特质收益与公司税收激进行为存在相关性（李青原和刘叶畅，2019；Campbell et al.，2001）。工具变量同伴公司股票特质收益均值的计算过程如下：

首先，使用模型（4.8）并采用公司 i 过去 36 个月的股票收益历史数据来滚动回归估算[①] β 系数。模型（4.8）为：

$$R_{i,j,t} = \alpha_{i,j,t} + \beta_{i,j,t}^{M}MKT_t + \beta_{i,j,t}^{IND}(\overline{R}_{-i,j,t} - RF_t) + \beta_{i,j,t}^{SMB}SMB_t$$
$$+ \beta_{i,j,t}^{HML}HML_t + \beta_{i,j,t}^{MOM}MOM_t + \eta_{i,j,t} \quad (4.8)$$

其中，$R_{i,j,t}$ 表示行业 j 中的公司 i 在第 t 月的股票收益率，MKT_t、SMB_t、HML_t 和 MOM_t 分别表示 Carhart 四因子模型中的市场、规模、账面市值比和动量 4 个因子，$\overline{R}_{-i,j,t}$ 为焦点公司 i 在行业 j 中的同伴公司 $-i$ 月股票收益率的算术平均值，RF_t 表示综合市场无风险报酬率，$(\overline{R}_{-i,j,t} - RF_t)$ 为行业溢价。

然后，将上面估算得到的 β 系数代入模型（4.9），并采用当月的股票收益数据来计算当月股票收益率的期望值 $\hat{R}_{i,j,t}$。模型（4.9）为：

---

① 为估算 i 公司 2017 年 1 月时模型 4.8 中的 β 系数，则采用 i 公司 2014 年 1 月至 2016 年 12 月之间 36 个月度的股票收益历史数据进行回归估算；为估算 i 公司 2017 年 2 月时模型 4.8 中的 β 系数，则采用 i 公司 2014 年 2 月至 2017 年 1 月之间 36 个月度的股票收益历史数据进行回归估算；以此类推，通过滚动回归得到 i 公司各月份的 β 系数估计值。

$$\hat{R}_{i,j,t} = \hat{\alpha}_{i,j,t} + \hat{\beta}_{i,j,t}^{M} MKT_t + \hat{\beta}_{i,j,t}^{IND}(\overline{R}_{-i,j,t} - RF_t) + \hat{\beta}_{i,j,t}^{SMB} SMB_t$$
$$+ \hat{\beta}_{i,j,t}^{HML} HML_t + \hat{\beta}_{i,j,t}^{MOM} MOM_t \tag{4.9}$$

之后，使用模型（4.10），将当月公司 i 股票收益率的实际值 $R_{i,j,t}$ 和计算得到的股票收益率的期望值 $\hat{R}_{i,j,t}$ 相减，计算得到当月股票特质收益 $IR_{i,j,t}$。模型（4.10）为：

$$IR_{i,j,t} \equiv \hat{\eta}_{i,j,t} = R_{i,j,t} - \hat{R}_{i,j,t} \tag{4.10}$$

最后，计算 i 公司年度内各月股票特质收益的均值，从而得到公司 i 的年度股票特质收益。IR_Peer 为行业同伴公司股票特质收益的均值，即除 i 公司外，同行业内所有上市公司的股票特质收益的算数平均值。IR_Peer 即为工具变量。

表 4-7 报告了采用同伴公司股票特质收益均值为工具变量的回归结果。表 4-7 第（1）（2）列报告的第一阶段回归中工具变量 IR_Peer 的估计系数分别为 0.006 和 0.012，均在 1% 水平上显著为正。同时表 4-7 报告了弱工具变量检验 Cragg - Donald Wald F 统计量，以评价工具变量是否有效。Cragg - Donald Wald F 统计量的取值分别为 38.041 和 35.153，均大于临界值 16.38。因此，可以认定以同伴公司股票特质收益的均值作为工具变量是有效的。

表 4-7　　　　　　　　　　工具变量回归检验结果

变量	(1) BTD	(2) DD_BTD
BTD_Peer	1.895 ** (2.339)	
DD_BTD_Peer		1.548 ** (2.368)
TR	0.211 *** (17.544)	0.386 *** (19.502)
PPE	-0.004 (-1.105)	-0.019 *** (-2.982)
Growth	0.005 *** (5.217)	0.009 *** (5.892)

变量	(1) BTD	(2) DD_BTD
Size	0.001 ** (2.567)	0.002 ** (2.512)
Lev	-0.025 *** (-6.219)	-0.049 *** (-7.435)
ROA	0.216 *** (13.205)	0.277 *** (10.407)
MSAC	0.037 *** (3.882)	0.092 *** (5.738)
Owncon1	-0.014 *** (-3.976)	-0.017 *** (-2.836)
TR_peer	-0.368 *** (-2.631)	-0.625 ** (-2.291)
PPE_peer	-0.023 (-1.152)	-0.028 (-0.700)
Growth_peer	-0.008 ** (-2.234)	-0.014 *** (-2.615)
Size_peer	-0.001 (-0.324)	0.002 (0.684)
Lev_peer	0.032 (1.458)	0.086 (1.478)
ROA_peer	-0.408 *** (-2.830)	-0.322 *** (-3.370)
MSAC_peer	-0.140 * (-1.660)	-0.168 * (-1.730)
Owncon1_peer	-0.018 (-1.036)	-0.041 (-1.478)
_cons	0.048 (0.557)	-0.031 (-0.375)
第一阶段工具变量系数	0.006 *** (5.428)	0.012 *** (5.929)

变量	(1) BTD	(2) DD_BTD
Cragg – Donald Wald F 值	38.041	35.153
Year	Yes	Yes
Industry	Yes	Yes
Firm	Yes	Yes
N	16051	16051
Adjust_R^2	0.103	0.082

注：＊表示 $p < 0.1$，＊＊表示 $p < 0.05$，＊＊＊表示 $p < 0.01$。括号内为 t 值，并且经过异方差调整、稳健标准误修正和公司层面的聚类（Cluster）处理。使用全样本回归，样本观察值共计 16051 个。

表 4 – 7 第（1）（2）列报告的第二阶段回归结果显示，采用同伴公司股票特质收益的均值为工具变量，解释变量 BTD_Peer 和 DD_BTD_Peer 的系数分别为 1.895 和 1.548，且均在 5% 水平上显著。由此可见，采用工具变量克服"映像问题"所产生的内生性偏误后，上市公司税收激进行为同群效应依然存在，即上市公司的税收激进行为会受到其同伴上市公司税收激进行为的显著影响，进一步增强了结论的可靠性。

4.3.6　排除竞争性解释

本书以行业作为参照组来识别上市公司税收激进行为同群效应，存在一种可能性为：公司税收激进行为会受到地区税收征管、制度环境等因素的影响，同地区公司税收激进行为的趋同会干扰检验结果。由于行业同伴公司与地区同伴公司在一定程度上存在重叠关系，即一些公司既是焦点公司的行业同伴又是地区同伴，上市公司税收激进行为的行业同群效应则可能是在地区税收征管的压力下间接形成的，与行业同群效应无关，即上市公司税收激进行为在地区层面上的趋同成为本书的竞争性解释。

鉴于此，为了排除税收激进行为地区趋同的影响，借鉴冯戈坚和王建琼（2019）的研究，定义公司的地区同伴公司为相同省份的其他公司，在模型（4.6）中加入基于同地区同伴公司税收激进程度的均值变量（PeerTA_R，包括 BTD_peer_R 和 DD_BTD_peer_R）来控制地区因素的影响，并且加入地区固定效应（Region），构建模型（4.11）进行实证检验：

$$TA_{i,j,t} = \alpha_0 + \alpha_1 PeerTA_{-i,j,t} + \alpha_2 PeerTA\_R_{-i,j,t} + \sum Controls_{i,j,t}^{Self}$$
$$+ \sum Controls_{-i,j,t}^{Peer} + \sum Industry + \sum Year + \sum Firm$$
$$+ \sum Region + \varepsilon_{i,j,t} \qquad (4.11)$$

表 4-8 报告了排除竞争性解释后的检验结果。在控制地区同伴公司税收激进程度的均值变量（PeerTA_R，包括 BTD_peer_R 和 DD_BTD_peer_R）后，基于行业同伴公司的税收激进程度均值变量（PeerTA，包括 BTD_peer 和 DD_BTD_peer）仍能够显著正向影响焦点公司的税收激进程度（TA，包括 BTD 和 DD_BTD），并且 BTD_peer 和 DD_BTD_peer 的系数均在 1% 水平上显著为正，与表 4-6 结果一致。排除竞争性解释后，即排除地区同伴公司税收激进行为趋同的干扰后，上市公司税收激进行为同群效应在行业参照组内依然显著存在，进一步说明前文对于假设 4.1 的检验结果是稳健可靠的。

表 4-8 　　　　　　　　排除竞争性解释的检验结果

变量	（1） BTD	（2） DD_BTD
BTD_Peer	0.224 *** (2.881)	
DD_BTD_Peer		0.134 *** (2.507)
BTD_peer_R	0.393 *** (3.932)	
DD_BTD_peer_R		0.282 *** (3.696)
TR	0.239 *** (9.226)	0.241 *** (8.599)
PPE	0.003 (0.388)	0.004 (0.399)

续表

变量	(1) BTD	(2) DD_BTD
Growth	-0.000 (-0.027)	0.001 (0.290)
Size	0.008*** (4.070)	0.007*** (3.352)
Lev	-0.032*** (-4.474)	-0.030*** (-3.909)
ROA	0.298*** (8.812)	0.292*** (7.681)
MSAC	0.066** (2.439)	0.048* (1.745)
Owncon1	-0.000 (-1.335)	-0.000 (-0.960)
TR_peer	-0.012 (-0.137)	-0.002 (-0.024)
PPE_peer	0.001 (0.021)	-0.005 (-0.169)
Growth_peer	0.002 (0.820)	0.003 (1.089)
Size_peer	-0.002 (-0.515)	-0.002 (-0.635)
Lev_peer	0.005 (0.234)	0.002 (0.087)
ROA_peer	-0.012 (-0.163)	0.032 (0.421)
MSAC_peer	-0.049 (-0.897)	-0.047 (-0.764)
Owncon1_peer	0.000 (1.350)	0.000 (1.290)
_cons	-0.188** (-2.264)	-0.173** (-2.002)

续表

变量	(1) BTD	(2) DD_BTD
Year	Yes	Yes
Industry	Yes	Yes
Firm	Yes	Yes
Region	Yes	Yes
N	16051	16051
Adjust_R^2	0.070	0.062

注：＊表示 $p < 0.1$，＊＊表示 $p < 0.05$，＊＊＊表示 $p < 0.01$。括号内为 t 值，并且经过异方差调整、稳健标准误修正和公司层面的聚类（Cluster）处理。使用全样本回归，样本观察值共计 16051 个。

4.3.7 稳健性检验

1. 改变税收激进的计量方式

为了进一步验证已有分析结果的可靠性，分别用基于有效税率的两个税收激进衡量指标 ETR 和 Rate 进行稳健性检验。实际所得税率（ETR）等于当期所得税费用与税前总利润的比值。其中，当期所得税费用等于总的所得税费用减去递延所得税费用。借鉴陈等（Chen et al.，2010）、刘行和叶康涛（2013）的研究，公司的税收激进程度（Rate）由公司的名义所得税率（TR）与实际所得税率（ETR）的差额来衡量。解释变量 ETR_peer 和 Rate_peer 为除焦点公司 i 之外的同伴公司税收激进程度的平均值。

表 4 - 9 报告了改变计量方式后的上市公司税收激进行为"同群效应"存在性识别结果。第（1）和第（2）列报告了原变量的回归结果，解释变量 ETR_peer 和 Rate_peer 的回归系数分别为 0.177 和 0.178，且均在 1% 水平上显著为正。第（3）和第（4）列报告了一阶差分变量的回归结果，回归过程中被解释变量、解释变量和控制变量均采用了一阶差分处理，解释变量 ΔETR_peer 和 ΔRate_peer 的回归系数分别为 0.189 和 0.191，且均在 1% 水平上显著为正，结果与原变量回归结果基本一致。以上结果表明，改变税收激进计量方式后的回归结果依然稳健，进

一步证实了上市公司税收激进行为"同群效应"的存在。

表 4 - 9　　　　　改变税收激进计量方式后的稳健性检验结果

变量	当期		一阶差分	
	（1） ETR	（2） Rate	（3） ΔETR	（4） ΔRate
ETR_peer	0. 177 *** （3. 734）		0. 189 *** （4. 209）	
Rate_peer		0. 178 *** （3. 759）		0. 191 *** （4. 244）
TR	0. 168 *** （2. 848）	0. 824 *** （13. 985）	0. 161 ** （2. 259）	0. 829 *** （11. 582）
PPE	− 0. 024 （ − 1. 357）	0. 024 （1. 345）	− 0. 018 （ − 0. 788）	0. 019 （0. 836）
Growth	0. 002 （1. 100）	− 0. 002 （ − 1. 086）	0. 013 *** （6. 547）	− 0. 013 *** （ − 6. 601）
Size	− 0. 002 （ − 0. 599）	0. 002 （0. 579）	− 0. 031 *** （ − 5. 363）	0. 032 *** （5. 359）
Lev	0. 064 *** （4. 281）	− 0. 064 *** （ − 4. 299）	0. 084 *** （4. 619）	− 0. 085 *** （ − 4. 663）
ROA	− 1. 070 *** （ − 21. 124）	1. 071 *** （21. 101）	− 1. 209 *** （ − 22. 770）	1. 212 *** （22. 771）
MSAC	− 0. 217 *** （ − 4. 359）	0. 220 *** （4. 383）	− 0. 080 * （ − 1. 722）	0. 082 * （1. 744）
Owncon1	0. 036 （1. 568）	− 0. 036 （ − 1. 568）	0. 122 *** （3. 726）	− 0. 121 *** （ − 3. 690）
TR_peer	0. 162 （0. 891）	− 0. 336 * （ − 1. 810）	− 0. 117 （ − 0. 536）	− 0. 057 （ − 0. 255）
PPE_peer	− 0. 002 （ − 0. 035）	0. 002 （0. 031）	− 0. 026 （ − 0. 381）	0. 024 （0. 351）
Growth_peer	0. 002 （0. 321）	− 0. 002 （ − 0. 346）	− 0. 005 （ − 0. 643）	0. 005 （0. 643）

变量	当期		一阶差分	
	（1） ETR	（2） Rate	（3） ΔETR	（4） ΔRate
Size_peer	0.009 （1.011）	− 0.009 （− 1.045）	− 0.034 *** （− 3.400）	0.034 *** （3.363）
Lev_peer	− 0.083 * （− 1.689）	0.084 * （1.702）	0.112 ** （1.993）	− 0.111 ** （− 1.971）
ROA_peer	− 0.200 （− 1.319）	0.193 （1.273）	0.246 （1.185）	− 0.259 （− 1.247）
MSAC_peer	0.058 （0.522）	− 0.059 （− 0.522）	− 0.244 * （− 1.646）	0.255 * （1.713）
Owncon1_peer	− 0.042 （− 0.736）	0.040 （0.696）	0.039 （0.518）	− 0.038 （− 0.504）
_cons	0.077 （0.386）	− 0.068 （− 0.337）	− 0.007 （− 0.954）	0.006 （0.940）
Year	Yes	Yes	Yes	Yes
Industry	Yes	Yes	Yes	Yes
Firm	Yes	Yes	Yes	Yes
N	16051	16051	13456	13456
Adjust_R^2	0.192	0.125	0.072	0.062

注：* 表示 p < 0.1，** 表示 p < 0.05，*** 表示 p < 0.01。括号内为 t 值，并且经过异方差调整、稳健标准误修正和公司层面的聚类（Cluster）处理。当期使用全样本回归，样本观察值共计 16051 个。样本期间为 2008 ~ 2018 年，2008 年的样本没有前期数据，无法构建一阶差分变量，导致一阶差分回归的样本观察值减少至 13456 个。

2. 改变行业划分标准

本章选择行业作为参照组来识别上市公司税收激进行为同群效应的存在性，因此不同行业类别划分标准可能会影响实证检验结果。为了进一步验证已有实证检验结果的可靠性，借鉴钟田丽和张天宇（2017），采用申银万国三级行业分类标准进行稳健性检验。表 4 - 10 报告了改变行业划分后的上市公司税收激进行为"同群效应"存在性识别结果。第（1）和第（2）列报告了原变量的回归结果，解释变量 BTD_peer 和

DD_BTD_peer 的回归系数分别为 0.237 和 0.143，且均在 1% 水平上显著为正。第（3）和第（4）列报告了一阶差分变量的回归结果，解释变量 ΔBTD_peer 和 ΔDD_BTD_peer 的回归系数分别为 0.197 和 0.138，且均在 1% 水平上显著为正，结果与原变量回归结果一致。以上结果表明，采用申银万国行业划分的回归结果依然稳健，进一步证实了上市公司税收激进行为"同群效应"的存在。

表 4 - 10　　　　　　　改变行业划分标准后的稳健性检验结果

变量	当期		一阶差分	
	（1） BTD	（2） DD_BTD	（3） ΔBTD	（4） ΔDD_BTD
BTD_peer	0.237 *** （5.533）		0.197 *** （3.999）	
DD_BTD_peer		0.143 *** （3.775）		0.138 *** （3.191）
TR	0.322 *** （12.649）	0.317 *** （11.294）	0.342 *** （8.780）	0.343 *** （7.919）
PPE	0.008 （1.097）	0.011 （1.346）	0.022 * （1.912）	0.028 ** （2.188）
Growth	-0.001 ** （-2.007）	-0.001 （-0.813）	-0.005 *** （-6.408）	-0.006 *** （-6.038）
Size	0.003 ** （2.131）	0.003 ** （2.022）	0.025 *** （8.821）	0.031 *** （9.730）
Lev	-0.013 ** （-2.373）	-0.011 * （-1.839）	-0.042 *** （-4.705）	-0.036 *** （-3.615）
ROA	0.415 *** （21.729）	0.395 *** （18.703）	0.377 *** （13.761）	0.397 *** （13.049）
MSAC	0.094 *** （6.959）	0.058 *** （3.921）	0.062 *** （2.932）	0.049 ** （2.069）
Owncon1	-0.023 *** （-2.691）	-0.023 ** （-2.442）	-0.050 *** （-3.183）	-0.042 ** （-2.407）
TR_peer	-0.131 * （-1.802）	-0.120 （-1.484）	-0.041 （-0.384）	-0.039 （-0.326）

变量	当期		一阶差分	
	（1） BTD	（2） DD_BTD	（3） ΔBTD	（4） ΔDD_BTD
PPE_peer	−0.002 （−0.086）	−0.013 （−0.501）	−0.007 （−0.200）	−0.012 （−0.301）
Growth_peer	−0.002 （−0.825）	−0.003 （−0.943）	−0.000 （−0.135）	−0.001 （−0.159）
Size_peer	−0.005 （−1.285）	−0.005 （−1.339）	0.001 （0.194）	−0.003 （−0.514）
Lev_peer	0.007 （0.401）	0.003 （0.166）	−0.028 （−1.105）	−0.027 （−0.946）
ROA_peer	−0.092* （−1.667）	−0.055 （−0.905）	−0.083 （−1.021）	−0.073 （−0.807）
MSAC_peer	−0.010 （−0.213）	0.003 （0.056）	0.095 （1.407）	0.112 （1.493）
Owncon1_peer	0.019 （0.801）	0.015 （0.552）	0.009 （0.254）	0.002 （0.039）
_cons	−0.017 （−0.209）	−0.009 （−0.096）	−0.001 （−0.381）	−0.001 （−0.126）
Year	Yes	Yes	Yes	Yes
Industry	Yes	Yes	Yes	Yes
Firm	Yes	Yes	Yes	Yes
N	16051	16051	13456	13456
Adjust_R^2	0.099	0.127	0.167	0.177

注：* 表示 $p<0.1$，** 表示 $p<0.05$，*** 表示 $p<0.01$。括号内为 t 值，并且经过异方差调整、稳健标准误修正和公司层面的聚类（Cluster）处理。当期使用全样本回归，样本观察值共计 16051 个。样本期间为 2008～2018 年，2008 年的样本没有前期数据，无法构建一阶差分变量，导致一阶差分回归的样本观察值减少至 13456 个。

3. 考虑滞后效应

借鉴利瑞和罗伯茨（Leary and Roberts，2014）、曼斯基（Manski，1993）的研究，在主检验的模型中，设定同伴公司税收激进行为之间的交互影响是同期现象。然而，同伴公司税收激进行为之间的交互影响很可能会存在跨期效应。因此，参考辛兵海和陶江（2018），将模型（4.6）中的同伴公司解释变量滞后一期，构建模型（4.12），然后进行回归分析。模型（4.12）为：

$$TA_{i,j,t} = \alpha_0 + \alpha_1 PeerTA_{-i,j,t-1} + \sum Controls_{i,j,t}^{Self} + \sum Controls_{-i,j,t-1}^{Peer}$$

$$+ \sum Industry + \sum Year + \sum Firm + \varepsilon_{i,j,t} \qquad (4.12)$$

表 4 - 11 报告了考虑滞后效应后的税收激进行为"同群效应"存在性识别结果。从表中看出，解释变量 BTD_peer 和 DD_BTD_peer 的回归系数分别为 0.135 和 0.080 且均在 1% 水平上显著为正。以上结果表明，考虑滞后效应的回归结果依然稳健，进一步证实了上市公司税收激进行为"同群效应"的存在。

表 4 - 11　　　　　　　考虑滞后效应的稳健性检验结果

变量	(1) BTD	(2) DD_BTD
BTD_peer	0.135 *** (4.388)	
DD_BTD_peer		0.080 *** (2.904)
TR	0.224 *** (18.322)	0.297 *** (15.291)
PPE	0.005 (1.242)	0.001 (0.216)
Growth	0.002 *** (3.525)	0.002 ** (2.390)
Size	0.001 ** (2.234)	0.003 *** (3.346)
Lev	- 0.007 ** (- 2.183)	- 0.015 *** (- 3.247)
ROA	0.308 *** (24.422)	0.376 *** (22.608)

变量	(1) BTD	(2) DD_BTD
MSAC	0. 067 *** (8. 000)	0. 088 *** (6. 850)
Owncon1	− 0. 015 *** (− 4. 051)	− 0. 017 *** (− 2. 611)
TR_peer	− 0. 121 *** (− 4. 608)	− 0. 077 (− 1. 557)
PPE_peer	0. 023 *** (3. 527)	0. 052 *** (4. 054)
Growth_peer	− 0. 002 (− 0. 640)	− 0. 001 (− 0. 254)
Size_peer	0. 000 (0. 013)	− 0. 002 (− 1. 474)
Lev_peer	0. 019 ** (2. 192)	0. 011 (0. 895)
ROA_peer	− 0. 126 *** (− 3. 120)	− 0. 114 ** (− 2. 141)
MSAC_peer	− 0. 005 (− 0. 257)	− 0. 032 (− 0. 927)
Owncon1_peer	− 0. 043 *** (− 3. 556)	− 0. 054 *** (− 2. 838)
_cons	− 0. 051 *** (− 2. 751)	− 0. 076 *** (− 2. 706)
Year	Yes	Yes
Industry	Yes	Yes
Firm	Yes	Yes
N	13456	13456
Adjust_R^2	0. 075	0. 058

注: * 表示 $p < 0.1$, ** 表示 $p < 0.05$, *** 表示 $p < 0.01$。括号内为 t 值, 并且经过异方差调整、稳健标准误修正和公司层面的聚类 (Cluster) 处理。样本期间为 2008 ~ 2018 年, 2008 年的样本没有前期数据, 无法检验滞后效应的影响, 导致样本观察值减少至 13456 个。

4. 工具变量的稳健性检验

为了检验本书采用的同伴公司股票特质收益均值这一外生工具变量的可靠性，放宽计算股票特质收益的窗口期，之前的工具变量是由每个公司过去 36 个月的月股票收益率滚动回归计算得来，参考钟田丽和张天宇（2017），稳健性检验中将计算窗口期增加至 48 个月。

表 4 – 12 报告了工具变量的稳健性检验结果。表 4 – 12 第（1）（2）列报告的第一阶段回归中工具变量 IR_Peer 的估计系数分别为 0.009 和 0.021，均在 1% 水平上显著为正。同时表 4 – 12 报告了弱工具变量检验 Cragg – Donald Wald F 统计量，以评价工具变量是否有效。Cragg – Donald Wald F 统计量的取值分别为 49.942 和 72.117，均大于临界值 16.38。因此，以 48 个月窗口期计算的同伴公司股票特质收益均值作为工具变量依然有效。

表 4 – 12　　　　　　　　　工具变量的稳健性检验结果

变量	（1） BTD	（2） DD_BTD
BTD_Peer	1.458 ** （2.228）	
DD_BTD_Peer		1.096 ** （2.489）
TR	0.208 *** （16.991）	0.381 *** （18.844）
PPE	− 0.004 （− 0.950）	− 0.019 *** （− 2.920）
Growth	0.005 *** （4.991）	0.008 *** （5.595）
Size	0.001 *** （2.645）	0.002 ** （2.108）
Lev	− 0.026 *** （− 6.829）	− 0.053 *** （− 8.393）
ROA	0.217 *** （13.467）	0.274 *** （10.436）

续表

变量	（1） BTD	（2） DD_BTD
MSAC	0.031 *** （3.178）	0.083 *** （5.148）
Owncon1	−0.014 *** （−3.960）	−0.016 *** （−2.648）
TR_peer	−0.294 ** （−2.567）	−0.441 ** （−2.355）
PPE_peer	−0.014 （−0.801）	−0.001 （−0.045）
Growth_peer	−0.007 ** （−2.106）	−0.014 *** （−2.597）
Size_peer	0.001 （0.230）	0.002 （0.540）
Lev_peer	0.023 （1.241）	0.053 （1.282）
ROA_peer	−0.345 *** （−2.790）	−0.314 *** （−3.457）
MSAC_peer	−0.095 （−1.353）	−0.101 （−1.434）
Owncon1_peer	−0.023 （−1.330）	−0.043 （−1.527）
_cons	0.002 （0.029）	−0.043 （−0.617）
第一阶段工具变量系数	0.009 *** （6.412）	0.021 *** （8.492）
Cragg - Donald Wald F 值	49.942	72.117
Year	Yes	Yes
Industry	Yes	Yes
Firm	Yes	Yes
N	15179	15179
Adjust_R^2	0.032	0.091

注：* 表示 $p<0.1$，** 表示 $p<0.05$，*** 表示 $p<0.01$。括号内为 t 值，并且经过异方差调整、稳健标准误修正和公司层面的聚类（Cluster）处理。计算工具变量的窗口期增加至 48 个月，导致样本量减少至 15179 个。

表 4 - 12 第 (1)(2) 列报告的第二阶段回归结果显示，采用 48 个月窗口期计算的同伴公司股票特质收益均值作为工具变量，解释变量 BTD_Peer 和 DD_BTD_Peer 的系数分别为 1.458 和 1.096 且均在 5% 水平上显著。可见，即使放宽了工具变量的计算窗口期，上市公司税收激进行为 "同群效应" 依然存在。以上结果表明，计算工具变量所设定的窗口期增加至 48 个月后的回归结果依然稳健，进一步证实了上市公司税收激进行为 "同群效应" 的存在。

5. 更改同伴公司指标的计算方法

以上实证检验中所采用的同伴公司变量均使用均值计量。根据曼斯基（Manski，1993）的研究，同群效应的识别模型中也可以使用同伴公司变量的中位数来进行回归分析。为增强结果的可靠性，采用同伴公司相关变量（包括解释变量 $PeerTA_{-i,j,t}$ 和一系列同伴公司控制变量 $Controls^{Peer}_{-i,j,t}$）的中位数进行稳健性检验。中位数的计算方法如下：首先将同一行业中所有同伴公司（去除 i 公司，即焦点公司）在 t 年的变量值进行排序；如果同一行业中所有同伴公司（去除 i 公司，即焦点公司）的数量为奇数，则取恰好处于 "中间" 的公司变量值作为同伴公司的值；如果同一行业中所有同伴公司（去除 i 公司，即焦点公司）的数量为偶数，则取恰好处于 "中间" 的两家公司变量值的平均值作为同伴公司的值。

表 4 - 13 报告了更改同伴公司指标的计算方法后上市公司税收激进行为 "同群效应" 存在性识别的检验结果。表 4 - 13 中同时报告了原变量和一阶差分变量的回归结果。第 (1) 和第 (2) 列报告了使用原变量的回归结果，解释变量 BTD_peer 和 DD_BTD_peer 的回归系数分别为 1.008 和 0.492，均在 1% 水平上显著为正，表明焦点公司的税收激进行为会受到同伴公司税收激进行为的显著影响；第 (3) 和第 (4) 列报告了使用一阶差分变量的回归结果，回归过程中被解释变量、解释变量和控制变量均采用了一阶差分处理，解释变量 ΔBTD_peer 和 ΔDD_BTD_peer 的回归系数分别为 1.306 和 1.431，均在 1% 水平上显著为正，表明公司税收激进行为的变化会受到同伴公司税收激进行为变化的显著影响。上述结果表明，更改同伴公司指标的计算方法后上市公司税收激进行为存在 "同群效应" 的检验结果依然稳健，进一步证实了上市公司

税收激进行为"同群效应"的存在。

表4-13　　　更改同伴公司指标计算方法的稳健性检验结果

变量	当期		一阶差分	
	(1) BTD	(2) DD_BTD	(3) ΔBTD	(4) ΔDD_BTD
BTD_peer	1.008 *** (9.639)		1.306 *** (9.104)	
DD_BTD_peer		0.492 *** (6.069)		1.431 *** (8.569)
TR	0.237 *** (10.216)	0.236 *** (9.519)	0.276 *** (7.984)	0.275 *** (7.248)
PPE	0.004 (0.581)	0.004 (0.542)	0.014 (0.997)	0.018 (1.102)
Growth	0.001 (0.805)	0.001 (0.398)	-0.004 ** (-2.378)	-0.005 *** (-2.778)
Size	0.003 ** (1.990)	0.004 ** (2.179)	0.026 *** (5.904)	0.029 *** (6.341)
Lev	-0.009 (-1.328)	-0.008 (-1.226)	-0.033 *** (-2.848)	-0.027 ** (-2.256)
ROA	0.405 *** (12.876)	0.375 *** (10.513)	0.452 *** (10.076)	0.445 *** (8.135)
MSAC	0.127 *** (6.079)	0.089 *** (3.783)	0.129 *** (4.001)	0.106 *** (2.822)
Owncon1	-0.020 ** (-1.962)	-0.014 (-1.135)	-0.035 (-1.610)	-0.026 (-0.976)
TR_peer	-0.021 (-0.634)	0.014 (0.388)	-0.453 ** (-1.999)	-0.465 * (-1.916)
PPE_peer	-0.026 (-1.603)	-0.028 (-1.509)	-0.094 (-1.295)	-0.137 * (-1.780)
Growth_peer	-0.002 (-0.248)	0.000 (0.005)	0.008 (1.024)	0.007 (0.844)

90

变量	当期		一阶差分	
	(1) BTD	(2) DD_BTD	(3) ΔBTD	(4) ΔDD_BTD
Size_peer	−0.001 (−0.438)	−0.005 (−1.566)	0.012 (0.642)	−0.002 (−0.117)
Lev_peer	−0.006 (−0.381)	0.009 (0.460)	0.044 (0.692)	0.062 (0.866)
ROA_peer	−0.205 *** (−3.443)	−0.047 (−0.712)	−0.372 ** (−2.488)	−0.383 ** (−2.304)
MSAC_peer	−0.048 (−1.076)	0.005 (0.093)	0.390 * (1.663)	0.476 * (1.674)
Owncon1_peer	0.001 (0.051)	0.008 (0.446)	0.665 (1.539)	0.740 (1.545)
_cons	−0.081 (−1.361)	−0.035 (−0.511)	−0.004 (−1.089)	−0.003 (−0.731)
Year	Yes	Yes	Yes	Yes
Industry	Yes	Yes	Yes	Yes
Firm	Yes	Yes	Yes	Yes
N	16051	16051	13456	13456
Adjust_R^2	0.105	0.071	0.093	0.078

注：* 表示 p<0.1，** 表示 p<0.05，*** 表示 p<0.01。括号内为 t 值，并且经过异方差调整、稳健标准误修正和公司层面的聚类（Cluster）处理。当期使用全样本回归，样本观察值共计 16051 个。样本期间为 2008~2018 年，2008 年的样本没有前期数据，无法构建一阶差分变量，一阶差分回归的样本观察值减少至 13456 个。

4.3.8 进一步分析：同群效应的特征

由理论分析可知，公司税收激进行为同群效应是焦点公司对同伴公司税收激进行为的一种复杂反应机制，是焦点公司根据自身情况对同伴公司税收激进行为所作出的信息性模仿和竞争性模仿，这有别于导致公司行为趋同的外生效应和关联效应。根据同群效应的概念及其计量识别方法，同群效应存在两个重要特征：一是在不同的变量值水平下所存在的非对称性；二是同群效应会放大同伴公司行为变动所产生的影响，即产生社会乘数效应。然而，外生效应和关联效应并不存在非对称性和社会乘数效应。因此，在进一步分析中实证检验同群效应在税收激进行为不同变动幅度上的非对称性和放大同伴公司税收激进行为影响的社会乘数效应，不仅能明确上市公司税收激进行为同群效应的特征，而且能够从属性上间接排除外生效应和关联效应，使基本结论更加可靠。

1. 非对称性特征

基于信息性模仿和竞争性模仿的公司税收激进行为同群效应是公司根据自身情况对同伴公司税收激进行为的内生反应机制。面对同伴公司税收激进行为不同幅度的变动，焦点公司会基于自身情况进行非对称的复杂反应，即同群效应的非对称性特征。基于同群效应的概念及其计量识别方法，温斯顿和齐默尔曼（Winston and Zimmerman，2003）认为使用模型回归进行同群效应的识别时，如果在不同的变量值水平下的偏微分不同，则证明同群效应存在非对称性，这是同群效应的特征之一。具体到公司税收激进行为同群效应而言，则表现为同伴公司税收激进行为不同幅度上的变动对焦点公司税收激进行为的影响会呈现差异。这与外生效应不同。根据曼斯基（Manski，1993），外生效应是指同一群体内的个体呈现出行为趋同可能是受到共同外部环境因素的影响，仅仅是一种对外部环境被动的、机械的反应。就公司税收激进而言，同一群体内的公司呈现出税收激进行为的趋同仅仅是因为这些公司面临同样的税收征管强度、税收优惠政策等外部环境因素。因此，对公司税收激进行为同群效应非对称性特征的分析，可以排除外生效应。

为实证检验上市公司税收激进行为同群效应的非对称性特征，借鉴钟田丽和张天宇（2017）的方法，本书将同伴公司税收激进程度的变动幅度分为大小两组。具体地，将同伴公司税收激进程度一阶差分（ΔBTD_peer 和 ΔDD_BTD_peer）的绝对值从小到大进行排序，大于中位数则为变动幅度大的一组，小于中位数则为变动幅度小的一组。

表 4-14 报告了上市公司税收激进行为同群效应非对称性的检验结果。根据表 4-14 的第（1）和第（3）列，当同伴公司税收激进程度变动幅度较大时，解释变量 ΔBTD_peer 和 ΔDD_BTD_peer 的估计系数分别为 0.211 和 0.140，且分别在 1% 和 5% 水平上显著；当同伴公司税收

激进程度变动幅度较小时，如第（2）和第（4）列所示，解释变量 ΔBTD_peer 和 ΔDD_BTD_peer 估计系数分别为 -0.128 和 -0.415，且分别在 10% 水平上不显著，不具有统计学意义。上述回归结果表明，公司税收激进行为决策是对同伴公司税收激进行为的不对称的复杂反应，同伴公司税收激进行为不同幅度上的变动对焦点公司税收激进行为的影响会呈现差异，相比同伴公司税收激进程度变动幅度较小时，同伴公司税收激进程度变动幅度较大时对焦点公司的税收激进行为影响更显著。这表明上市公司税收激进行为同群效应呈现非对称性特征。

表 4 - 14　　　　税收激进行为同群效应非对称性特征的检验结果

变量	（1）同伴公司税收激进程度变动幅度大	（2）同伴公司税收激进程度变动幅度小	（3）同伴公司税收激进程度变动幅度大	（4）同伴公司税收激进程度变动幅度小
	ΔBTD	ΔBTD	ΔDD_BTD	ΔDD_BTD
ΔBTD_peer	0.211 *** (2.897)	-0.128 (-0.505)		
ΔDD_BTD_peer			0.140 ** (2.476)	-0.415 (-1.473)
ΔTR	0.239 *** (5.128)	0.361 *** (6.701)	0.225 *** (4.130)	0.308 *** (5.637)
ΔPPE	0.012 (0.541)	0.026 (1.313)	-0.009 (-0.343)	0.054 ** (2.420)
$\Delta Growth$	-0.004 (-1.567)	-0.009 *** (-3.396)	-0.006 ** (-2.046)	-0.009 *** (-3.385)
$\Delta Size$	0.026 *** (3.812)	0.035 *** (4.799)	0.033 *** (4.416)	0.036 *** (5.078)
ΔLev	-0.042 ** (-2.195)	-0.017 (-1.101)	-0.030 (-1.467)	-0.019 (-1.247)
ΔROA	0.532 *** (8.616)	0.399 *** (6.190)	0.483 *** (6.353)	0.411 *** (5.401)
$\Delta MSAC$	0.223 *** (4.445)	0.061 (1.201)	0.132 ** (2.499)	0.078 (1.283)

变量	（1） 同伴公司税收激进程度变动幅度大	（2） 同伴公司税收激进程度变动幅度小	（3） 同伴公司税收激进程度变动幅度大	（4） 同伴公司税收激进程度变动幅度小
	ΔBTD	ΔBTD	ΔDD_BTD	ΔDD_BTD
ΔOwncon1	− 0. 016 （ − 0. 438）	− 0. 029 （ − 0. 988）	0. 002 （0. 051）	− 0. 019 （ − 0. 521）
ΔTR_peer	− 0. 023 （ − 0. 172）	− 0. 058 （ − 0. 332）	− 0. 161 （ − 1. 114）	0. 258 （1. 085）
ΔPPE_peer	− 0. 046 （ − 1. 239）	0. 065 （1. 267）	− 0. 046 （ − 0. 969）	0. 043 （0. 785）
ΔGrowth_peer	0. 000 （0. 109）	− 0. 006 （ − 1. 027）	− 0. 002 （ − 0. 575）	0. 005 （0. 705）
ΔSize_peer	− 0. 002 （ − 0. 318）	0. 013 * （1. 663）	− 0. 005 （ − 0. 786）	0. 001 （0. 062）
ΔLev_peer	− 0. 014 （ − 0. 375）	− 0. 191 *** （ − 3. 896）	− 0. 050 （ − 1. 126）	− 0. 097 * （ − 1. 745）
ΔROA_peer	− 0. 171 （ − 1. 389）	0. 165 （1. 096）	0. 019 （0. 138）	− 0. 231 （ − 1. 442）
ΔMSAC_peer	0. 142 * （1. 699）	− 0. 301 ** （ − 2. 334）	0. 007 （0. 063）	− 0. 420 *** （ − 2. 881）
ΔOwncon1_peer	0. 030 （0. 676）	0. 056 （1. 088）	− 0. 023 （ − 0. 459）	0. 163 ** （2. 307）
_cons	− 0. 000 （ − 0. 031）	− 0. 019 *** （ − 3. 431）	− 0. 003 （ − 0. 642）	− 0. 008 * （ − 1. 791）
Year	Yes	Yes	Yes	Yes
Industry	Yes	Yes	Yes	Yes
Firm	Yes	Yes	Yes	Yes
N	6728	6728	6728	6728
Adjust_R^2	0. 093	0. 082	0. 062	0. 068

注： * 表示 p < 0. 1， ** 表示 p < 0. 05， *** 表示 p < 0. 01。括号内为 t 值，并且经过异方差调整、稳健标准误修正和公司层面的聚类（Cluster）处理。样本期间为 2008 ~ 2018 年，2008 年的样本没有前期数据，无法构建一阶差分变量，一阶差分回归的样本观察值减少至 13456 个，由中位数分为两组，每组有 6728 个样本观察值。

2. 社会乘数效应特征

社会乘数效应是同群效应的重要特征，指的是由于同一群体内的个体行为之间存在内生的互动关系，使群体内某一个体的微小变动会被放大，从而导致群体层面的较大的变动。社会乘数效应是政策制定中需要考虑的重要因素，小幅度的政策调整可以通过群体内的行为互动放大其实施效果（冯玲和崔静，2019）。格莱泽等（Gleaser et al.，2003）认为，由于个体行为之间存在的互动关系，某一个体行为的微小变动会在群体中的同伴之间来回传播并被反复模仿，在反复的模仿中微小的变动被逐步放大，导致群体内其他个体该行为的平均变动水平是该个体行为变动的数倍，这一倍数被称为社会乘数。因为仅有同群效应这一内生互动关系能够产生社会乘数效应，外生效应和关联效应无法产生社会乘数，因此社会乘数效应成为同群效应的特有属性。此外，社会乘数效应能够扩大政策后果，具有重要的政策意义。例如，就税收政策而言，如何在某些特定的公司中加大税收征管力度，从而加速提高整个公司群体层面的税收遵从度，对税收征管部门提高税收征管效率具有重要意义。因而进一步分析上市公司税收激进行为同群效应的社会乘数是十分必要的。

格莱泽等（Gleaser et al.，2003）指出，对于大样本的群体来讲，如果群体内同伴个体的行为后果的均值导致焦点个体行为上升了 x，那么社会乘数就近似等于 $1/(1-x)$。因此学者们通常使用这一方法来测度社会乘数效应（Winston and Zimmerman，2003）。如果社会乘数的计算结果大于 1，就说明存在社会乘数效应；否则，不存在社会乘数效应。

参考格莱泽等（Gleaser et al.，2003）、冯玲和崔静（2019）的方法，在本书参照组组内线性均值模型（4.6）的回归结果中，同时控制公司个体固定效应、行业效应和年度效应下的内生互动效应的回归系数为 0.194 和 0.101（表 4 - 6 中 BTD_peer 和 DD_BTD_peer 的当期回归系数），因此基于会税差异的上市公司税收激进行为同群效应产生的社会乘数约为 1.241，基于固定效应残值法计算的会税差异产生的社会乘数约为 1.112。两者均大于 1，说明表 4 - 6 中同伴公司税收激进程度的均值与焦点公司税收激进程度之间的交互影响产生了社会乘数效应。由于社会乘数效应只存在于同群效应中，外生效应和关联效应则不会产生社会乘数效应，因此这一结果排除了主检验中含有外生效应和关联效应的可能，在明确上市公司税收激进行为同群效应产生社会乘数效应的同时，进一步说明上市公司税收激进行为存在同群效应的结论是可靠的。

4.4 本 章 小 结

由于公司的纳税支出是公司重要的现金支出，而且追求盈利的动因致使公司普遍存在着较强的税收激进行为动机和可能的税收激进行为，公司税收激进受到理论界和实务界的广泛关注，然而已有文献却较少关注同伴公司的税收激进行为对焦点公司税收激进行为的影响，因而探究公司税收激进行为的同群效应显得尤为重要。基于社会学习理论、制度理论和动态竞争理论，本章从信息性模仿和竞争性模仿两个角度分析了公司税收激进行为同群效应的存在性，采用 2008～2018 年间沪、深两市 A 股非金融类上市公司数据，实证检验了上市公司税收激进行为同群效应的存在性。实证结果表明：（1）上市公司的税收激进行为存在同群效应，即上市公司的税收激进行为会受到同伴公司税收激进行为的显著影响；（2）在内生性处理中，使用同伴公司股票特质收益的均值作为工具变量进行二阶段回归来消除"映像问题"所产生的内生性偏误，公司税收激进行为的"同群效应"依然存在；（3）为了排除税收激进行为地区趋同的影响，加入基于同地区同伴公司税收激进程度的均值变量来控制地区因素的影响，基于行业参照组的公司税收激进行为的同群效应依然存在；（4）在稳健性检验中，一是改变税收激进计量方式，使用有效税率（ETR）和名义税率与有效税率的差额（Rate）两种税收激进衡量指标，二是更改行业划分，使用申银万国三级行业分类标准，三是考虑滞后效应，将计量模型的同伴公司解释变量滞后一期，四是放宽工具变量的计算窗口期，由 36 个月增加至 48 个月，五是更改同伴公司指标的计算方法，采用同伴公司变量的中值进行替代检验，采用上述五种方法重新进行多元回归检验的结果与主检验结果一致；（5）进一步分析表明，上市公司税收激进行为同群效应具有非对称性，即同伴公司税收激进行为不同幅度上的变动对焦点公司税收激进行为的影响会呈现差异，并且上市公司税收激进行为同群效应能够产生社会乘数效应。

本章的研究结论表明，同伴公司之间的行为互动和交叉影响所产生的同群效应显著影响公司的税收激进行为。对税收征管部门而言，应警惕某一公司的税收激进行为因同群效应"溢出"到整个行业，成为其他同伴公司的模仿对象，产生税收激进行为的扩散，甚至产生社会乘数效应。同时，税收征管部门可以利用同群效应中的非对称性，找到易产生税收激进行为同群效应的行业和公司，进行重点监管，还可以利用同群效应产生的社会乘数效应，通过加强对重点行业和公司的监管和处罚来以儆效尤，提高整个行业的纳税遵从度。对公司而言，应注意到模仿同伴公司的税收激进行为是普遍存在的，如果公司面临决策环境的不确定或者激烈的市场竞争时，需要密切观察同伴公司的纳税行为，努力获取其相关信息，并且将同伴公司的纳税信息作为公司自身税收激进行为决策的重要依据，既能在一定程度上降低决策风险又不会产生较高的决策成本。因此，同伴公司行为是公司进行税收激进行为决策的重要参考。

第5章 上市公司税收激进行为同群效应的形成机制

第 4 章理论分析并实证检验了上市公司税收激进行为同群效应的存在性。研究发现，上市公司税收激进行为会受到同伴公司税收激进行为的显著影响，即上市公司税收激进行为存在同群效应。在此基础上，本章进一步从信息性模仿和竞争性模仿两个角度来探究公司税收激进行为同群效应的形成机制。为此，本章以社会学习理论、制度理论和动态竞争理论为基础进行了理论分析并构建了上市公司税收激进行为同群效应的形成机制研究框架，2008～2018 年间沪、深两市 A 股非金融类上市公司为样本进行上市公司税收激进行为同群效应形成机制的实证分析，拓展同群效应形成机制的研究文献，为税收征管机构和公司决策者深入理解公司税收激进行为同群效应的形成机制并发挥公司税收激进行为同群效应的积极作用提供理论依据和经验证据。

5.1 理论分析与研究假设

本章将对第 4 章理论分析中的主要结论进行拓展，并以社会学习理论、制度理论和动态竞争理论为基础进行上市公司税收激进行为同群效应形成机制的阐述与推理，并提出相应的研究假设。本章主要从信息性模仿和竞争性模仿两个角度来研究上市公司税收激进行为同群效应的形成机制。以下理论分析与研究假设的提出主要基于这两种形成机制进行展开。

5.1.1　信息性模仿机制

信息性模仿（information-based imitation）是指组织以通过模仿和学习获取对决策有价值的信息为动机的模仿行为（Lieberman and Asaba，2006）。根据塔德（Tarde，1903）的研究，逻辑模仿律和先内后外律是信息性模仿机制形成过程中所遵从的重要模仿定律。因此，在第 4 章证实上市公司税收激进行为存在同群效应的基础上，如果信息性模仿机制是上市公司税收激进行为同群效应的形成机制，那么其形成过程中应当遵循逻辑模仿律和先内后外律。下面分别从逻辑模仿律和先内后外律两个角度对上市公司税收激进行为同群效应的信息性模仿机制进行理论分析。

1. 逻辑模仿律

逻辑模仿律是指个体会优先选择地位高、效率高、成果好的对象加以模仿。社会学习理论的多数研究表明，规模较大或盈利能力较强的公司更容易成为其他公司的模仿对象（Lieberman and Asaba，2006；Haunschild and Miner，1997；Haveman，1993）。陈仕华和卢昌崇（2013）研究发现，公司之间存在并购溢价决策的模仿，并且该模仿行为遵循逻辑模仿律，即公司在选择模仿对象时会优先选择并购溢价水平低的公司进行模仿。利瑞和罗伯茨（Leary and Roberts，2014）对资本结构决策同群效应的研究也发现行业跟随者更容易受到同行业领导者的影响，反之则不成立。傅超等（2015）研究发现，创业板公司的并购商誉存在同群效应，并且同群效应形成过程中的主要模仿对象是行业领导者。以上研究表明，公司在模仿同伴公司行为时遵从逻辑模仿律。

对于公司税收激进而言，公司在模仿同伴公司的税收激进行为时，并不是随意选择模仿对象，而是在同伴公司中择优选择对象进行模仿。这主要是因为对成功组织的模仿能显著降低收集信息的成本（March，1991）。在选择模仿对象时，焦点公司会考虑模仿成本，模仿不成功的同伴公司可能会使本公司的行为结果也不成功，而模仿成功的同伴公司可以降低焦点公司的信息收集成本。从同伴公司税收激进行为的信息价值角度来看，行业领导者具有更多信息资源和更强的决策分析能力，其税收激进行为对于缺乏信息资源和决策分析能力的行业跟随者而言，具有重要的参考价值；相反，行业跟随者的税收激进行为相关信息对于行业领导者而言，参考价值不大。因此，当公司在行业中处于领导地位时，其税收激进行为更容易成为同行业同伴公司的模仿对象；反之，当公司在行业中是跟随者时，其税收激进行为更容易被同行业同伴公司忽略，难以成为模仿对象。由此可见，行业领导者的税收激进行为更容易被同伴公司模仿，其税收激进行为更容易影响整个行业的税收激进程度。

根据以上分析，公司在进行税收激进行为决策时，更可能将行业领导者作为模仿对象，将其税收激进行为作为重要的决策参考。基于此，本书提出研究假设 5.1。

假设 5.1：在同行业上市公司群体内部，行业跟随者的税收激进行为更易受到行业领导者税收激进行为的影响。

2. 先内后外律

先内后外律是指公司在选择模仿对象时会优先选择属性相同的公司加以模仿，并且模仿强度也随属性相似程度的下降而降低。其原因主要在于，与其他公司相比，同属性的同伴公司与焦点公司隶属于相同制度环境，增强了彼此之间的认同，这会更加有效促成彼此间的模仿行为（陈仕华和卢昌崇，2013）。因此，焦点公司在选择模仿对象和确定模仿程度时，往往会遵循先内后外的规律。国内外相关实证研究也证实了诸多公司财务行为的模仿机制遵循先内后外律，比如创新、组织架构、公司并购溢价决策等公司财务行为会优先选择相同属性的公司加以模仿（陈仕华和卢昌崇，2013；Strang and Tuma，1993）。

我国公司产权性质存在二元特征。在公司治理与公司行为等诸多方面，国有企业与非国有企业之间的差异十分明显。产权性质差异同样表现在公司的税收激进行为中。吴联生（2009）考察了我国国有股权与公司税负之间的关系，发现公司国有股权比例越高，其实际税率也越高，即公司国有股权比例越高，公司税收激进程度越低。主要原因在于，国有企业管理层一般由政府任命，既是职业经理人，更是政府官员，因此国有企业管理层需要维护自身的政治声誉。由于国有企业的经营目标更为多元化，除了追求经济效益之外，还要承担更多税收等社会责任，提高税款缴纳额度也成为国有企业高管获得政治声誉，赢得政治升迁的重要途径。在进行纳税决策时，出于对个人职业生涯前景的考虑，更需要权衡公司利益和个人政治声誉风险，以免影响其政治升迁。此外，纵然国有企业可以通过税收激进行为节省税费支出，但由于国有企业管理层的薪酬受到制度约束（陈冬华等，2005），薪酬激励机制难以发挥作用，税收激进行为并不会给国有企业管理层自身带来额外的经济收益。相反，一旦被税收征管部门认定企业存在激进避税嫌疑（罗琦等，2007），便会给国有企业管理层的个人声誉和政治升迁造成负面影响。此外，由于政府是国有企业的控股股东，政府中的税收征管部门有权指派专员入驻国有企业，使国有企业面临更强的税收征管（谢建等，2016）。对于非国有企业而言，大多数企业管理层并非政府官员，没有行政职务，不存在对政治升迁的关注，利润最大化是其追求的唯一目标。税收激进行为可以减少公司现金的流出，缓解融资压力，通过税收激进行为能够给公司的投资项目进行现金储备，为公司扩大利润提供条件。此外，非国有企业管理层能够通过税收激进行为来掩盖其机会主义行为，从而攫取私利。

101

因此，焦点公司在进行税收激进行为时，考虑到自身产权性质，在选择模仿对象时，会优先选择与自身产权性质相同的公司进行模仿，遵从先内后外律，即在行业群体内，焦点公司的税收激进行为更容易受到同一产权性质的同伴公司的影响。基于此，本书提出研究假设 5.2。

假设 5.2：在同行业上市公司群体内部，焦点公司的税收激进行为更易受到同一产权性质同伴公司的影响。

5.1.2　竞争性模仿机制

竞争性模仿（rivalry-based imitation）是指公司为了缓解竞争压力、确保自身的竞争优势而进行的模仿行为（Baum and Haveman，1997；Deephouse，1999）。除了信息性模仿机制之外，公司行为同群效应的形成还可能源于同伴公司间的竞争性模仿机制（Lieberman and Asaba，2006），因此本章在探究上市公司税收激进行为同群效应的形成机制时，除了分析信息性模仿这一主动模仿机制之外，将竞争性模仿这一被动模仿机制也作为上市公司税收激进行为同群效应的形成机制之一来进行分析。

动态竞争理论认为，当公司面临同行业中其他公司的竞争，为缓解竞争对手所带来的压力，保持公司在行业中的竞争优势和地位，公司会非常关注竞争对手的行为。当公司发现其竞争对手采取的某种行为对其造成威胁时，公司会模仿这一行为以进行回击。典型的例子是同行业公司之间的价格战，当竞争对手通过降低产品或服务的价格来扩大市场份额，获得竞争优势时，焦点公司也会模仿这一降价行为来回击竞争对手，达到稳定市场份额的目的，防止自身处于竞争劣势。这就产生了竞争行为（进攻）与模仿竞争行为（回应）的互动，即竞争性模仿。

有学者对公司行为的竞争性模仿进行了研究。麦克米兰等（Mac-Millan et al.，1985）研究发现，为获得竞争优势，商业银行会模仿其竞争对手的新产品。博尔顿和沙夫斯坦（Bolton and Scharfstein，1990）研究发现，在产品市场的竞争中，外部融资较少的公司会对外部融资较多的公司进行掠夺性价格竞争，为缓解竞争压力，扭转在竞争中的劣势地位，外部融资较多的公司会模仿竞争对手，从而减少外部融资。哈夫曼（Haveman，1993）研究发现同行业竞争对手在生产经营中使用 ERP 系统会形成对焦点公司的竞争压力，为防止在竞争中处于劣势地位，焦点公司会对此加以模仿，从而产生 ERP 应用的同群效应。万良勇等（2016）研究发现，行业竞争越激烈，上市公司并购决策的同群效应越显著，这说明焦点公司会通过模仿同伴公司的并购决策来缓解竞争压力。

同样地，在公司进行税收激进行为决策时，如果所处行业的竞争程度较高，其行业地位更容易受到挑战，公司面临更大的竞争压力和决策环境的不确定性。一旦竞争对手通过提高税收激进程度减少了现金流出，获得了更多内源融资，很可能会在竞争中占得先机。为了缓解竞争压力，防止在竞争中处于劣势，焦点公司会对行业内竞争对手的税收激进行为进行竞争性模仿。此时，行业竞争对手的税收激进程度变化将会导致焦点公司税收激进程度的同向变化，并且随着竞争的加剧，该同向变化更加显著。基于此，本书提出研究假设 5.3。

假设 5.3：行业的竞争程度越高，上市公司税收激进行为同群效应越显著。

5.2　研　究　设　计

5.2.1　样本选择与数据来源

由于《中华人民共和国企业所得税法》（以下简称《新所得税法》）于 2008 年 1 月 1 日正式施行，新所得税法在税率、应纳税所得额核算、税前扣除项目、税收优惠政策以及征收管理等方面发生了较大变化。为使公司税收激进的度量保持前后一致，免于更多干扰，本章选择以 2008 年为研究起点，2008～2018 年作为样本期间。对选取的样本进行如下处理：（1）剔除金融保险类上市公司样本；（2）剔除 ST、PT 等非正常上市公司样本；（3）剔除所需样本期间披露数据不全的上市公司样本；（4）剔除 B 股上市公司样本；（5）剔除当期所得税为 0 或小于 0 的上市公司样本。经过上述处理，最终得到 16051 个公司—年度样本观察值。公司名义所得税税率来自 Wind 资讯金融数据库，其他财务数据均来自国泰安 CSMAR 数据库。此外，本章对所有连续变量进行了 1% 的双侧缩尾处理，并且在多元回归中进行了 White 异方差调整、Robust 稳健标准误修正和公司层面的聚类（Cluster）处理。

5.2.2　变量定义

1. 被解释变量

遵照研究惯例并借鉴梅松和普莱斯科（Mazon and Plesko，2001）和德赛和达摩波罗（Desai and Dharmapala，2006）、刘行和叶康涛（2013），主检验中主要采用基于会税差异的度量方法，即会税差异（BTD）和固定效应残值法计算的会税差异（DD_BTD）来衡量公司税收激进程度。稳健性检验中，借鉴吴联生（2009）、刘行和叶康涛（2013），采用基于有效税率的两种税收激进衡量指标，有效税率（ETR）和名义税率与有效税率的差额（Rate）进行进一步检验，增强检验结果的可靠性。以上 4 种税收激进度量指标的具体计算方法详见第 3 章第 3.1 节。

为检验逻辑模仿律，本书按照产品市场势力（PCM）的排名将样本公司分为领导者和跟随者，并分别计算行业领导者的税收激进程度（TA_L）和行业跟随者的税收激进程度（TA_F）。借鉴库比克等（Kubic et al.，2015）的做法，本书采用勒纳指数（LI）所衡量的产品市场势力（PCM）来划分领导者和跟随者。勒纳指数（LI）等于主营业务收入与边际成本的差除以主营业务收入，在实际测度时，考虑到产品的边际成本难以获得，本书参考张益明（2012）、周夏飞和周强龙（2014）的做法，采用主营业务成本替代边际成本，则勒纳指数（LI）等于主营业务收入与主营业务成本的差除以主营业务收入。已有文献中，利里和罗伯茨（Leary and Roberts，2014）对行业领导者和跟随者的界定较为宽泛，将行业中市场份额排名前 1/3 的公司确定为行业领导者，排名后 1/3 的公司确定为行业跟随者；沈洪涛和苏亮德（2012）、傅超等（2015）的界定较为狭窄，分别将行业中资产规模前 5% 和前 10% 的公司作为行业领导者。本书则借鉴库比克等（Kubic et al.，2015）的研究中较为折中的做法，将产品市场势力（PCM）排名前 25% 的公司视为行业领导者，排名后 25% 的公司视为行业跟随者。

2. 信息性模仿机制的解释变量

为检验逻辑模仿律，本书按照产品市场势力（PCM）的排名将同伴公司平均税收激进程度划分为行业领导者的平均税收激进程度（PeerTA_L）和行业跟随者的平均税收激进程度（PeerTA_F），排名前 25% 的公司视为行业领导者，排名后 25% 的公司视为跟随者。行业领导者的平均税收激进程度（PeerTA_L）是行业内产品市场势力（PCM）排名前 25% 的上市公司（去除 i 公司，即焦点公司）在 t 年税收激进程度的平均值；行业跟随者的平均税收激进程度（PeerTA_F）是行业内产品市场势力（PCM）排名后 25% 的上市公司（去除 i 公司，即焦点公司）在 t 年税收激进程度的平均值。

为检验先内后外律，本书设置同行业内国有同伴公司平均税收激进程度（TA_Peer_State）和同行业内非国有同伴公司平均税收激进程度（TA_Peer_Private）。同行业内国有同伴公司平均税收激进程度（TA_

Peer_State）是某行业内所有国有控股上市公司（去除 i 公司，即焦点公司）在 t 年税收激进程度的平均值。同行业内非国有同伴公司平均税收激进程度（TA_Peer_Private）是某行业内所有非国有上市公司（去除 i 公司，即焦点公司）在 t 年税收激进程度的平均值。

3. 竞争性模仿机制的解释变量

同伴公司平均税收激进程度（PeerTA）为竞争性模仿机制的解释变量之一，是指行业内所有上市公司（去除 i 公司，即焦点公司）在 t 年税收激进程度的平均值。

行业竞争程度（HHI）为竞争性模仿机制的另一解释变量。行业竞争程度的度量方法多样，但是更多学者采用公司所处行业营业收入的赫芬达尔—赫希曼指数（HHI）来度量（姜付秀等，2009）。因此，为检验公司税收激进行为同群效应的竞争性模仿机制，借鉴万良勇等（2016），本书也采用赫芬达尔—赫希曼指数（HHI）来衡量行业竞争程度，赫芬达尔—赫希曼指数（HHI）的计算模型为：

$$\text{HHI}_{j,t} = \sum_{i=1}^{N_j} \left(\frac{\text{Sales}_{i,j,t}}{\text{Sales}_{j,t}} \right)^2 \tag{5.1}$$

其中，i 表示公司，j 表示行业，t 表示年份；$\text{Sales}_{i,j,t}$ 为行业 j 中第 i 家公司在第 t 年的主营业务收入；$\text{Sales}_{j,t}$ 为行业 j 在第 t 年行业内 N_j 家公司的主营业务收入总额。$0 < \text{HHI} \leq 1$，HHI 指数越大，表示行业集中度越高，行业竞争程度越低，反之亦然。为增强竞争性模仿机制相关结论的稳健性，本书借鉴辛清泉和谭伟强（2009）的方法，根据竞争属性的不同将行业划分为垄断型[①]和竞争型两大类来衡量行业竞争程度，进行稳健性检验。

4. 控制变量

为控制其他因素对公司税收激进的影响，本书借鉴刘慧龙和吴联生（2014）、李万福和陈晖丽（2012）等研究文献，控制名义所得税税率（TR）、资本密集度（PPE）、成长性（Growth）、公司规模（Size）、资

---

① 根据 2012 年证监会发布的上市公司行业分类指引，确定采掘业、石油加工及炼焦业、黑色金属冶炼及压延加工业、有色金属冶炼及压延加工业、电力、煤气及水的生产和供应业等行业为垄断型行业，行业竞争程度较低；其余均为竞争型行业，行业竞争程度较高。

产负债率（Lev）、资产净利率（ROA）、管理层与股东间的代理成本（MSAC）、股权集中度（Owncon1），并控制年度效应（Year）、行业效应（Industry）和公司个体固定效应（Firm）。此外，为控制外生效应问题，借鉴利瑞和罗伯茨（Leary and Roberts, 2014），控制了以上各变量去除焦点公司 i 后的行业平均值。本章所采用的控制变量与第 4 章一致，详细介绍请参照"4.2.3 变量定义"中的相关表述。

相关变量类型、名称、符号和描述如表 5 - 1 所示。

表 5 - 1   变量定义及说明

变量类型	变量名称		变量符号	变量描述
被解释变量	公司税收激进（TA）	会税差异	BTD	会计 - 税收差异 =（利润总额 - 应纳税所得额）/资产总额，应纳税所得额 =（所得税费用 - 递延所得税费用）/名义税率
		固定效应残值法计算的会税差异	DD_BTD	BTD 中不能被总应计解释的那一部分会税差异，具体计算方法详见前文
	行业领导者的税收激进程度		TA_L	公司 i 所在行业内产品市场势力（PCM）排名前 25% 的上市公司 i 在 t 年税收激进程度。采用 BTD 和 DD_BTD 两种方法计量
	行业跟随者的税收激进程度		TA_F	公司 i 所在行业内产品市场势力（PCM）排名后 25% 的上市公司 i 在 t 年税收激进程度。采用 BTD 和 DD_BTD 两种方法计量
解释变量（信息性模仿机制）	行业领导者的平均税收激进程度		PeerTA_L	公司 i 所在行业内产品市场势力（PCM）排名前 25% 的所有上市公司（去除 i 公司，即焦点公司）在 t 年税收激进程度的平均值。采用 BTD 和 DD_BTD 两种方法计量
	行业跟随者的平均税收激进程度		PeerTA_F	公司 i 所在行业内产品市场势力（PCM）排名后 25% 的所有上市公司（去除 i 公司，即焦点公司）在 t 年税收激进程度的平均值。采用 BTD 和 DD_BTD 两种方法计量
	国有同伴公司平均税收激进程度		TA_Peer_State	公司 i 所在行业内所有国有控股上市公司（去除 i 公司，即焦点公司）在 t 年税收激进程度的平均值。采用 BTD 和 DD_BTD 两种方法计量

变量类型	变量名称	变量符号	变量描述
解释变量（信息性模仿机制）	非国有同伴公司平均税收激进程度	TA_Peer_Private	公司i所在行业内所有非国有上市公司（去除i公司，即焦点公司）在t年税收激进程度的平均值。采用BTD和DD_BTD两种方法计量
解释变量（竞争性模仿机制）	同伴公司平均税收激进程度	PeerTA	公司i所在行业内所有上市公司（去除i公司，即焦点公司）在t年税收激进程度的平均值。采用BTD和DD_BTD两种方法计量
	行业竞争程度	HHI	赫芬达尔—赫希曼指数，等于行业中各公司的主营业务收入所占行业总收入百分比的平方和
控制变量	公司名义所得税税率	TR	公司名义所得税税率
	资本密集度	PPE	资本密集度，等于公司固定资产与总资产的比值
	成长性	Growth	营业收入的增长率
	公司规模	Size	公司规模，等于公司总资产的自然对数
	资产负债率	Lev	资产负债率，等于负债总额与总资产的比值
	资产净利率	ROA	资产净利率，等于净利润与总资产的比值
	代理成本	MSAC	管理层与股东间的代理成本，等于管理费用与主营业务收入的比值
	股权集中度	Owncon1	股权集中度，指公司第一大股东持股比例
	同伴公司名义所得税税率均值	TR_peer	公司i所在行业内所有上市公司（去除i公司，即焦点公司）在t年公司名义所得税税率的平均值
	同伴公司资本密集度均值	PPE_peer	公司i所在行业内所有上市公司（去除i公司，即焦点公司）在t年资本密集度的平均值
	同伴公司营业收入增长率均值	Growth_peer	公司i所在行业内所有上市公司（去除i公司，即焦点公司）在t年营业收入增长率的平均值
	同伴公司规模均值	Size_peer	公司i所在行业内所有上市公司（去除i公司，即焦点公司）在t年公司规模的平均值

变量类型	变量名称	变量符号	变量描述
控制变量	同伴公司资产负债率均值	Lev_peer	公司 i 所在行业内所有上市公司（去除 i 公司，即焦点公司）在 t 年资产负债率的平均值
	同伴公司资产净利率均值	ROA_peer	公司 i 所在行业内所有上市公司（去除 i 公司，即焦点公司）在 t 年资产净利率的平均值
	同伴公司代理成本均值	MSAC_peer	公司 i 所在行业内所有上市公司（去除 i 公司，即焦点公司）在 t 年管理层与股东间代理成本的平均值
	同伴公司股权集中度均值	Owncon1_peer	公司 i 所在行业内所有上市公司（去除 i 公司，即焦点公司）在 t 年第一大股东持股比例的平均值
	年度	Year	控制年度效应
	行业	Industry	控制行业效应
	公司	Firm	控制公司个体固定效应

108

5.2.3　模型构建

　　为检验上市公司税收激进行为同群效应信息性模仿的逻辑模仿律，本书构建模型（5.2）和模型（5.3）进行实证分析。检验信息性模仿机制的逻辑模仿律假设，着重检验行业领导者税收激进行为和行业跟随者税收激进行为的相互影响中哪一方占据主导地位。模型（5.2）用以检验逻辑模仿律中行业领导者的税收激进行为对跟随者的反应，使用行业领导者的子样本进行回归；模型（5.3）用以检验逻辑模仿律中行业跟随者的税收激进行为对领导者的反应，使用行业跟随者的子样本进行回归。然后比较模型（5.2）和模型（5.3）中回归系数 α_1 是否存在差异。信息性模仿机制中逻辑模仿律的相关模型构建为：

$$TA\_L_{i,j,t} = \alpha_0 + \alpha_1 PeerTA\_F_{-i,j,t} + \sum Controls_{i,j,t}^{Self} + \sum Controls_{-i,j,t}^{Peer}$$

$$+ \sum Industry + \sum Year + \sum Firm + \varepsilon_{i,j,t} \qquad (5.2)$$

$$TA\_F_{i,j,t} = \beta_0 + \beta_1 PeerTA\_L_{-i,j,t} + \sum Controls_{i,j,t}^{Self} + \sum Controls_{-i,j,t}^{Peer}$$
$$+ \sum Industry + \sum Year + \sum Firm + \varepsilon_{i,j,t} \qquad (5.3)$$

其中，下标 i、–i、j、t 分别表示焦点公司、同伴公司、行业和年度；$TA_{i,j,t}$ 表示焦点公司 i 的税收激进程度，$TA\_L_{i,j,t}$ 为属于行业领导者的焦点公司 i 在 t 年税收激进程度，$TA\_F_{i,j,t}$ 为跟随者焦点公司 i 在 t 年税收激进程度，并且分别用会税差异（BTD）和固定效应残值法计算的会税差异（DD_BTD）来衡量；解释变量 $PeerTA\_F_{-i,j,t}$ 为行业内所有跟随者上市公司在 t 年税收激进程度的平均值，解释变量 $PeerTA\_L_{-i,j,t}$ 为行业内所有领导者上市公司在 t 年税收激进程度的平均值，并分别使用会税差异（BTD_Peer）和固定效应残值法计算的会税差异（DD_BTD_Peer）来度量；$\sum Controls_{i,j,t}^{Self}$ 表示一系列焦点公司个体特征控制变量，包括所得税税率（TR）、资本密集度（PPE）、成长性（Growth）、公司规模（Size）、资产负债率（Lev）、资产净利率（ROA）、管理层与股东间的代理成本（MSAC）、股权集中度（Owncon1）等可能对公司税收激进行为产生影响的变量；$\sum Controls_{-i,j,t}^{Peer}$ 表示一系列同伴公司外生效应控制变量，包括同伴公司名义所得税税率均值（TR_peer）、同伴公司资本密集度均值（PPE_peer）、同伴公司营业收入增长率均值（Growth_peer）、同伴公司规模均值（Size_peer）、同伴公司资产负债率均值（Lev_peer）、同伴公司资产净利率均值（ROA_peer）、同伴公司代理成本均值（MSAC_peer）、同伴公司股权集中度均值（Owncon1_peer）等可能对焦点公司税收激进行为产生影响的外生效应变量；Industry 表示控制行业；Year 表示控制年份；Firm 表示控制公司个体固定效应；$\varepsilon_{i,j,t}$ 为随机扰动项。如果模型（5.3）中 $PeerT A\_L_{-i,j,t}$ 的回归系数 β_1 的显著性水平高于模型（5.2）中 $PeerT A\_F_{-i,j,t}$ 的回归系数 α_1 的显著性水平，则信息性模仿机制的逻辑模仿律假设即可得到验证。

为检验信息性模仿的先内后外律，本书构建模型（5.4）进行实证分析。按照产权性质将同伴公司平均税收激进程度分为同行业内国有同伴公司平均税收激进程度（TA_Peer_State）和同行业内非国有同伴公司平均税收激进程度（TA_Peer_Private），并按照产权性质将样本公司分为国有组和非国有组，分别使用模型（5.4）进行回归分析。具体模型构建为：

109

$$TA_{i,j,t} = \alpha_0 + \alpha_1 TA\_Peer\_State_{-i,j,t} + \alpha_2 TA\_Peer\_Private_{-i,j,t}$$
$$+ \sum Controls_{i,j,t}^{Self} + \sum Controls_{-i,j,t}^{Peer} + \sum Industry$$
$$+ \sum Year + \sum Firm + \varepsilon_{i,j,t} \qquad (5.4)$$

模型（5.4）中，除了 TA_Peer_State 和 TA_Peer_Private 之外，其他变量与模型（5.2）一致，此处不再赘述。如果国有组样本的回归结果中同行业内国有同伴公司平均税收激进程度（TA_Peer_State$_{-i,j,t}$）的回归系数 α_1 比同行业内非国有同伴公司平均税收激进程度（TA_Peer_Private$_{-i,j,t}$）的回归系数 α_2 更显著，或者如果非国有组样本的回归结果中同行业内非国有同伴公司平均税收激进程度（TA_Peer_Private$_{-i,j,t}$）的回归系数 α_2 比同行业内国有同伴公司平均税收激进程度（TA_Peer_State$_{-i,j,t}$）的回归系数 α_1 更显著，则信息性模仿机制的先内后外律假设即可得到验证。

为检验公司税收激进行为同群效应的竞争性模仿机制，本书构建模型（5.5）进行实证分析。检验竞争性模仿机制的相关模型构建如下：

$$TA_{i,j,t} = \alpha_0 + \alpha_1 PeerTA_{-i,j,t} + \alpha_2 HHI_{j,t} + \alpha_3 PeerTA_{-i,j,t} \times HHI_{j,t}$$
$$+ \sum Controls_{i,j,t}^{Self} + \sum Controls_{-i,j,t}^{Peer} + \sum Industry$$
$$+ \sum Year + \sum Firm + \varepsilon_{i,j,t} \qquad (5.5)$$

其中，PeerTA$_{-i,j,t}$为同伴公司平均税收激进程度，HHI$_{j,t}$为行业集中程度，其他变量与模型（5.2）一致，此处不再赘述。主要考察交互项（PeerTA × HHI）系数 α_3 的方向和显著性水平，若交互项系数 α_3 显著负，则竞争性模仿机制的假设即可得到验证。

5.3 实证过程与结果分析

5.3.1 描述性统计

被解释变量、解释变量以及控制变量以焦点公司样本和同伴公司样本分别进行描述性统计，描述性统计结果见表 5-2。从表中可以看出，样本量相同的情况下，同伴公司税收激进程度等各项指标的均值（BTD

和 DD_BTD）与焦点公司对应的各指标均值（BTD_peer 和 DD_BTD_peer）相等，这与理论相符，也与利瑞和罗伯茨（Leary and Roberts，2014）、钟田丽和张天宇（2017）的研究一致。基于会计 – 税收差异视角的税收激进程度衡量指标 BTD 和 DD_BTD，其均值都非常接近于 0，其统计分布情况与基于中国背景的公司税收激进研究相类似（江轩宇，2013；田高良等，2016；刘行和叶康涛，2013；刘行和李小荣，2012）。行业领导者的税收激进程度（BTD_L 和 DD_BTD_L）的均值分别为 0.004 和 – 0.003，标准差分别为 0.057 和 0.099，行业跟随者的税收激进程度（BTD_F 和 DD_BTD_F）的均值分别为 0.004 和 – 0.001，标准差分别为 0.048 和 0.089，说明行业领导者比行业跟随者的税收激进程度略低，但是行业领导者税收激进程度的差异要大于行业跟随者。国有上市公司的税收激进程度（BTD_State 和 DD_BTD_State）的均值分别为 0.001 和 – 0.006，标准差分别为 0.049 和 0.081，非国有上市公司的税收激进程度（BTD_Private 和 DD_BTD_Private）的均值分别为 0.002 和 – 0.006，标准差分别为 0.052 和 0.093，说明国有上市公司比非国有上市公司的税收激进程度略低，而且非国有上市公司税收激进程度的差异要大于国有上市公司。行业竞争程度（HHI）的取值在 0.020 ~ 0.933 之间，说明我国不同行业间的竞争程度差异较大，其中位数为 0.089，说明我国上市公司总体上来看行业集中程度较低，即行业竞争程度较高。名义税率（TR）的均值为 19.2%，最大值为 25%，最小值为 10%，说明一部分样本公司适用 15% 和 10% 的所得税税率。资本密集度（PPE）的均值为 0.221，最大值为 0.720，最小值为 0.002，说明样本公司资本密集度的差异较大。成长性（Growth）的均值为 0.268，即样本公司的营业收入增长率为 26.8%，成长性较好。公司规模（Size）的均值为 22.112，样本公司平均规模为 18 亿元左右。资产负债率（Lev）的均值为 43.8%，表明样本公司的总负债占据总资产近一半，较为适中。资产净利率（ROA）的均值为 0.051，表明样本公司的平均盈利能力较弱。管理层与股东间的代理成本（MSAC）的均值为 0.094，最大值为 0.431，最小值为 0.010，表明样本公司间管理层与股东间的代理成本存在较大差距。股权集中度（Owncon1）均值为 35.7%，反映出样本公司的股权结构中股权集中度较高，第一大股东持股比例偏大。

表 5 - 2   主要变量的描述性统计

Panel A：焦点公司	样本量	均值	标准差	最小值	25%分位数	中位数	75%分位数	最大值
BTD	16051	0.002	0.050	- 0.148	- 0.017	- 0.003	0.013	0.278
DD BTD	16051	- 0.006	0.088	- 0.254	- 0.040	- 0.016	0.012	0.479
BTD_L	4235	0.004	0.057	- 0.142	- 0.019	- 0.002	0.018	0.278
DD_BTD_L	4235	- 0.003	0.099	- 0.251	- 0.043	- 0.014	0.022	0.478
BTD_F	3814	0.004	0.048	- 0.148	- 0.014	- 0.002	0.012	0.275
DD_BTD_F	3814	- 0.001	0.089	- 0.254	- 0.036	- 0.015	0.011	0.479
BTD_State	7103	0.001	0.049	- 0.146	- 0.016	- 0.002	0.014	0.277
DD_BTD_State	7103	- 0.006	0.081	- 0.254	- 0.038	- 0.014	0.012	0.476
BTD_Private	8948	0.002	0.052	- 0.148	- 0.018	- 0.003	0.013	0.278
DD_BTD_Private	8948	- 0.006	0.093	- 0.252	- 0.043	- 0.017	0.013	0.479
ETR	16051	0.213	0.142	0.000	0.134	0.183	0.267	0.775
Rate	16051	- 0.021	0.139	- 0.575	- 0.063	- 0.008	0.046	0.250
HHI	16051	0.121	0.106	0.020	0.053	0.089	0.154	0.933
TR	16051	0.192	0.051	0.100	0.150	0.150	0.250	0.250
PPE	16051	0.221	0.167	0.002	0.091	0.186	0.314	0.720
Growth	16051	0.268	0.671	- 0.495	0.007	0.138	0.317	5.301
Size	16051	22.112	1.309	19.522	21.175	21.928	22.864	26.190
Lev	16051	0.438	0.208	0.049	0.273	0.436	0.599	0.888
ROA	16051	0.051	0.041	0.002	0.021	0.041	0.069	0.210
MSAC	16051	0.094	0.071	0.010	0.047	0.079	0.117	0.431
Owncon1	16051	0.357	0.151	0.090	0.236	0.338	0.462	0.753
Panel B：行业同伴公司平均	样本量	均值	标准差	最小值	25%分位数	中位数	75%分位数	最大值
BTD_peer	16051	0.002	0.014	- 0.070	- 0.006	0.000	0.007	0.131
DD BTD_peer	16051	- 0.006	0.027	- 0.122	- 0.021	- 0.007	0.005	0.170
BTD_peer_L	3814	0.002	0.012	- 0.070	- 0.004	0.001	0.007	0.131
DD_BTD_peer_L	3814	- 0.002	0.022	- 0.122	- 0.013	- 0.004	0.008	0.170

Panel B： 行业同伴公司平均	样本量	均值	标准差	最小值	25% 分位数	中位数	75% 分位数	最大值
BTD_peer_F	4235	0.002	0.009	-0.031	-0.003	0.000	0.004	0.093
DD_BTD_peer_F	4235	-0.001	0.016	-0.048	-0.009	-0.003	0.003	0.160
BTD_peer_State	7103	0.001	0.016	-0.070	-0.006	0.001	0.010	0.131
DD_BTD_peer_State	7103	-0.006	0.030	-0.122	-0.021	-0.004	0.009	0.170
BTD_peer_Private	8948	0.002	0.013	-0.063	-0.006	-0.001	0.006	0.127
DD_BTD_peer_ Private	8948	-0.006	0.024	-0.109	-0.021	-0.009	0.000	0.163
ETR_peer	16051	0.213	0.050	0.013	0.179	0.200	0.243	0.500
Rate_peer	16051	-0.021	0.039	-0.288	-0.041	-0.021	-0.001	0.220
TR_peer	16051	0.192	0.032	0.119	0.167	0.180	0.225	0.250
PPE_peer	16051	0.221	0.113	0.016	0.163	0.203	0.282	0.689
Growth_peer	16051	0.268	0.188	-0.302	0.155	0.237	0.352	2.950
Size_peer	16051	22.112	0.728	19.781	21.624	21.972	22.450	25.217
Lev_peer	16051	0.438	0.107	0.114	0.363	0.414	0.504	0.764
ROA_peer	16051	0.051	0.015	0.006	0.042	0.049	0.059	0.140
MSAC_peer	16051	0.094	0.037	0.024	0.068	0.089	0.114	0.327
Owncon1_peer	16051	0.357	0.052	0.173	0.328	0.351	0.384	0.688

5.3.2　相关性分析

本章在进行回归分析之前，对各主要变量进行了 Pearson 和 Spearman 相关系数检验。检验信息性模仿机制的逻辑模仿律分别采用行业领导者和行业跟随者的子样本进行回归，各主要变量之间的相关系数矩阵见表 5-3。检验信息性模仿机制的先内后外律分别采用国有上市公司和非国有上市公司的子样本进行回归，各主要变量之间的相关系数矩阵见表 5-4。检验竞争性模仿机制则采用全样本进行回归，各主要变量之间的相关系数矩阵见表 5-5。表中的下三角为 Pearson 相关系数矩阵，上三角为 Spearman 相关系数矩阵。

表 5－3　　逻辑模仿律的检验模型中各主要变量之间的相关系数矩阵

Panel A：领导者对跟随者的反应				
变量	BTD_L	DD_BTD_L	BTD_Peer_F	DD_BTD_Peer_F
BTD_L	1	0.877 ***	0.075 ***	0.088 ***
DD_BTD_L	0.867 ***	1	0.085 ***	0.112 ***
BTD_Peer_F	0.042 ***	0.046 ***	1	0.805 ***
DD_BTD_Peer_F	0.061 ***	0.087 ***	0.823 ***	1
Panel B：跟随者对领导者的反应				
变量	BTD_F	DD_BTD_F	BTD_Peer_L	DD_BTD_Peer_L
BTD_F	1	0.844 ***	0.078 ***	0.072 ***
DD_BTD_F	0.798 ***	1	0.089 ***	0.115 ***
BTD_Peer_L	0.056 ***	0.060 ***	1	0.894 ***
DD_BTD_Peer_L	0.064 ***	0.094 ***	0.868 ***	1

注：*、** 和 *** 分别表示在 0.1、0.05 和 0.01 的水平上显著相关。下三角为 Pearson 相关系数矩阵，上三角为 Spearman 相关系数矩阵。

表 5－4　　先内后外律的检验模型中各主要变量之间的相关系数矩阵

Panel A：国有上市公司样本						
变量	BTD_State	DD_BTD_State	BTD_Peer_State	BTD_Peer_Private	DD_BTD_Peer_State	DD_BTD_Peer_Private
BTD_State	1	0.872 ***	0.307 ***	0.122 ***	0.288 ***	0.134 ***
DD_BTD_State	0.872 ***	1	0.325 ***	0.127 ***	0.351 ***	0.152 ***
BTD_Peer_State	0.367 ***	0.361 ***	1	0.387 ***	0.904 ***	0.423 ***
BTD_Peer_Private	0.080 ***	0.071 ***	0.218 ***	1	0.279 ***	0.782 ***
DD_BTD_Peer_State	0.342 ***	0.387 ***	0.932 ***	0.184 ***	1	0.372 ***
DD_BTD_Peer_Private	0.127 ***	0.133 ***	0.346 ***	0.821 ***	0.344 ***	1
Panel B：非国有上市公司样本						
变量	BTD_Private	DD_BTD_Private	BTD_Peer_State	BTD_Peer_Private	DD_BTD_Peer_State	DD_BTD_Peer_Private
BTD_Private	1	0.846 ***	0.108 ***	0.235 ***	0.069 ***	0.207 ***
DD_BTD_Private	0.836 ***	1	0.147 ***	0.242 ***	0.114 ***	0.275 ***

续表

变量	BTD_Private	DD_BTD_Private	BTD_Peer_State	BTD_Peer_Private	DD_BTD_Peer_State	DD_BTD_Peer_Private
BTD_Peer_State	0. 091 ***	0. 125 ***	1	0. 472 ***	0. 847 ***	0. 500 ***
Bedewed_Private	0. 320 ***	0. 292 ***	0. 284 ***	1	0. 315 ***	0. 848 ***
DD_BTD_Peer_State	0. 069 ***	0. 118 ***	0. 909 ***	0. 216 ***	1	0. 409 ***
DD_BTD_Peer_Private	0. 276 ***	0. 338 ***	0. 369 ***	0. 863 ***	0. 348 ***	1

注：* 、** 和 *** 分别表示在 0.1、0.05 和 0.01 的水平上显著相关。下三角为 Pearson 相关系数矩阵，上三角为 Spearman 相关系数矩阵。

表 5 - 5　竞争性模仿机制的检验模型中各变量之间的相关系数矩阵

变量	BTD	DD_BTD	BTD_peer	DD_BTD_peer	HHI	TR	PPE
BTD	1	0. 865 ***	0. 150 ***	0. 150 ***	0. 019 **	0. 180 ***	0. 062 ***
DD_BTD	0. 841 ***	1	0. 182 ***	0. 201 ***	0. 020 **	0. 195 ***	0. 082 ***
BTD_peer	0. 137 ***	0. 147 ***	1	0. 881 ***	0. 020 **	0. 036 ***	0. 141 ***
DD_BTD_peer	0. 136 ***	0. 172 ***	0. 878 ***	1	0. 063 ***	0. 062 ***	0. 196 ***
HHI	0. 020 **	0. 029 ***	0. 071 ***	0. 096 ***	1	0. 195 ***	0. 113 ***
TR	0. 147 ***	0. 167 ***	0. 058 ***	0. 072 ***	0. 134 ***	1	0. 005
PPE	0. 017 **	0. 028 ***	0. 133 ***	0. 183 ***	0. 107 ***	0. 066 ***	1
Growth	0. 067 ***	0. 073 ***	0. 017 **	0. 009	0. 005	0. 045 ***	- 0. 084 ***
Size	- 0. 020 **	- 0. 030 ***	- 0. 010	- 0. 022 ***	0. 070 ***	0. 275 ***	0. 044 ***
Lev	- 0. 050 ***	- 0. 046 ***	0. 000	- 0. 017 **	0. 060 ***	0. 326 ***	0. 051 ***
ROA	0. 198 ***	0. 163 ***	0. 028 ***	0. 007	- 0. 044 ***	- 0. 117 ***	- 0. 094 ***
MSAC	0. 073 ***	0. 071 ***	0. 033 ***	0. 020 **	- 0. 060 ***	- 0. 225 ***	- 0. 114 ***
Owncon1	- 0. 028 ***	- 0. 032 ***	- 0. 018 **	- 0. 027 ***	0. 078 ***	0. 113 ***	0. 068 ***
TR_peer	0. 026 ***	0. 035 ***	0. 120 ***	0. 143 ***	0. 214 ***	0. 586 ***	0. 088 ***
PPE_peer	0. 056 ***	0. 083 ***	0. 188 ***	0. 259 ***	0. 159 ***	0. 081 ***	0. 641 ***
Growth_peer	0. 018 **	0. 010	0. 128 ***	0. 091 ***	0. 019 **	0. 047 ***	- 0. 153 ***
Size_peer	- 0. 005	- 0. 012	- 0. 019 **	- 0. 041 ***	0. 126 ***	0. 349 ***	0. 057 ***
Lev_peer	0. 000	- 0. 010	- 0. 006	- 0. 036 ***	0. 116 ***	0. 407 ***	0. 003

变量	BTD	DD_BTD	BTD_peer	DD_BTD_peer	HHI	TR	PPE
ROA_peer	0.021 ***	0.005	0.159 ***	0.086 ***	−0.118 ***	−0.188 ***	−0.006
MSAC_peer	0.018 **	0.012	0.086 ***	0.058 ***	−0.114 ***	−0.327 ***	−0.185 ***
Owncon1_peer	−0.015 *	−0.025 ***	−0.051 ***	−0.075 ***	0.227 ***	0.282 ***	0.167 ***
变量	Growth	Size	Lev	ROA	MSAC	Owncon1	TR_peer
BTD	−0.019 **	−0.017 **	−0.088 ***	0.165 ***	0.043 ***	−0.026 ***	0.016 **
DD_BTD	−0.021 ***	−0.022 ***	−0.095 ***	0.129 ***	0.041 ***	−0.037 ***	0.025 ***
BTD_peer	0.020 **	0.003	−0.003	0.033 ***	0.003	−0.033 ***	0.109 ***
DD_BTD_peer	0.003	−0.010	−0.011	0.027 ***	−0.024 ***	−0.029 ***	0.157 ***
HHI	−0.035 ***	0.104 ***	0.134 ***	−0.086 ***	−0.176 ***	0.120 ***	0.363 ***
TR	−0.083 ***	0.272 ***	0.323 ***	−0.153 ***	−0.315 ***	0.101 ***	0.564 ***
PPE	−0.105 ***	−0.025 ***	−0.001	−0.087 ***	−0.037 ***	0.054 ***	0.046 ***
Growth	1	0.052 ***	0.041 ***	0.224 ***	−0.075 ***	−0.014 *	−0.068 ***
Size	0.032 ***	1	0.504 ***	−0.116 ***	−0.415 ***	0.188 ***	0.306 ***
Lev	0.077 ***	0.492 ***	1	−0.404 ***	−0.442 ***	0.084 ***	0.328 ***
ROA	0.108 ***	−0.118 ***	−0.362 ***	1	0.101 ***	0.047 ***	−0.133 ***
MSAC	−0.056 ***	−0.362 ***	−0.352 ***	0.074 ***	1	−0.197 ***	−0.379 ***
Owncon1	0.018 **	0.224 ***	0.087 ***	0.047 ***	−0.189 ***	1	0.143 ***
TR_peer	0.021 ***	0.310 ***	0.335 ***	−0.113 ***	−0.273 ***	0.155 ***	1
PPE_peer	−0.063 ***	0.047 ***	0.002	−0.003	−0.143 ***	0.085 ***	0.130 ***
Growth_peer	0.140 ***	0.034 ***	0.032 ***	0.035 ***	0.033 ***	−0.025 ***	0.081 ***
Size_peer	0.017 **	0.508 ***	0.308 ***	−0.160 ***	−0.225 ***	0.166 ***	0.566 ***
Lev_peer	0.018 **	0.333 ***	0.463 ***	−0.200 ***	−0.325 ***	0.149 ***	0.663 ***
ROA_peer	0.026 ***	−0.237 ***	−0.275 ***	0.286 ***	0.196 ***	−0.067 ***	−0.306 ***
MSAC_peer	0.018 **	−0.239 ***	−0.321 ***	0.141 ***	0.467 ***	−0.156 ***	−0.527 ***
Owncon1_peer	−0.021 ***	0.270 ***	0.223 ***	−0.073 ***	−0.237 ***	0.245 ***	0.454 ***

续表

变量	PPE_peer	Growth_peer	Size_peer	Lev_peer	ROA_peer	MSAC_peer	Owncon1_peer
BTD	0.072 ***	− 0.004	0.001	0.003	0.021 ***	0.012	− 0.009
DD_BTD	0.109 ***	− 0.009	− 0.003	− 0.002	0.018 **	0.012	− 0.022 ***
BTD_peer	0.197 ***	0.056 ***	0.014 *	0.026 ***	0.163 ***	0.033 ***	− 0.103 ***
DD_BTD_peer	0.279 ***	0.018 **	− 0.009	0.031 ***	0.138 ***	− 0.009	− 0.093 ***
HHI	0.137 ***	− 0.079 ***	0.213 ***	0.344 ***	− 0.210 ***	− 0.320 ***	0.383 ***
TR	0.067 ***	0.000	0.341 ***	0.404 ***	− 0.238 ***	− 0.351 ***	0.292 ***
PPE	0.621 ***	− 0.203 ***	− 0.022 ***	− 0.011	0.038 ***	− 0.122 ***	0.038 ***
Growth	− 0.087 ***	0.236 ***	− 0.016 **	− 0.032 ***	0.112 ***	0.051 ***	− 0.059 ***
Size	0	0.050 ***	0.475 ***	0.296 ***	− 0.246 ***	− 0.233 ***	0.203 ***
Lev	− 0.024 ***	0.038 ***	0.283 ***	0.436 ***	− 0.292 ***	− 0.341 ***	0.225 ***
ROA	0.001	0.049 ***	− 0.158 ***	− 0.203 ***	0.274 ***	0.166 ***	− 0.081 ***
MSAC	− 0.109 ***	0.021 ***	− 0.243 ***	− 0.414 ***	0.262 ***	0.514 ***	− 0.283 ***
Owncon1	0.070 ***	− 0.033 ***	0.118 ***	0.129 ***	− 0.071 ***	− 0.145 ***	0.195 ***
TR_peer	0.167 ***	− 0.004	0.557 ***	0.672 ***	− 0.377 ***	− 0.616 ***	0.460 ***
PPE_peer	1	− 0.299 ***	0.004	0.029 ***	0.028 ***	− 0.230 ***	0.079 ***
Growth_peer	− 0.240 ***	1	0.112 ***	0.079 ***	0.150 ***	0.062 ***	− 0.063 ***
Size_peer	0.089 ***	0.064 ***	1	0.580 ***	− 0.454 ***	− 0.435 ***	0.365 ***
Lev_peer	0.008	0.082 ***	0.634 ***	1	− 0.605 ***	− 0.699 ***	0.426 ***
ROA_peer	− 0.022 ***	0.125 ***	− 0.435 ***	− 0.581 ***	1	0.427 ***	− 0.186 ***
MSAC_peer	− 0.274 ***	0.054 ***	− 0.461 ***	− 0.638 ***	0.377 ***	1	− 0.499 ***
Owncon1_peer	0.255 ***	− 0.066 ***	0.520 ***	0.431 ***	− 0.173 ***	− 0.479 ***	1

　　注：＊、＊＊和＊＊＊分别表示在 0.1、0.05 和 0.01 的水平上显著相关。下三角为 Pearson 相关系数矩阵，上三角为 Spearman 相关系数矩阵。

　　表 5－3 报告了信息性模仿机制中逻辑模仿律的检验模型中各主要变量之间的相关系数。行业领导者的税收激进（BTD_L 和 DD_BTD_L）与跟随者税收激进均值（BTD_Peer_F 和 DD_BTD_Peer_F）的 Pearson 相关系数分别为 0.042 和 0.087，Spearman 相关系数分别为 0.075 和 0.112，且均在 1% 水平上显著为正；行业跟随者的税收激进（BTD_F

和 DD_BTD_F）与领导者税收激进均值（BTD_Peer_L 和 DD_BTD_Peer_L）的 Pearson 相关系数分别为 0.056 和 0.094，Spearman 相关系数分别为 0.078 和 0.115，且均在 1% 水平上显著为正。可见，行业跟随者对行业领导者的反应系数要大于行业领导者对行业跟随者的反应系数，初步说明上市公司税收激进行为同群效应遵循信息性模仿机制中的逻辑模仿律。

表 5-4 报告了信息性模仿机制中先内后外律的检验模型中各主要变量之间的相关系数。相比国有上市公司的税收激进（BTD_State 和 DD_BTD_State）与同行业非国有上市公司的税收激进均值（BTD_Peer_Private 和 DD_BTD_Peer_Private）的相关系数，国有上市公司的税收激进（BTD_State 和 DD_BTD_State）与同行业国有上市公司税收激进均值（BTD_Peer_State 和 DD_BTD_Peer_State）的相关系数更大；非国有上市公司的税收激进（BTD_State 和 DD_BTD_State）与同行业非国有上市公司税收激进均值（BTD_Peer_State 和 DD_BTD_Peer_State）的相关系数更大。可见，同一产权性质的同伴公司税收激进对焦点公司税收激进行为的影响更大，初步说明上市公司税收激进行为同群效应遵循信息性模仿机制中的先内后外律。

表 5-5 报告了竞争性模仿机制的检验模型中各变量之间的相关系数。从表 5-5 中可以看出：公司税收激进指标会税差异（BTD）与同伴公司（BTD_peer）之间的 Pearson 相关系数和 Spearman 相关系数分别为 0.137 和 0.150，且均在 1% 水平上显著为正；公司税收激进指标固定残值法计算的会税差异（DD_BTD）与同伴公司（DD_BTD_peer）之间的 Pearson 相关系数和 Spearman 相关系数分别为 0.172 和 0.201，且均在 1% 水平上显著为正。上述结果初步表明，同伴公司税收激进程度越高，焦点公司税收激进程度也越高，即上市公司税收激进行为存在"同群效应"。行业竞争程度（HHI）与公司税收激进（BTD 和 DD_BTD）呈显著正相关，说明行业竞争程度越高，公司税收激进程度越高。对于行业竞争程度对公司税收激进行为同群效应的影响还需要通过观察多元回归结果中的交互项系数来验证。在控制变量中，资产负债率（Lev）和股权集中度（Owncon1）两个控制变量与公司税收激进（BTD 和 DD_BTD）之间的 Pearson 相关系数和 Spearman 相关系数均在 1% 水平上显著为负，与预期一致；名义所得税税率（TR）、资产净利率

（ROA）和管理层与股东间的代理成本（MSAC）三个控制变量与公司税收激进（BTD 和 DD_BTD）之间的 Pearson 相关系数和 Spearman 相关系数均在 1% 水平上显著为正，与预期一致；无法预计方向的公司规模（Size）、资本密集度（PPE）和成长性（Growth）3 个变量中，公司规模（Size）与公司税收激进（BTD 和 DD_BTD）之间的 Pearson 相关系数和 Spearman 相关系数均在 1% 水平上显著为负，资本密集度（PPE）与公司税收激进（BTD 和 DD_BTD）之间的 Pearson 相关系数和 Spearman 相关系数均在 1% 水平上显著为正，成长性（Growth）与公司税收激进（BTD 和 DD_BTD）之间的 Pearson 相关系数均在 5% 水平以上显著为正，Spearman 相关系数均在 5% 水平上显著为负。由此可见，各控制变量与公司税收激进（BTD、DD_BTD）的相关系数大多都符合预期，且在一定的显著性水平上显著。

此外，模型中其他各变量之间的相关系数均小于 0.8，并且计算后的 VIF 检验值均小于 10，这表明回归模型的设计和变量的选取较为合适，初步排除了多重共线性问题（潘省初，2009）。

5.3.3　实证检验结果

1. 信息性模仿机制的检验结果

（1）逻辑模仿律的检验结果。假设 5.1 预测，在同行业上市公司群体内部，行业跟随者的税收激进行为更易受到行业领导者税收激进行为的影响，即上市公司税收激进行为同群效应遵循信息性模仿机制的逻辑模仿律。表 5 - 6 报告了信息性模仿机制中逻辑模仿律假设的检验结果。比较表 5 - 6 中第（1）（2）列的解释变量 BTD_Peer_F 和 DD_BTD_Peer_F 与第（3）（4）列解释变量 BTD_Peer_L 和 DD_BTD_Peer_L 的回归系数可以看出，行业领导者税收激进行为对行业跟随者税收激进行为的反应系数分别为 0.158 和 0.064 且均在 10% 水平不显著，即行业领导者的税收激进行为不会受到同行业跟随者税收激进行为的显著影响；行业跟随者税收激进行为对行业领导者税收激进行为的反应系数分别为 0.124 和 0.129 且分别在 1% 和 5% 水平上显著，即行业跟随者的税收激进行为会显著受到同行业领导者税收激进行为的影响。这一结果表明处于竞

119

争劣势的公司会参考行业龙头公司的决策，反之则不然。实证结果表明，在同行业上市公司群体内部，行业跟随者的税收激进行为更易受到行业领导者税收激进行为的影响，即信息性模仿是公司税收激进行为同群效应的形成机制之一，并且遵从逻辑模仿律。本章的研究假设5.1得以验证。

表5-6　　　　　　信息性模仿机制中逻辑模仿律的检验结果

变量	行业领导者对跟随者的反应		行业跟随者对领导者的反应	
	（1）BTD_L	（2）DD_BTD_L	（3）BTD_F	（4）DD_BTD_F
BTD_Peer_F	0.158 (1.384)			
DD_BTD_Peer_F		0.064 (0.929)		
BTD_Peer_L			0.124 *** (2.650)	
DD_BTD_Peer_L				0.129 ** (2.475)
TR	0.291 *** (4.989)	0.268 *** (4.422)	0.159 *** (4.750)	0.159 *** (4.258)
PPE	-0.003 (-0.187)	-0.013 (-0.773)	-0.017 (-1.553)	-0.016 (-1.336)
Growth	0.006 ** (1.970)	0.005 (1.354)	-0.001 (-1.006)	-0.002 (-1.350)
Size	0.006 (1.316)	0.007 (1.420)	0.001 (0.281)	0.003 (1.262)
Lev	-0.022 * (-1.744)	-0.020 (-1.374)	0.002 (0.172)	0.000 (0.016)
ROA	0.228 *** (3.652)	0.207 *** (2.992)	0.718 *** (20.659)	0.708 *** (18.368)
MSAC	0.164 *** (4.152)	0.128 *** (2.732)	0.079 *** (3.026)	0.101 *** (3.494)

续表

变量	行业领导者对跟随者的反应		行业跟随者对领导者的反应	
	(1) BTD_L	(2) DD_BTD_L	(3) BTD_F	(4) DD_BTD_F
Owncon1	−0.023 (−0.953)	−0.003 (−0.122)	−0.045*** (−3.145)	−0.031** (−1.980)
TR_peer	0.161 (1.105)	0.166 (1.044)	−0.047 (−0.385)	−0.088 (−0.657)
PPE_peer	0.004 (0.089)	0.034 (0.536)	0.029 (0.810)	0.023 (0.590)
Growth_peer	−0.005 (−0.865)	−0.007 (−0.834)	−0.003 (−0.523)	−0.000 (−0.090)
Size_peer	−0.009 (−1.127)	−0.013 (−1.128)	−0.001 (−0.513)	−0.004 (−1.290)
Lev_peer	0.056 (1.153)	0.065 (0.906)	−0.042* (−1.743)	−0.028 (−1.045)
ROA_peer	−0.113 (−0.763)	−0.189 (−1.105)	−0.086 (−0.923)	−0.063 (−0.610)
MSAC_peer	−0.036 (−0.344)	−0.059 (−0.483)	−0.059 (−0.819)	−0.047 (−0.584)
Owncon1_peer	0.074* (1.651)	0.064 (1.256)	−0.004 (−0.107)	−0.017 (−0.395)
_cons	−0.076 (−0.450)	−0.023 (−0.106)	0.015 (0.239)	0.017 (0.239)
Year	Yes	Yes	Yes	Yes
Industry	Yes	Yes	Yes	Yes
Firm	Yes	Yes	Yes	Yes
N	4235	4235	3814	3814
Adjust_R^2	0.049	0.031	0.105	0.104

注：* 表示 $p<0.1$，** 表示 $p<0.05$，*** 表示 $p<0.01$。括号内为 t 值，并且经过异方差调整、稳健标准误修正和公司层面的聚类（Cluster）处理。行业领导者对跟随者的反应，采用行业领导者的子样本进行回归，样本观察值为4235个；行业跟随者对领导者的反应，采用行业跟随者的子样本进行回归，样本观察值为3814个。

（2）先内后外律的检验结果。假设 5.2 预测，在同行业上市公司群体内部，焦点公司的税收激进行为更易受到同一产权性质同伴公司的影响。表 5 - 7 报告了信息性模仿机制中先内后外律假设的检验结果。第（1）（2）列是国有上市公司组的检验结果，其中同行业内国有上市公司平均税收激进程度变量 BTD_Peer_State 和 DD_BTD_Peer_State 的回归系数分别为 0.717 和 0.520 且均在 1% 水平上显著，而同行业内非国有上市公司平均税收激进程度变量 BTD_Peer_Private 和 DD_BTD_Peer_Private 的回归系数分别为 - 0.012 和 0.053 且均在 10% 水平上不显著，这表明国有上市公司税收激进行为更易受到国有同伴公司的影响。第（3）（4）列是非国有上市公司组的检验结果，其中同行业内国有上市公司平均税收激进程度变量 BTD_Peer_State 和 DD_BTD_Peer_State 的回归系数分别为 0.180 和 0.205 且均在 10% 水平上不显著，而同行业内非国有上市公司平均税收激进程度变量 BTD_Peer_Private 和 DD_BTD_Peer_Private 的回归系数分别为 0.891 和 0.761 且均在 1% 水平上显著，这表明非国有上市公司税收激进行为更易受到非国有同伴公司的影响。由此可见，在同行业上市公司群体内部，焦点公司的税收激进行为更易受到同一产权性质同伴公司的影响，即上市公司税收激进行为同群效应遵从先内后外律，相同产权性质的上市公司税收激进行为同群效应更加显著，跨产权性质的上市公司之间的税收激进行为同群效应并不显著。本章的研究假设 5.2 得以验证。

表 5 - 7　　　　　　信息性模仿机制中先内后外律的检验结果

变量	国有上市公司		非国有上市公司	
	（1） BTD_State	（2） DD_BTD_State	（3） BTD_Private	（4） DD_BTD_Private
BTD_Peer_State	0.717 *** （5.586）		0.180 （0.997）	
BTD_Peer_Private	- 0.012 （- 0.114）		0.891 *** （6.971）	
DD_BTD_Peer_State		0.520 *** （5.510）		0.205 （1.639）

变量	国有上市公司		非国有上市公司	
	（1） BTD_State	（2） DD_BTD_State	（3） BTD_Private	（4） DD_BTD_Private
DD_BTD_Peer_Private		0.053 （0.607）		0.761 *** （6.843）
TR	0.176 ** （2.513）	0.115 （1.536）	0.394 *** （4.571）	0.389 *** （4.086）
PPE	−0.049 * （−1.875）	−0.041 （−1.503）	0.043 * （1.767）	0.042 （1.565）
Growth	−0.011 *** （−3.073）	−0.013 *** （−3.347）	0.003 （1.314）	0.001 （0.243）
Size	−0.018 *** （−3.215）	−0.019 *** （−3.212）	0.015 *** （3.247）	0.013 ** （2.479）
Lev	0.012 （0.594）	0.018 （0.829）	−0.016 （−0.817）	0.000 （0.011）
ROA	0.333 *** （5.594）	0.388 *** （6.129）	0.339 *** （5.132）	0.330 *** （4.522）
MSAC	0.229 *** （3.322）	0.348 *** （4.736）	0.082 （1.641）	−0.007 （−0.126）
Owncon1	0.000 （1.285）	0.001 * （1.858）	0.000 （0.228）	−0.000 （−0.779）
TR_peer	0.253 （0.827）	0.283 （0.870）	−0.357 （−1.007）	−0.499 （−1.279）
PPE_peer	−0.021 （−0.235）	−0.058 （−0.599）	−0.083 （−0.788）	−0.184 （−1.540）
Growth_peer	−0.004 （−0.324）	−0.004 （−0.306）	0.003 （0.242）	−0.014 （−0.922）
Size_peer	−0.001 （−0.095）	−0.009 （−0.679）	−0.000 （−0.018）	0.012 （0.657）
Lev_peer	−0.003 （−0.054）	−0.049 （−0.816）	−0.003 （−0.036）	−0.082 （−1.021）

续表

变量	国有上市公司		非国有上市公司	
	（1） BTD_State	（2） DD_BTD_State	（3） BTD_Private	（4） DD_BTD_Private
ROA_peer	−0.186 （−0.748）	−0.301 （−1.137）	0.039 （0.133）	−0.026 （−0.079）
MSAC_peer	−0.080 （−0.521）	−0.142 （−0.876）	−0.098 （−0.520）	0.035 （0.170）
Owncon1_peer	−0.000 （−0.444）	0.000 （0.031）	−0.001 （−0.672）	−0.002 （−1.511）
_cons	0.329 （1.085）	0.529 （1.634）	−0.300 （−0.815）	−0.373 （−0.921）
Year	Yes	Yes	Yes	Yes
Industry	Yes	Yes	Yes	Yes
Firm	Yes	Yes	Yes	Yes
N	7103	7103	8948	8948
Adjust_R^2	0.056	0.043	0.104	0.112

注：＊表示 $p<0.1$，＊＊表示 $p<0.05$，＊＊＊表示 $p<0.01$。括号内为 t 值，并且经过异方差调整、稳健标准误修正和公司层面的聚类（Cluster）处理。分别使用国有上市公司样本和非国有上市公司样本进行回归，国有上市公司样本观察值为 7103 个，非国有上市公司样本观察值为 8948 个，全部样本观察值共计 16051 个。

2. 竞争性模仿机制的检验结果

假设 5.3 预测，行业的竞争程度越高，上市公司税收激进行为同群效应越显著。表 5 - 8 报告了竞争性模仿机制的检验结果。列（1）和列（2）分别报告了被解释变量为 BTD 和 DD_BTD 时的多元回归结果。从中看出，交互项 BTD_peer × HHI 的回归系数为 −0.550，且在 1% 水平上显著，交互项 DD_BTD_peer × HHI 的回归系数为 −0.341，且在 5% 水平上显著。结果表明，公司税收激进行为同群效应会受到行业竞争程度的显著影响，行业集中度（HHI）越低，即行业竞争程度越高，上市公司税收激进行为同群效应越明显，说明竞争性模仿是上市公司税收激进行为同群效应的形成机制之一。本章的研究假设 5.3 得到支持。

表 5－8　　　　　　　　　　竞争性模仿机制的检验结果

变量	(1) BTD	(2) DD_BTD
BTD_Peer	0. 351 *** (6. 683)	
DD_BTD_Peer		0. 208 *** (5. 020)
HHI	0. 021 ** (2. 449)	0. 020 ** (2. 192)
BTD_Peer × HHI	－ 0. 550 *** (－ 2. 745)	
DD_BTD_Peer × HHI		－ 0. 341 ** (－ 2. 299)
TR	0. 244 *** (13. 715)	0. 240 *** (12. 355)
PPE	0. 004 (0. 721)	0. 004 (0. 683)
Growth	0. 001 ** (2. 022)	0. 001 (1. 107)
Size	0. 004 *** (3. 676)	0. 004 *** (3. 944)
Lev	－ 0. 008 * (－ 1. 901)	－ 0. 008 * (－ 1. 829)
ROA	0. 410 *** (28. 438)	0. 379 *** (24. 034)
MSAC	0. 132 *** (11. 629)	0. 094 *** (7. 587)
Owncon1	－ 0. 000 *** (－ 3. 359)	－ 0. 000 ** (－ 2. 203)
TR_peer	－ 0. 040 (－ 0. 677)	－ 0. 041 (－ 0. 648)
PPE_peer	－ 0. 000 (－ 0. 016)	0. 012 (0. 684)

125

变量	(1) BTD	(2) DD_BTD
Growth_peer	-0.002 (-0.780)	-0.001 (-0.362)
Size_peer	-0.004 ** (-2.558)	-0.004 *** (-2.738)
Lev_peer	0.033 *** (2.854)	0.037 *** (2.930)
ROA_peer	-0.049 (-1.028)	-0.004 (-0.084)
MSAC_peer	0.003 (0.093)	0.022 (0.607)
Owncon1_peer	0.000 (0.460)	0.000 (0.023)
_cons	-0.078 *** (-2.611)	-0.086 *** (-2.647)
Year	Yes	Yes
Industry	Yes	Yes
Firm	Yes	Yes
N	16051	16051
Adjust_R^2	0.089	0.064

注：* 表示 $p<0.1$，** 表示 $p<0.05$，*** 表示 $p<0.01$。括号内为 t 值，并且经过异方差调整、稳健标准误修正和公司层面的聚类（Cluster）处理。使用全样本回归，样本观察值共计 16051 个。

5.3.4 稳健性检验

1. 改变税收激进的计量方式

为了进一步验证已有分析结果的可靠性，分别用基于有效税率的两个税收激进衡量指标 ETR 和 Rate 进行稳健性检验。实际所得税率（ETR）等于当期所得税费用与税前总利润的比值。其中，当期所得税费用等于总的所得税费用减去递延所得税费用。借鉴陈等（Chen et al.，2010）、刘行和叶康涛（2013）的研究，公司的税收激进程度（Rate）由公司的名义所得税率（TR）与实际所得税率（ETR）的差额来衡量。解释变量 ETR_peer 和 Rate_peer 为除焦点公司 i 之外的同伴公司税收激进程度的平均值。

　　表 5－9 报告了改变税收激进计量方式后信息性模仿机制中逻辑模仿律假设的检验结果。比较表 5－9 中第（1）（2）列的解释变量 ETR_Peer_F 和 Rate_Peer_F 与第（3）（4）列解释变量 ETR_Peer_L 和 Rate_Peer_L 的回归系数可以看出，行业领导者的税收激进程度对行业跟随者的反应系数分别为 0.024 和 0.016 且均在 10% 水平不显著，即行业领导者的税收激进行为不会受到同行业跟随者税收激进行为的显著影响；行业跟随者的税收激进程度对行业领导者的反应系数分别为 0.325 和 0.266 且均在 1% 水平上显著，即行业跟随者的税收激进行为会显著受到同行业领导者税收激进行为的影响。实证结果表明，在同行业上市公司群体内部，公司税收激进行为更易受到行业领导者税收激进行为的影响。以上结果表明，改变税收激进计量方式后的回归结果依然稳健，进一步证实了信息性模仿是公司税收激进行为同群效应的形成机制之一，并且遵从逻辑模仿律。

表 5－9　　　改变税收激进计量方式后逻辑模仿律的检验结果

变量	行业领导者对跟随者的反应		行业跟随者对领导者的反应	
	（1） ETR_L	（2） Rate_L	（3） ETR_F	（4） Rate_F
ETR_Peer_F	0.024 (0.326)			
Rate_Peer_F		0.016 (0.207)		
ETR_Peer_L			0.325*** (3.282)	
Rate_Peer_L				0.266*** (2.603)

变量	行业领导者对跟随者的反应		行业跟随者对领导者的反应	
	(1) ETR_L	(2) Rate_L	(3) ETR_F	(4) Rate_F
TR	0. 312 *** (3. 122)	0. 684 *** (6. 772)	0. 276 *** (4. 702)	0. 712 *** (12. 103)
PPE	− 0. 016 (− 0. 491)	0. 015 (0. 435)	− 0. 040 ** (− 2. 028)	0. 040 ** (2. 020)
Growth	0. 002 (0. 655)	− 0. 002 (− 0. 618)	− 0. 005 (− 1. 470)	0. 005 (1. 434)
Size	− 0. 015 * (− 1. 793)	0. 015 * (1. 782)	0. 006 *** (2. 617)	− 0. 007 *** (− 2. 647)
Lev	0. 064 ** (2. 221)	− 0. 065 ** (− 2. 246)	0. 052 *** (3. 384)	− 0. 052 *** (− 3. 360)
ROA	− 0. 724 *** (− 7. 694)	0. 726 *** (7. 693)	− 1. 462 *** (− 17. 097)	1. 461 *** (17. 051)
MSAC	− 0. 289 *** (− 3. 332)	0. 294 *** (3. 362)	− 0. 242 *** (− 5. 162)	0. 243 *** (5. 173)
Owncon1	0. 085 * (1. 865)	− 0. 083 * (− 1. 812)	0. 001 (0. 068)	− 0. 001 (− 0. 061)
TR_peer	− 0. 282 (− 0. 862)	0. 268 (0. 818)	0. 529 *** (3. 947)	− 0. 703 *** (− 5. 587)
PPE_peer	− 0. 028 (− 0. 232)	0. 035 (0. 288)	− 0. 028 (− 0. 895)	0. 033 (1. 067)
Growth_peer	0. 004 (0. 303)	− 0. 003 (− 0. 297)	− 0. 014 (− 0. 956)	0. 015 (0. 992)
Size_peer	0. 017 (1. 066)	− 0. 018 (− 1. 116)	0. 001 (0. 230)	− 0. 001 (− 0. 243)
Lev_peer	− 0. 029 (− 0. 331)	0. 029 (0. 335)	− 0. 029 (− 0. 638)	0. 029 (0. 627)
ROA_peer	0. 005 (0. 018)	− 0. 011 (− 0. 041)	0. 560 ** (2. 534)	− 0. 594 *** (− 2. 667)

变量	行业领导者对跟随者的反应		行业跟随者对领导者的反应	
	（1） ETR_L	（2） Rate_L	（3） ETR_F	（4） Rate_F
MSAC_peer	0. 200 （0. 934）	− 0. 204 （− 0. 950）	0. 254 ** （2. 472）	− 0. 246 ** （− 2. 388）
Owncon1_peer	− 0. 140 （− 1. 374）	0. 142 （1. 382）	− 0. 004 （− 0. 067）	0. 003 （0. 042）
_cons	0. 245 （0. 691）	− 0. 228 （− 0. 639）	− 0. 116 （− 1. 115）	0. 126 （1. 203）
Year	Yes	Yes	Yes	Yes
Industry	Yes	Yes	Yes	Yes
Firm	Yes	Yes	Yes	Yes
N	4235	4235	3814	3814
Adjust_R^2	0. 062	0. 070	0. 133	0. 137

注：＊表示 $p < 0.1$，＊＊表示 $p < 0.05$，＊＊＊表示 $p < 0.01$。括号内为 t 值，并且经过异方差调整、稳健标准误修正和公司层面的聚类（Cluster）处理。行业领导者对跟随者的反应，采用行业领导者的子样本进行回归，样本观察值为 4235 个；行业跟随者对领导者的反应，采用行业跟随者的子样本进行回归，样本观察值为 3814 个。

表 5 – 10 报告了改变税收激进计量方式后信息性模仿机制中先内后外律假设的检验结果。第（1）（2）列是国有上市公司组的检验结果，其中同行业内国有上市公司平均税收激进程度变量 ETR_Peer_State 和 Rate_Peer_State 的回归系数分别为 0. 927 和 0. 964 且均在 1% 水平上显著，而同行业内非国有上市公司平均税收激进程度变量 ETR_Peer_Private 和 Rate_Peer_Private 的回归系数分别为 − 0. 109 和 − 0. 084 且均在 10% 水平上不显著，这表明国有上市公司的税收激进行为更容易受到国有同伴公司税收激进行为的影响。第（3）（4）列是非国有上市公司组的检验结果，其中同行业内国有上市公司平均税收激进程度变量 ETR_Peer_State 和 Rate_Peer_State 的回归系数分别为 − 0. 053 和 − 0. 091 且均在 10% 水平上不显著，而同行业内非国有上市公司平均税收激进程度变量 ETR_Peer_Private 和 Rate_Peer_Private 的回归系数分别为 0. 830 和 0. 801 且均在 1% 水平上显著，这表明非国有上市公司的税收激进行为

更容易受到非国有同伴公司税收激进行为的影响。由此可见，在同行业上市公司群体内部，焦点公司的税收激进行为更易受到同一产权性质同伴公司的影响，即上市公司税收激进行为同群效应更多产生于具有相同产权性质的上市公司之间，跨产权性质的上市公司之间的税收激进行为同群效应并不显著，与主检验结果一致。以上结果表明，改变税收激进计量方式后的回归结果依然稳健，进一步证实了信息性模仿中的先内后外律是上市公司税收激进行为同群效应的形成机制之一。

表 5 - 10　　　　改变税收激进计量方式后先内后外律的检验结果

变量	国有上市公司		非国有上市公司	
	（1）ETR_State	（2）Rate_State	（3）ETR_Private	（4）Rate_Private
ETR_Peer_State	0.927 *** (3.351)		- 0.053 (- 0.289)	
ETR_Peer_Private	- 0.109 (- 0.620)		0.830 *** (3.982)	
Rate_Peer_State		0.964 *** (3.421)		- 0.091 (- 0.484)
Rate_Peer_Private		- 0.084 (- 0.498)		0.801 *** (4.151)
TR	- 0.119 (- 0.438)	1.019 *** (3.852)	- 0.075 (- 0.430)	1.036 *** (5.868)
PPE	0.094 (1.083)	- 0.091 (- 1.054)	- 0.045 (- 0.805)	0.045 (0.794)
Growth	0.012 (0.921)	- 0.011 (- 0.855)	- 0.000 (- 0.069)	0.000 (0.037)
Size	0.014 (0.622)	- 0.016 (- 0.704)	- 0.007 (- 0.387)	0.006 (0.324)
Lev	0.054 (0.728)	- 0.057 (- 0.773)	0.061 (1.406)	- 0.063 (- 1.466)
ROA	- 0.977 *** (- 5.111)	0.954 *** (5.134)	- 0.969 *** (- 5.921)	0.967 *** (5.866)

续表

变量	国有上市公司		非国有上市公司	
	(1) ETR_State	(2) Rate_State	(3) ETR_Private	(4) Rate_Private
MSAC	−0.295 (−1.242)	0.288 (1.224)	0.067 (0.306)	−0.074 (−0.334)
Owncon1	−0.001 (−0.738)	0.001 (0.715)	0.001 (0.505)	−0.001 (−0.605)
TR_peer	−0.818 (−0.808)	−0.052 (−0.049)	0.250 (0.267)	−0.832 (−0.858)
PPE_peer	−0.202 (−0.657)	0.231 (0.753)	0.062 (0.227)	−0.071 (−0.263)
Growth_peer	0.016 (0.405)	−0.012 (−0.296)	−0.009 (−0.264)	0.005 (0.144)
Size_peer	−0.028 (−0.737)	0.025 (0.668)	−0.010 (−0.282)	0.015 (0.422)
Lev_peer	0.052 (0.281)	−0.005 (−0.028)	−0.101 (−0.509)	0.046 (0.234)
ROA_peer	0.170 (0.158)	−0.351 (−0.324)	0.090 (0.128)	−0.065 (−0.093)
MSAC_peer	−0.158 (−0.289)	0.135 (0.249)	−0.161 (−0.405)	0.184 (0.455)
Owncon1_peer	0.002 (0.480)	−0.001 (−0.375)	0.001 (0.352)	−0.002 (−0.576)
_cons	0.546 (0.500)	−0.449 (−0.415)	0.412 (0.465)	−0.470 (−0.533)
Year	Yes	Yes	Yes	Yes
Industry	Yes	Yes	Yes	Yes
Firm	Yes	Yes	Yes	Yes
N	7103	7103	8948	8948
Adjust_R^2	0.155	0.180	0.157	0.182

注：＊表示 $p<0.1$，＊＊表示 $p<0.05$，＊＊＊表示 $p<0.01$。括号内为 t 值，并且经过异方差调整、稳健标准误修正和公司层面的聚类（Cluster）处理。分别使用国有上市公司样本和非国有上市公司样本进行回归，国有上市公司样本观察值为 7103 个，非国有上市公司样本观察值为 8948 个，全部样本观察值共计 16051 个。

表 5 - 11 报告了改变税收激进计量方式后竞争性模仿机制的检验结果。列 (1) 和列 (2) 分别报告了被解释变量为 ETR 和 Rate 时的多元回归结果。从中看出,交互项 ETR_peer × HHI 的回归系数为 - 0.037,且在 10% 水平上显著,交互项 Rate_peer × HHI 的回归系数为 - 0.095,且在 10% 水平上显著。结果表明,公司税收激进行为同群效应会受到行业竞争程度的显著影响,行业集中度 (HHI) 越低,即行业竞争程度越高,上市公司税收激进行为同群效应越明显。以上结果表明,改变税收激进计量方式后的回归结果依然稳健,进一步证实了竞争性模仿是上市公司税收激进行为同群效应的形成机制之一。

表 5 - 11　改变税收激进计量方式后竞争性模仿机制的检验结果

变量	(1) ETR	(2) Rate
ETR_Peer	0. 386 *** (8. 362)	
Rate_Peer		0. 397 *** (8. 422)
HHI	0. 000 (0. 001)	0. 005 (0. 400)
ETR_Peer × HHI	- 0. 037 * (- 1. 732)	
Rate_Peer × HHI		- 0. 095 * (- 1. 771)
TR	0. 305 *** (9. 715)	0. 686 *** (21. 812)
PPE	- 0. 043 *** (- 4. 389)	0. 043 *** (4. 387)
Growth	0. 000 (0. 170)	- 0. 000 (- 0. 195)
Size	0. 000 (0. 207)	- 0. 000 (- 0. 183)
Lev	0. 048 *** (6. 047)	- 0. 048 *** (- 6. 068)

续表

变量	（1） ETR	（2） Rate
ROA	− 0. 944 *** （− 29. 835）	0. 944 *** （29. 801）
MSAC	− 0. 150 *** （− 7. 108）	0. 151 *** （7. 148）
Owncon1	0. 000 ** （2. 152）	− 0. 000 ** （− 2. 150）
TR_peer	0. 219 *** （2. 916）	− 0. 597 *** （− 8. 721）
PPE_peer	− 0. 035 ** （− 2. 032）	0. 035 ** （2. 051）
Growth_peer	− 0. 002 （− 0. 429）	0. 003 （0. 437）
Size_peer	0. 003 （1. 159）	− 0. 003 （− 1. 159）
Lev_peer	− 0. 089 *** （− 4. 312）	0. 090 *** （4. 325）
ROA_peer	0. 280 *** （2. 705）	− 0. 286 *** （− 2. 765）
MSAC_peer	0. 049 （0. 931）	− 0. 047 （− 0. 887）
Owncon1_peer	− 0. 000 （− 0. 312）	0. 000 （0. 316）
_cons	0. 036 （0. 767）	− 0. 036 （− 0. 784）
Year	Yes	Yes
Industry	Yes	Yes
Firm	Yes	Yes
N	16051	16051
Adjust_R^2	0. 081	0. 095

注： * 表示 p < 0. 1， ** 表示 p < 0. 05， *** 表示 p < 0. 01。括号内为 t 值，并且经过异方差调整、稳健标准误修正和公司层面的聚类（Cluster）处理。使用全样本回归，样本观察值共计 16051 个。

2. 改变行业划分标准

本章主要关注行业参照组内公司税收激进行为同群效应的形成机制，因此不同行业类别划分标准可能会影响实证检验结果。为了进一步验证已有实证检验结果的可靠性，借鉴钟田丽和张天宇（2017），采用申银万国三级行业分类标准进行稳健性检验。

表 5 – 12 报告了改变行业划分标准后信息性模仿机制中逻辑模仿律假设的检验结果。比较表 5 – 12 中第（1）（2）列的解释变量 BTD_Peer_F 和 DD_BTD_Peer_F 与第（3）（4）列解释变量 BTD_Peer_L 和 DD_BTD_Peer_L 的回归系数可以看出，行业跟随者的税收激进程度对行业领导者的反应系数分别为 0.072 和 0.136 且分别在 10% 和 5% 水平上显著，即行业跟随者的税收激进行为会显著受到同行业领导者税收激进行为的影响；行业领导者的税收激进程度对行业跟随者的反应系数分别为 – 0.028 和 – 0.078 且均在 10% 水平不显著，即行业领导者的税收激进行为不会受到同行业跟随者税收激进行为的显著影响。实证结果表明，在同行业上市公司群体内部，公司税收激进行为更易受到行业领导者税收激进行为的影响。以上结果表明，采用申银万国三级行业分类后的回归结果依然稳健，进一步证实了信息性模仿是公司税收激进行为同群效应的形成机制之一，并且遵从逻辑模仿律。

表 5 – 12　　　改变行业划分标准后逻辑模仿律的检验结果

变量	行业领导者对跟随者的反应		行业跟随者对领导者的反应	
	（1） BTD_L	（2） DD_BTD_L	（3） BTD_F	（4） DD_BTD_F
BTD_Peer_F	– 0.028 （– 0.211）			
DD_BTD_Peer_F		– 0.078 （– 1.019）		
BTD_Peer_L			0.072 * （1.731）	
DD_BTD_Peer_L				0.136 ** （2.355）
TR	0.289 *** （3.133）	0.278 *** （2.787）	0.168 *** （6.572）	0.265 *** （5.679）

变量	行业领导者对跟随者的反应		行业跟随者对领导者的反应	
	（1） BTD	（2） DD_BTD	（3） BTD	（4） DD_BTD
PPE	0.008 （0.367）	0.003 （0.108）	−0.012 （−1.411）	−0.029 ** （−1.988）
Growth	0.002 （0.467）	−0.000 （−0.094）	0.003 *** （2.854）	0.005 *** （3.700）
Size	0.005 （0.930）	0.009 （1.212）	−0.001 （−1.178）	0.001 （0.373）
Lev	−0.023 （−1.173）	−0.025 （−1.079）	0.001 （0.223）	−0.016 （−1.379）
ROA	0.235 *** （3.303）	0.217 ** （2.280）	0.526 *** （15.569）	0.698 *** （13.960）
MSAC	0.086 * （1.814）	0.077 （1.204）	0.056 *** （3.259）	0.081 *** （2.702）
Owncon1	−0.027 （−0.785）	0.002 （0.045）	−0.003 （−0.451）	−0.033 ** （−2.197）
TR_peer	−0.197 （−1.111）	−0.209 （−1.156）	−0.102 ** （−2.082）	−0.054 （−0.549）
PPE_peer	0.018 （0.315）	0.020 （0.335）	0.040 *** （3.241）	0.091 *** （3.646）
Growth_peer	−0.003 （−0.352）	−0.004 （−0.481）	0.001 （0.122）	−0.004 （−0.592）
Size_peer	0.007 （1.038）	0.008 （1.012）	−0.003 （−1.300）	−0.006 * （−1.746）
Lev_peer	0.049 （1.254）	0.052 （1.282）	0.020 （1.222）	0.006 （0.210）
ROA_peer	0.043 （0.308）	0.024 （0.157）	−0.143 ** （−2.098）	−0.124 （−1.137）

变量	行业领导者对跟随者的反应		行业跟随者对领导者的反应	
	(1) BTD	(2) DD_BTD	(3) BTD	(4) DD_BTD
MSAC_peer	0.017 (0.157)	0.065 (0.551)	-0.037 (-0.944)	-0.032 (-0.428)
Owncon1_peer	0.105 * (1.920)	0.121 ** (2.064)	-0.019 (-0.880)	-0.013 (-0.338)
_cons	-0.369 * (-1.944)	-0.468 ** (-2.109)	0.056 (1.501)	0.048 (0.757)
Year	Yes	Yes	Yes	Yes
Industry	Yes	Yes	Yes	Yes
Firm	Yes	Yes	Yes	Yes
N	4235	4235	3814	3814
Adjust_R^2	0.038	0.027	0.116	0.107

注：* 表示 $p<0.1$，** 表示 $p<0.05$，*** 表示 $p<0.01$。括号内为 t 值，并且经过异方差调整、稳健标准误修正和公司层面的聚类（Cluster）处理。行业领导者对跟随者的反应，采用行业领导者的子样本进行回归，样本观察值为 4235 个；行业跟随者对领导者的反应，采用行业跟随者的子样本进行回归，样本观察值为 3814 个。

表 5 - 13 报告了改变行业划分标准后信息性模仿机制中先内后外律假设的检验结果。第（1）（2）列是国有上市公司组的检验结果，其中同行业内国有上市公司平均税收激进程度变量 BTD_Peer_State 和 DD_BTD_Peer_State 的回归系数分别为 0.843 和 0.702 且均在 1% 水平上显著，而同行业内非国有上市公司平均税收激进程度变量 BTD_Peer_Private 和 DD_BTD_Peer_Private 的回归系数分别为 0.084 和 0.070 且均在10% 水平上不显著，这表明国有上市公司的税收激进行为更容易受到国有同伴公司税收激进行为的影响。第（3）（4）列是非国有上市公司组的检验结果，其中同行业内国有上市公司平均税收激进程度变量 BTD_Peer_State 和 DD_BTD_Peer_State 的回归系数分别为 0.090 和 0.102 且均在 10% 水平上不显著，而同行业内非国有上市公司平均税收激进程度变量 BTD_Peer_Private 和 DD_BTD_Peer_Private 的回归系数分别为 0.927 和 0.650 且均在 1% 水平上显著，这表明非国有上市公司的税收激进行

为更容易受到非国有同伴公司税收激进行为的影响。由此可见，在同行业上市公司群体内部，焦点公司的税收激进行为更易受到同一产权性质同伴公司的影响，说明改变行业划分标准后结果依然稳健，进一步证实了信息性模仿中的先内后外律是上市公司税收激进行为同群效应的形成机制之一。

表 5 - 13　　　　改变行业划分标准后先内后外律的检验结果

变量	国有上市公司		非国有上市公司	
	（1） BTD	（2） DD_BTD	（3） BTD	（4） DD_BTD
BTD_Peer_State	0. 843 *** （9. 326）		0. 090 （0. 976）	
BTD_Peer_Private	0. 084 （1. 155）		0. 927 *** （11. 541）	
DD_BTD_Peer_State		0. 702 *** （8. 194）		0. 102 （1. 124）
DD_BTD_Peer_Private		0. 070 （1. 522）		0. 650 *** （11. 125）
TR	0. 243 *** （2. 767）	0. 251 *** （2. 684）	0. 361 *** （4. 409）	0. 324 *** （3. 638）
PPE	− 0. 017 （ − 0. 426）	− 0. 028 （ − 0. 659）	0. 011 （0. 353）	− 0. 018 （ − 0. 538）
Growth	0. 007 （1. 303）	0. 010 * （1. 852）	0. 005 （1. 644）	0. 006 * （1. 667）
Size	− 0. 004 （ − 0. 485）	− 0. 003 （ − 0. 320）	0. 008 （1. 487）	0. 007 （1. 125）
Lev	− 0. 040 （ − 1. 314）	− 0. 076 ** （ − 2. 367）	0. 002 （0. 093）	− 0. 020 （ − 0. 829）
ROA	0. 250 *** （2. 794）	0. 203 ** （2. 136）	0. 266 *** （3. 806）	0. 123 （1. 605）
MSAC	− 0. 246 ** （ − 2. 496）	− 0. 240 ** （ − 2. 295）	0. 117 ** （2. 112）	0. 000 （0. 004）

变量	国有上市公司		非国有上市公司	
	（1） BTD	（2） DD_BTD	（3） BTD	（4） DD_BTD
Owncon1	0.000 (0.566)	0.000 (0.600)	−0.000 (−1.230)	−0.000 (−1.256)
TR_peer	−0.147 (−0.959)	−0.171 (−1.048)	−0.114 (−0.682)	−0.099 (−0.539)
PPE_peer	−0.003 (−0.057)	−0.014 (−0.221)	0.007 (0.113)	0.003 (0.051)
Growth_peer	0.002 (0.254)	−0.002 (−0.207)	−0.001 (−0.103)	−0.000 (−0.002)
Size_peer	0.002 (0.192)	0.001 (0.069)	−0.007 (−0.625)	−0.006 (−0.476)
Lev_peer	0.013 (0.298)	0.020 (0.416)	−0.019 (−0.411)	−0.002 (−0.039)
ROA_peer	−0.213 (−1.375)	−0.149 (−0.913)	−0.264 * (−1.700)	−0.116 (−0.698)
MSAC_peer	0.006 (0.038)	−0.003 (−0.019)	0.021 (0.142)	0.121 (0.762)
Owncon1_peer	−0.001 (−0.875)	−0.001 (−0.942)	0.001 (0.952)	0.001 (0.762)
_cons	0.075 (0.259)	0.099 (0.318)	−0.080 (−0.303)	−0.059 (−0.206)
Year	Yes	Yes	Yes	Yes
Industry	Yes	Yes	Yes	Yes
Firm	Yes	Yes	Yes	Yes
N	7103	7103	8948	8948
Adjust_R^2	0.187	0.322	0.226	0.298

注：* 表示 $p < 0.1$，** 表示 $p < 0.05$，*** 表示 $p < 0.01$。括号内为 t 值，并且经过异方差调整、稳健标准误修正和公司层面的聚类（Cluster）处理。分别使用国有上市公司样本和非国有上市公司样本进行回归，国有上市公司样本观察值为 7103 个，非国有上市公司样本观察值为 8948 个，全部样本观察值共计 16051 个。

表5-14报告了改变行业划分标准后竞争性模仿机制的检验结果。列（1）和列（2）分别报告了被解释变量为BTD和DD_BTD时的多元回归结果。从中看出，交互项BTD_Peer×HHI的回归系数为-0.238，且在1%水平上显著，交互项DD_BTD_peer×HHI的回归系数为-0.136，且在5%水平上显著。结果表明，公司税收激进行为同群效应会受到行业竞争程度的显著影响，行业集中度（HHI）越低，即行业竞争程度越高，上市公司税收激进行为同群效应越明显。以上结果表明，改变行业划分标准后的回归结果依然稳健，进一步证实了竞争性模仿是上市公司税收激进行为同群效应的形成机制之一。

表5-14 改变行业划分标准后竞争性模仿机制的检验结果

变量	(1) BTD	(2) DD_BTD
BTD_Peer	0.162 *** (4.237)	
DD_BTD_Peer		0.104 *** (3.593)
HHI	0.004 (0.891)	0.004 (0.898)
BTD_Peer×HHI	-0.238 *** (-2.924)	
DD_BTD_Peer×HHI		-0.136 ** (-2.360)
TR	0.256 *** (14.352)	0.244 *** (12.550)
PPE	0.004 (0.700)	0.007 (1.137)
Growth	0.002 *** (2.768)	0.001 (1.603)
Size	0.003 *** (3.024)	0.003 *** (3.047)
Lev	-0.008 ** (-1.990)	-0.009 ** (-2.013)

变量	(1) BTD	(2) DD_BTD
ROA	0.426 *** (29.614)	0.387 *** (24.593)
MSAC	0.120 *** (10.883)	0.080 *** (6.642)
Owncon1	−0.000 *** (−3.493)	−0.000 ** (−2.154)
TR_peer	−0.050 * (−1.663)	−0.068 ** (−2.080)
PPE_peer	0.001 (0.110)	0.006 (0.554)
Growth_peer	0.000 (0.041)	−0.000 (−0.134)
Size_peer	−0.001 (−0.712)	−0.003 *** (−2.650)
Lev_peer	0.006 (0.723)	0.016 ** (2.058)
ROA_peer	−0.051 * (−1.736)	−0.030 (−0.961)
MSAC_peer	−0.001 (−0.043)	0.014 (0.578)
Owncon1_peer	−0.000 (−1.163)	−0.000 (−1.439)
_cons	−0.099 ** (−2.459)	−0.063 *** (−2.665)
Year	Yes	Yes
Industry	Yes	Yes
Firm	Yes	Yes
N	16051	16051
Adjust_R^2	0.066	0.100

注：* 表示 p < 0.1，** 表示 p < 0.05，*** 表示 p < 0.01。括号内为 t 值，并且经过异方差调整、稳健标准误修正和公司层面的聚类（Cluster）处理。使用全样本回归，样本观察值共计 16051 个。

3. 改变行业竞争程度的度量方法

为增强竞争性模仿机制相关结论的稳健性，本书借鉴辛清泉和谭伟强（2009）的方法，根据竞争属性的不同将行业划分为垄断型和竞争型两大类来衡量行业竞争程度，进行稳健性检验。根据 2012 年证监会发布的上市公司行业分类指引，确定采掘业、石油加工及炼焦业、黑色金属冶炼及压延加工业、有色金属冶炼及压延加工业、电力、煤气及水的生产和供应业等行业为垄断型行业，行业竞争程度较低；其余均为竞争型行业，行业竞争程度较高。据此设置行业垄断虚拟变量（Monopoly），若焦点公司属于垄断性行业，则取值为 1，否则取值为 0。将行业垄断虚拟变量（Monopoly）代入模型（5.5）中替换行业竞争程度（HHI）进行回归。

表 5 – 15 报告了采用行业垄断虚拟变量（Monopoly）后竞争性模仿机制的检验结果。列（1）和列（2）分别报告了被解释变量为 BTD 和 DD_BTD 时的多元回归结果。从中看出，交互项 BTD_Peer × Monopoly 的回归系数为 – 0.467，且在 1% 水平上显著，交互项 DD_BTD_peer × Monopoly 的回归系数为 – 0.245，且在 10% 水平上显著。结果表明，公司税收激进行为同群效应会受到行业竞争程度的显著影响，行业的竞争程度越高，上市公司税收激进行为同群效应越明显。以上结果表明，采用行业垄断虚拟变量后的回归结果依然稳健，进一步证实了竞争性模仿是上市公司税收激进行为同群效应的形成机制之一。

表 5 – 15　　改变行业竞争度量后竞争性模仿机制的检验结果

变量	（1） BTD	（2） DD_BTD
BTD_Peer	0.469 *** （12.757）	
DD_BTD_Peer		0.509 *** （15.892）
Monopoly	0.011 ** （2.391）	0.027 *** （3.014）

变量	(1) BTD	(2) DD_BTD
BTD_Peer × Monopoly	− 0. 467 *** (− 3. 046)	
DD_BTD_Peer × Monopoly		− 0. 245 * (− 1. 663)
TR	0. 226 *** (22. 597)	0. 430 *** (24. 049)
PPE	0. 002 (0. 530)	− 0. 007 (− 1. 342)
Growth	0. 003 ** (2. 061)	0. 007 *** (2. 740)
Size	− 0. 000 (− 0. 029)	− 0. 001 (− 1. 293)
Lev	− 0. 001 (− 0. 205)	0. 000 (0. 068)
ROA	0. 274 *** (14. 333)	0. 401 *** (12. 480)
MSAC	0. 071 *** (7. 501)	0. 123 *** (6. 962)
Owncon1	− 0. 000 *** (− 4. 397)	− 0. 000 *** (− 3. 984)
TR_peer	− 0. 167 *** (− 7. 480)	− 0. 295 *** (− 7. 586)
PPE_peer	0. 017 *** (3. 308)	0. 047 *** (5. 068)
Growth_peer	− 0. 001 (− 0. 282)	− 0. 002 (− 0. 567)
Size_peer	− 0. 001 (− 0. 571)	− 0. 000 (− 0. 165)
Lev_peer	0. 012 (1. 619)	− 0. 002 (− 0. 136)

续表

变量	(1) BTD	(2) DD_BTD
ROA_peer	− 0.187 *** (− 4.907)	− 0.385 *** (− 6.188)
MSAC_peer	− 0.025 (− 1.352)	− 0.070 ** (− 2.179)
Owncon1_peer	− 0.000 (− 0.945)	− 0.000 ** (− 2.144)
_cons	− 0.009 (− 0.591)	0.006 (0.224)
Year	Yes	Yes
Industry	Yes	Yes
Firm	Yes	Yes
N	16051	16051
Adjust_R^2	0.104	0.112

143

注：* 表示 $p < 0.1$，** 表示 $p < 0.05$，*** 表示 $p < 0.01$。括号内为 t 值，并且经过异方差调整、稳健标准误修正和公司层面的聚类（Cluster）处理。使用全样本回归，样本观察值共计 16051 个。

5.4　本章小结

本章对第 4 章理论分析中的主要结论进行拓展，并以社会学习理论、制度理论和动态竞争理论为基础进行上市公司税收激进行为同群效应形成机制的阐述与推理，提出相应的研究假设。本章主要从信息性模仿和竞争性模仿两个角度来研究上市公司税收激进行为同群效应的形成机制。在理论分析的基础上，以 2008 ～ 2018 年沪、深两市 A 股非金融类上市公司为样本进行上市公司税收激进行为同群效应形成机制的实证检验。研究结果表明：（1）信息性模仿机制是上市公司税收激进行为同群效应的形成机制之一。在同行业上市公司群体内部，行业跟随者的税收激进行为更易受到行业领导者税收激进行为的影响，即上市公司税收激进行为同群效应的形成遵从逻辑模仿律。同时，在同行业上市公司群体内部，焦点公司的税收激进行为更易受到同一产权性质同伴公司的影响，即上市公司税收激进行为同群效应的形成遵从先内后外律。（2）竞争性模仿机制是上市公司税收激进行为同群效应的形成机制之一。公司税收激进行为同群效应会受到行业竞争程度的显著影响，行业的竞争程度越高，上市公司税收激进行为同群效应越显著。（3）在稳健性检验中，一是改变税收激进计量方式，使用有效税率（ETR）和名义税率与有效税率的差额（Rate）两种税收激进衡量指标；二是改变行业划分标准，采用申银万国三级行业分类标准；三是改变行业竞争程度的衡量方法，采用行业垄断虚拟变量检验竞争性模仿机制，重新进行多元回归检验的结果与主检验结果一致。

本章的研究发现拓展了同群效应形成机制的研究文献，为税收征管机构和公司决策者深入理解公司税收激进行为同群效应的形成机制并发挥税收激进同群效应的积极作用提供理论依据和经验证据。对于税收征管部门而言，一是应重点加强对各行业中领导者公司税收激进行为的监管，因其税收激进行为会成为行业中其他公司的重点模仿对象，更具"传染性"；二是应关注行业竞争程度对税收激进行为同群效应的影响，重点加强对高竞争行业的监管，因其更容易产生竞争性模仿。对于公司决策者而言，一是应密切关注行业领导者和与自身产权性质相同的行业同伴公司，通过模仿这些同伴公司的税收激进行为能够有效降低决策成本，提高决策效率；二是行业竞争越激烈，公司越应密切关注竞争对手的税收激进行为，防止其通过税收激进行为获得竞争优势。

第6章　上市公司税收激进行为同群效应的影响因素

第 5 章理论分析并实证检验了我国上市公司税收激进行为同群效应的形成机制，研究发现我国上市公司税收激进行为同群效应主要在信息性模仿机制和竞争性模仿机制的基础上得以形成。在此基础上，本章基于社会学习理论及包含同伴信息的公司行为决策模型和动态竞争理论及最优反应函数来探究上市公司税收激进行为同群效应的影响因素。为此，本章以社会学习理论和动态竞争理论模型为基础构建了公司税收激进行为同群效应影响因素的理论分析框架并提出相应的研究假设，以 2008 ~ 2018 年我国沪、深两市 A 股非金融类上市公司为样本实证检验了信息质量（包含先验信息质量、自有信息质量和同伴信息质量）、公司个体特征（包含融资约束、公司治理水平和卖空压力）两种公司税收激进行为的重要决策依据如何分别通过信息性模仿机制和竞争性模仿机制对上市公司税收激进行为同群效应产生影响。本章的研究既是对新兴市场公司税收激进相关文献的补充，也是对同群效应影响因素相关文献的拓展。

6.1　理论分析与研究假设

本节首先基于社会学习理论，采用包含同伴信息的公司行为决策模型推导先验信息质量、自有信息质量和同伴信息质量 3 个信息质量因素如何通过信息性模仿机制来影响上市公司税收激进行为同群效应，并提出相应的研究假设；然后，基于动态竞争理论，采用上市公司税收激进行为同群效应中焦点公司对同伴公司的最优反应函数推导公司个体特征因素如何通过竞争性模仿机制来影响上市公司税收激进行为同群效应，并从融资约束、公司治理水平和卖空压力 3 个公司个体特征的角度提出相应的研究假设。以下理论分析与研究假设的提出主要基于上述分析框架进行展开。

6.1.1　信息性模仿机制中的影响因素

1. 不包含社会学习的公司税收激进行为决策基本模型

假设 $U_{i,j}$ 为行业 j 中的焦点公司 i 调整其公司税收激进行为所产生的收益，不包含社会学习的公司税收激进行为决策的基本模型构建为：

$$U_{i,j} = \alpha_i^* + v_{i,j} \tag{6.1}$$

其中，α_i^* 为随机变量，表示不受其他财务异质性影响时焦点公司 i 调整其个体税收激进行为所带来的平均收益；$v_{i,j}$ 为焦点公司 i 的财务异质性，服从均值为 0、方差为 $\frac{1}{d}$ 的正态分布。参考莫雷蒂（Moretti，2011），当不考虑社会学习时，同伴公司的税收激进行为信息在焦点公司的税收激进行为决策中并不发挥作用，公司决策者仅仅依靠先验信息和自有信息来进行税收激进行为的决策。下面将先验信息和自有信息加入不包含社会学习的公司税收激进行为决策基本模型（6.1）中。

首先，假设 $X_i'\beta$ 为影响税收激进行为所获收益的先验信息。X_i' 包括了所有影响税收激进行为的公司特质，如公司规模、资产负债率、成长性和管理费用率等；β 为各公司特质变量的系数。那么，可以将焦点公司 i 调整其公司税收激进行为的收益 α_i^* 假设为：

$$\alpha_i^* \sim N\left(X_i'\beta, \frac{1}{m_i}\right) \tag{6.2}$$

其中，$X_i'\beta$ 为焦点公司 i 调整其税收激进行为所获收益的先验信息，表示受焦点公司 i 特质因素影响的公司税收激进行为所带来的预期收益，m_i 为先验信息质量，作为环境参数，与外部环境不确定性负相关；N 则是期望为 $X_i'\beta$、方差为 $\frac{1}{m_i}$ 的正态分布函数。外部环境不确定性越大，m_i 值越小，即先验信息（$X_i'\beta$）的质量越差；外部环境不确定性越小，m_i 值越大，即先验信息（$X_i'\beta$）的质量越高。

其次，假设 $S_{i,1}$ 为影响公司税收激进行为所获收益的自有信息，可以表达为：

$$S_{i,1} = U_i + \varepsilon_{i,1} \qquad (6.3)$$

其中，$S_{i,1}$ 为焦点公司 i 的决策者 l 调整公司税收激进行为获得收益的自有信息，U_i 为焦点公司 i 调整其公司税收激进行为所获收益，$\varepsilon_{i,1}$ 是均值为 0、方差为 $\dfrac{1}{g_{i,1}}$ 的正态分布函数。$g_{i,1}$ 为自有信息质量，表示焦点公司 i 的决策者 l 所拥有的与公司税收激进行为所获收益相关的自有信息质量，是公司决策者自身经验的增函数。决策者经验越丰富，越能准确识别出有用信息（Allen，1981；Miller and Shamsie，2001），自有信息质量越高，$g_{i,1}$ 的值越大；相反，经验越少的决策者难以准确识别出有用信息，自有信息质量越差，$g_{i,1}$ 的值越小。假设 $v_{i,j}$ 与 $\varepsilon_{i,1}$ 是独立同分布的，并且彼此之间是相互独立的，且均独立于 α_i^*。

基于以上假设，不包含社会学习的公司税收激进行为决策模型可以表示为，公司调整税收激进行为的期望收益等于先验信息（$X_i'\beta$）和自有信息（$S_{i,1}$）的加权平均数，并且两者的权重反映了先验信息（$X_i'\beta$）和自有信息（$S_{i,1}$）的质量，即：

$$E_1[U_{i,j}|X_i'\beta, S_{i,1}] = \omega_i \cdot X_i'\beta + (1 - \omega_i) \cdot S_{i,1} \qquad (6.4)$$

其中，先验信息的权重 $\omega_i = h_i/(h_i + g_{i,1})$，并且 $h_i = dm_i/(d + m_i)$。先验信息的权重取决于决策者对先验信息质量与其自有信息质量的对比。当决策者通过判断认为先验信息质量比当下的自有信息质量更好（差）时，则赋予先验信息（$X_i'\beta$）的权重更大（小）。由于外部环境不确定性越小，先验信息的质量越高，因此当外部环境不确定性较小时，公司决策者更加依赖于先验信息，在决策时赋予先验信息（$X_i'\beta$）更大的权重（张天宇和钟田丽，2019）。

假设公司税收激进行为的调整成本为 q，只有当公司决策者认为调整公司税收激进行为的预期收益超过 q 时，才会调整公司税收激进行为。

2. 包含社会学习的公司税收激进行为决策模型

在公司税收激进决策模型中加入社会学习后，公司的信息来源增多，不仅可以基于先验信息和自有信息来进行税收激进决策，而且同伴公司的信息也成为其税收激进行为决策的依据。焦点公司通过汇总分析同伴公司税收激进行为的相关信息，会修正其税收激进行为决策的期望收益。基于同伴信息的期望收益函数为：

$$P_{i,1} \sim N\left(\alpha_i^*, \frac{1}{b_{i,1}}\right) \tag{6.5}$$

其中，α_i^* 为不受其他财务异质性影响时焦点公司 i 调整其个体税收激进行为所带来的平均收益；$b_{i,1}$ 为同伴信息质量；N 则是期望为 α_i^*、方差为 $\frac{1}{b_{i,1}}$ 的正态分布函数。

根据莫雷蒂（Moretti，2011），同伴信息质量 $b_{i,1}$ 可以表达为如式 (6.6) 的 Fisher 信息集：

$$b_{i,1} = dn_{i,j,1} + (N_{i,j,1} - n_{i,j,1}) \cdot \frac{\varphi(c)}{\Phi(c)} \cdot \left(c + \frac{\varphi(c)}{\Phi(c)}\right) \cdot \frac{1}{\frac{1}{d} + \frac{1}{g_{i,1}}}$$

$$\tag{6.6}$$

其中，$N_{i,j,1}$ 为行业 j 中焦点公司 i 的决策者 l 能够观测到的所有同伴公司的数量，$n_{i,j,1}$ 为行业 j 中焦点公司 i 的决策者 l 能够观测到的采取税收激进行为的同伴公司数量，$\phi(\cdot)$ 为标准正态分布的密度函数，$\Phi(\cdot)$ 为标准正态分布的累计密度函数，$c = \frac{q - \omega_i X_i'\beta - (1 - \omega_i)\alpha_i^*}{\sqrt{(1 - \omega_i)^2 \cdot (1/d + 1/g_{i,1})}}$。不同公司的决策者所获得的同伴信息在质量上存在差异，原因在于 $N_{i,j,1}$ 和 $n_{i,j,1}$ 是外生的，不同公司观测到的同伴公司数量不同。

行业 j 中焦点公司 i 税收激进行为的总体期望收益为 $U_{i,j}$，并不是 α_i^*，需要考虑公司财务异质性的影响，因此需要使用公司财务异质性的方差 $\frac{1}{d}$ 对同伴信息质量（$b_{i,1}$）进行调整，调整后的同伴公司信息质量 $z_{i,1} = db_{i,1}/(d + b_{i,1})$。$z_{i,1}$ 越小，则同伴信息质量较高；$z_{i,1}$ 越大，则同伴信息质量越低。

基于以上分析，参考莫雷蒂（Moretti，2011）、张天宇和钟田丽 (2019) 的研究，构建包含社会学习的公司税收激进行为决策模型为：

$$E_2\left[U_{i,j} \mid X_i'\beta, S_{i,1}, P_{i,1}\right] = \omega_{i1} \cdot X_i'\beta + \omega_{i2} \cdot S_{i,1} + \omega_{i3} \cdot P_{i,1}$$

$$= \frac{h_i}{h_i + g_{i,1} + z_{i,1}} \cdot X_i'\beta + \frac{g_{i,1}}{h_i + g_{i,1} + z_{i,1}} \cdot S_{i,1}$$

$$+ \frac{z_{i,1}}{h_i + g_{i,1} + z_{i,1}} \cdot P_{i,1} \tag{6.7}$$

其中，$E_2[U_{i,j}|X'_i\beta, S_{i,1}, P_{i,1}]$ 为公司税收激进行为的期望收益，$X'_i\beta$ 为先验信息，$S_{i,1}$ 为自有信息，$P_{i,1}$ 为同伴信息，ω_{i1} 为先验信息的权重，ω_{i2} 为自有信息的权重，ω_{i3} 为同伴信息的权重。同伴信息的权重（ω_{i3}）取决于决策者对比同伴信息质量与其先验信息质量和自有信息质量的高低。如果决策者判断公司先验信息较为可靠，则先验信息的权重（ω_{i1}）更大；如果其判断当下的自有信息质量更高，则自有信息的权重（ω_{i2}）更大；如果其判断同伴信息质量更高，则同伴信息的权重（ω_{i3}）更大。当同伴信息的权重（ω_{i3}）较大时，先验信息的权重（ω_{i1}）和自有信息的权重（ω_{i2}）则相应降低。当同伴信息的权重（ω_{i3}）大于先验信息的权重（ω_{i1}）和自有信息的权重（ω_{i2}）时，公司更加依赖同伴信息做出税收激进行为决策，同群效应由此产生。显然，先验信息质量、自有信息质量和同伴信息质量的高低均会对公司税收激进行为同群效应产生影响。

根据上述分析，选择分别反映先验信息质量、自有信息质量和同伴信息质量的外部环境不确定性、管理层经验和董事联结作为上市公司税收激进行为同群效应中信息性模仿机制的影响因素，推导上述 3 种因素对上市公司税收激进行为同群效应的影响，分别提出研究假设，并且进行实证检验，来构建基于信息性模仿机制的上市公司税收激进行为同群效应影响因素的研究框架。

3. 外部环境不确定性对上市公司税收激进行为同群效应的影响

由式（6.2）可知，先验信息质量（m_i）受外部环境的影响，为环境参数，与外部环境不确定性负相关，因此，先验信息质量（m_i）对公司税收激进行为同群效应的影响即为外部环境不确定性对公司税收激进行为同群效应的影响。

本书通过比较外部环境不确定性为 0 和外部环境不确定性趋近于无穷大两种情况下同伴信息权重（ω_{i3}）的大小来判断外部环境不确定性对同伴信息权重（ω_{i3}）的影响。由式（6.6）可知，同伴信息的质量（$z_{i,1}$）的函数中，仅有参数 c 是先验信息质量（m_i）的函数。因此，关键在于比较外部环境不确定性为 0 和外部环境不确定性无穷大两种情况下的参数 c。

记 eu 为外部环境不确定性。当外部环境不确定性（eu）无穷大时，即先验信息质量（m_i）趋近于 0，h 也趋近于 0，式（6.4）中的 ω_i 也就趋近于 0，此时公司管理层会忽略先验信息而进行税收激进行为决策。当先验信息质量（m_i）趋近于 0 时，计算得到此种情况下的 $c_{eu=\infty}$ 为：

$$c_{eu=\infty} = \frac{q - \alpha_i^*}{\sqrt{\dfrac{1}{d} + \dfrac{1}{g_{i,1}}}} \tag{6.8}$$

当外部环境不确定性 eu 趋近于 0 时，即先验信息质量（m_i）趋近于无穷大，则 $\lim h = d$。计算得到此种情况下的 $c_{eu=0}$ 为：

$$c_{eu=0} = \frac{q - \dfrac{d}{d + g_{i,1}} X_i'\beta - \dfrac{g_{i,1}}{d + g_{i,1}} \alpha_i^*}{\sqrt{\left(\dfrac{g_{i,1}}{d + g_{i,1}}\right)^2 \left(\dfrac{1}{d} + \dfrac{1}{g_{i,1}}\right)}} \tag{6.9}$$

参考莫雷蒂（Moretti，2011）、张天宇和钟田丽（2019），令 $X_i'\beta = \alpha_i^*$ 来简化分析，则式（6.9）简化为：

$$c_{eu=0} = \frac{q - \alpha_i^*}{\dfrac{g_{i,1}}{d + g_{i,1}} \cdot \sqrt{\left(\dfrac{1}{d} + \dfrac{1}{g_{i,1}}\right)}} \tag{6.10}$$

由于式（6.10）的分母中 $\dfrac{g_{i,1}}{d + g_{i,1}} < 1$，则 $c_{eu=0} > c_{eu=\infty}$。由于 $b_{i,1}$ 是 c 的单调递减函数，因此 $b_{eu=0} < b_{eu=\infty}$，由此可得同伴信息质量 $z_{eu=0} < z_{eu=\infty}$（张天宇和钟田丽，2019）。将 $z_{eu=0}$ 和 $z_{eu=\infty}$ 分别代入同伴信息权重（ω_{i3}）可以得出，外部环境不确定性为 0 时的同伴信息权重（ω_{i3}）小于外部环境不确定性无穷大时的同伴信息权重（ω_{i3}），即外部环境不确定性程度较高时，公司更依赖同伴公司的信息进行税收激进行为决策，公司税收激进行为同群效应越显著。

以上是基于税收激进行为决策模型的推导结果，基于社会学习理论的分析同样认为外部环境的不确定性是公司行为同群效应的重要影响因素。社会学习理论认为，环境的不确定性是导致组织间模仿的主要动因（Lieberman and Asaba，2006）。虽然管理层所掌握的公司内部信息能够帮助其判断行为后果，但是由于环境的不确定性，导致其难以做出准确判断。环境不确定性的上升导致公司管理层对公司相关行为后果的信息掌握不够全面，不能准确估计出决策行为和经济后果之间的因果关系，其在决策过程中会搜集并分析同伴的相关决策行为所隐含的信息，相互观察与推测或者彼此分享所掌握的信息。此时，通过模仿其他组织的行为，可以显著地降低决策行为产生、选择和评价过程中的不确定性（March and Olsen，1976）。利伯曼和阿萨巴（Lieberman and Asaba，2006）也认为，环境不确定性使公司管理层难以准确判断公司某些特定行为的后果，这提高了公司模仿同伴行为的概率。

作为一项风险决策，公司管理层在进行税收激进行为决策过程中会谨慎权衡其风险和收益，这需要整合公司内部和外部的信息来做出判断。公司内部信息主要来自管理层对公司信息的挖掘和分析，需要管理层付出较多的时间和精力才能掌握，而公司的外部信息则可以通过观察同伴公司的行为或者与同伴公司交流来直接获得。当外部环境不确定性程度较高时，公司管理层需要做出快速反应才能应对环境变化，在充分挖掘和利用内部信息，仍难以支持管理层及时准确做出判断时，直接模仿同伴公司的税收激进行为更加省时省力，成为其最优策略选择。此外，当环境不确定性上升时，公司管理层选择模仿同伴公司税收激进行为，既能够以模仿为由为其税收激进行为进行辩护，使公司的税收激进行为更具有合法性，也能够通过与同伴公司的税收激进行为保持一致而维护其自身声誉（陆蓉等，2017；易志高等，2019；Lieberman and Asaba，2006）。因此，外部环境不确定性程度越高，公司越倾向于模仿同伴公司的税收激进行为，公司税收激进行为同群效应越显著。

综上所述，基于包含同伴信息的公司税收激进行为决策模型的推导和基于社会学习理论的分析，提出研究假设 6.1。

假设 6.1：外部环境不确定性程度越高，公司税收激进行为同群效应越显著。

4. 管理层经验对公司税收激进行为同群效应的影响

一般而言，既有任期越长，公司管理层的经验越丰富（杨明增，2009）。经验丰富的公司管理层已经储备了较多的公司自有信息，并且积累了较多的分析技巧和经验，公司决策时所需的学习成本、所付出的努力、所花费的时间和遇到的阻力更低（李培功和肖珉，2012），公司管理层可以通过较低的成本获得高质量的自有信息。因此，经验丰富的公司管理层会更加依赖于自有信息进行行为决策（Lieberman and Asaba，2006），阻碍了公司行为同群效应的形成。

具体到公司税收激进行为，由式（6.6）和式（6.7）可知，当决策者的经验足够丰富，即自有信息质量 $g_{i,1}$ 趋近于无穷大时，此时自有信息的权重（ω_{i2}）趋近于1。由此可知，公司决策者的经验越丰富，即 $g_{i,1}$ 越大时，其对公司财务状况、经营方式的了解更加深入，其自有信息的质量越高，公司决策者更加依赖自有信息进行税收激进行为决策，同伴公司的税收激进行为信息在决策中易被忽略，模仿同伴公司的行为被弱化，导致公司税收激进行为同群效应不显著。基于上述分析，提出研究假设6.2。

假设6.2：管理层的经验越丰富，公司税收激进行为同群效应越不显著。

5. 董事联结对公司税收激进行为同群效应的影响

现代董事会制度的建立，尤其是独立董事制度的引入，使董事联结普遍存在于我国上市公司之间（田高良等，2017）。董事联结为公司自有信息的传递提供了一条非公开渠道，影响着公司的行为决策，增强了上市公司间的行为互动。已有研究发现公司并购行为同群效应和慈善捐赠行为的同群效应均受到董事联结的影响（苏诚，2017；王营和曹廷求，2017），公司税收激进行为也存在董事联结中的趋同现象（Brown and Drake，2014；田高良等，2017）。

由式（6.6）可知，同伴信息质量与焦点公司 i 的决策者 l 在行业 j 中能观测到的所有同伴公司的数量（$N_{i,j,l}$）密切相关。$N_{i,j,l}$ 独立于 h 和 $g_{i,1}$，$N_{i,j,l}$ 的增加会直接提高同伴信息的质量（$z_{i,1}$），从而提高了同伴信息的权重（ω_{i3}）（张天宇和钟田丽，2019）。作为公司获得同伴公司信息的重要途径，董事联结的增加会提高 $N_{i,j,l}$，这是因为焦点公司可以通过董事联结构建社会网络，董事联结越多，信息渠道越多，可以拓宽焦点公司的视野。由式（6.7）可知，$N_{i,j,l}$ 的增加，会提高同伴信息的质量（$z_{i,1}$），进而增加税收激进行为决策中同伴信息的权重（ω_{i3}）。焦点公司与同行业内的同伴公司存在董事联结，将使其获得更加准确的同伴信息。与此同时，焦点公司拥有的联结董事数量越多，其决策者在行业中能观测到的同伴公司的数量（$N_{i,j,l}$）就越多，公司税收激进行为决策所需的同伴信息质量（$z_{i,1}$）就越高，公司决策者更加依赖于同伴信息做出税收激进行为决策，公司税收激进行为的同群效应就越显著。基于上述分析，提出研究假设 6.3 和假设 6.4。

假设 6.3：与同伴公司存在董事联结时，公司税收激进行为同群效应越显著。

假设 6.4：与同伴公司存在的联结董事数量越多，公司税收激进行为同群效应越显著。

6.1.2 竞争性模仿机制中的影响因素

莱安德雷斯（Lyandres，2006）认为同伴公司间的竞争性模仿机制可以表示为同伴公司行为直接影响焦点公司的效用函数，并推导出公司负债决策的竞争性互动可表达为反应函数，即：

$$D_{foc}^* \in \text{argmax}\{\text{Profit}(D_{peer}, X_{foc})\} \qquad (6.11)$$

其中，D_{foc}^* 为焦点公司的最优负债决策；D_{peer} 为同伴公司的负债决策；X_{foc} 为除负债决策外焦点公司的其他特征变量；$\text{Profit}(\cdot)$ 为焦点公司的利润函数[1]。由此可见，在公司之间的动态竞争过程中，焦点公司的利润会受到同伴公司负债决策的直接影响，为了减少同伴公司负债决策所带来的不利影响，焦点公司会调整负债水平予以回击。

根据莱安德雷斯（Lyandres，2006）的研究，将公司税收激进行为代入公司行为决策的竞争性互动模型（6.11）中，则上市公司税收激进行为的竞争性互动可表达为反应函数：

$$TA_{foc}^* \in \text{argmax}\{\text{Profit}(TA_{peer}, X_{foc})\} \qquad (6.12)$$

其中，TA_{foc}^* 为焦点公司的最优税收激进行为决策；TA_{peer} 为同伴公司的税收激进行为决策；X_{foc} 为除税收激进行为决策外焦点公司的其他特征变量；$\text{Profit}(\cdot)$ 为焦点公司的利润函数。从公司税收激进行为同群效应的反映函数中不难看出，除了受到同伴公司税收激进行为（TA_{peer}）的影响，焦点公司其他自身特征（X_{foc}）会通过影响利润函数而间接影响税收激进行为决策（TA_{foc}^*）。

基于公司税收激进的现金流观和委托代理观，本书选取融资约束、公司治理水平和卖空压力作为上市公司税收激进行为同群效应的个体特

[1] 莱安德雷斯（Lyandres，2006）认为，竞争性互动模型中的利润函数（Profit）与价值函数（Value）是可以相互替代的，因此模型（6.11）和模型（6.12）中的焦点公司利润函数 Profit(·) 也可以替换为焦点公司价值函数 Value(·)。

征影响因素，来分别考察公司现金流、内部治理机制和外部治理机制对上市公司税收激进行为同群效应的影响。公司税收激进行为的现金流观认为，公司的税收激进行为能够通过减少纳税支出增加收益和现金流量，降低资本成本，从而提升公司价值。税收激进行为作为缓解融资约束的有效途径，颇受融资约束公司的关注。因此，基于公司税收激进行为的现金流观，本书选取融资约束作为公司税收激进行为同群效应的重要影响因素进行理论分析和实证检验。公司税收激进行为的委托代理观认为，公司由于两权分离带来了委托代理问题，能够导致公司税收激进行为决策中包含管理层的个人私利（Slemrod，2004），这就需要提高公司治理水平，以防止管理层实施复杂的税收激进行为来"中饱私囊"。由此可见，良好的公司治理能够深入影响公司在税收激进行为中的决策。由于除了内部治理机制能够影响公司治理水平以外，外部治理机制也是影响公司治理水平的重要因素，因此，本书选择公司内部治理水平和卖空压力两个因素来分别考察内部治理机制和外部治理机制对上市公司税收激进行为同群效应的影响。

1. 融资约束对公司税收激进行为同群效应的影响

融资约束是指在资本市场不完善的情况下，公司现金流不足而又没有外部融资渠道或者无法支付过高的外部融资成本导致融资不足，这时公司不得不放弃一些净现值为正的投资项目，导致公司投资低于最优水平（卢馨等，2013）。当公司面临融资约束困境时，一些调整成本较低的投资项目可以顺利被舍弃，但是一些调整成本较高的投资项目由于难以在短时间内舍弃，使公司身陷困境，加剧了融资约束，甚至产生财务危机。对于面临融资约束的公司，主动摆脱困境的对策之一是积极增加流动性资产，并尽力减少现金流出。而税收激进行为在降低公司纳税义务的同时，能够减少现金流出。因此，税收激进行为作为缓解融资约束的有效途径，颇受融资约束公司的关注。国内外均有学者对相关问题进行了理论分析和实证检验。劳和米尔斯（Law and Mills，2015）以年报中的否定词来衡量公司融资约束程度，研究发现融资约束程度较高的公司有着更低的实际税率。爱德华兹等（Edwards et al.，2016）的研究发现，公司融资约束程度的提高会导致其通过税收激进行为来提升现金持有水平。陈作华和方红星（2018）的研究结果表明，公司面临的融资约束越强，公司管理层越有可能选择激进的避税策略，目的是为缓解融资困境。由此可见，融资约束公司更有可能采取税收激进行为。

将融资约束引入到公司税收激进行为同群效应的竞争性模仿机制模型（6.12）中可以看出，融资约束作为公司个体特征（X_{foc}）之一，会对公司的税收激进行为（TA_{foc}^{*}）产生影响。公司融资约束程度越高，公司个体特征（X_{foc}）的反应系数越大，税收激进行为决策受到融资约束这一因素的影响就越大。与此同时，焦点公司融资约束程度越高，同伴公司的税收激进行为对焦点公司的税收激进行为决策影响越小，即融资约束程度的提高显著弱化了同伴公司税收激进行为对焦点公司的影响程度。当现金流有限而又无法获取外源融资或外源融资成本较高时，面临融资约束困境的焦点公司更可能根据自身现金流的缺乏程度来确定税收激进程度。现金流越是缺乏，焦点公司更看重税收激进行为所带来的益处，而无暇顾及其负面影响，实施的税收激进行为可能会更为激进。此时，同伴公司的税收激进行为不再是公司税收激进行为决策的主要参考，根据公司自身融资约束情况做出税收激进行为决策对公司更有利。因此，焦点公司融资约束程度越高，其税收激进行为更多来源于缓解融资约束的自身动机，对同伴公司税收激进行为进行竞争性模仿的动机越弱。基于此，提出研究假设 6.5。

假设 6.5：公司融资约束程度越高，其税收激进行为同群效应越不显著。

2. 公司治理水平对公司税收激进行为同群效应的影响

公司税收激进的代理观认为，两权分离带来的委托代理问题导致公司的税收激进行为容易包含管理层私利（Slemrod，2004）。这是因为公司管理层在实施税收激进行为时，为防止被税收征管部门发现，往往通过复杂而不透明的交易活动来掩盖其税收激进行为（叶康涛和刘行，2014），从而加剧了公司内外部的信息不对称程度，使得公司管理层有机会进行自利行为，即复杂不透明的税收激进行为会掩盖和伴生公司管理层的机会主义行为（陈冬和唐建新，2013），这将降低公司信息透明度并增加公司的管理层代理成本，因此需要治理机制对其加以制约。

根据公司税收激进理论和委托代理理论，公司治理水平对公司税收激进行为具有抑制作用。一是有效的公司治理能够缓解股东与管理层之间的代理问题，股东对管理层的监督更加主动。公司管理层面临的监督压力更大，通过实施复杂而不透明的税收激进行为来攫取私利的风险更高，提高了公司管理层的税收激进行为成本。二是公司治理水平越高，公司财务的透明度越高，信息披露的质量也越高，投资者能够通过公司公开信息实现对公司的准确评价。管理层通过税收激进行为攫取私利一旦被发现，极易带来资本市场的反应，例如股票折价、投资者出售股份等惩罚，这不仅会增加管理层的税收激进行为的成本，也会减少其股权和薪酬，损害管理层个人私利。三是较高公司治理水平能够提升公司营运水平并使公司管理层与股东以及其他利益相关者之间的利益分配更加平衡，公司股东会给管理层更为合理的激励方案使两者之间的利益关系更趋于一致，从而减少管理层通过税收激进的机会主义行为来"中饱私囊"。以往研究也提供了公司治理水平能够抑制公司税收激进行为的经验证据（Desai and Dharmapala，2006，2009；严若森等，2018）。

将公司治理水平引入到公司税收激进行为同群效应的竞争性模仿机制模型（6.12）中可以看出，公司治理水平作为公司个体特征（X_{foc}）之一，会对公司税收激进决策产生影响。公司治理水平越高，公司个体特征（X_{foc}）的反应系数越大，税收激进行为决策受到公司治理水平这一因素的影响就越大。与此同时，公司治理水平越高，同伴公司的税收激进行为对焦点公司的税收激进行为决策影响越小，即公司治理水平的提高显著弱化了同伴公司税收激进行为对焦点公司的影响程度。有效的公司治理削弱了焦点公司管理层通过税收激进行为攫取私利的动机和能力，使其更加顾及税收激进行为的负面影响，从而抑制了公司税收激进行为。此时，同伴公司的税收激进行为不再是公司税收激进行为决策的主要参考，减少税收激进行为以得到股东和资本市场的认可成为公司管理层进行税收激进行为决策时的基本出发点。因此，公司治理水平越高，其税收激进行为的决策更多源于公司管理层对公司自身治理水平的考量，更加不倾向于依赖同伴公司税收激进行为的信息做出税收激进行为决策，其税收激进行为同群效应更加不显著。基于此，提出研究假设6.6。

假设6.6：公司治理水平越高，其税收激进行为同群效应越不显著。

3. 卖空压力对公司税收激进行为同群效应的影响

2010年3月31日，融资融券交易制度在我国证券市场开始试点施行，这意味卖空管制开始放松。通过"先试点，后推广"的策略，融资融券标的股票数量逐步扩大，分步扩容的错层结构特点为研究提供了良好的自然实验情景。

融资融券作为证券交易制度的一个重要补充，最早出现在英美等发达市场，一直是学者关注的研究焦点。我国正式启动融资融券交易制度以来，国内学者对该制度的研究更加关注。卖空机制的治理作用是学者们关注的重点，主要聚焦于卖空机制对公司管理层机会主义行为的约束及其产生的经济后果方面。陈晖丽和刘峰（2014）研究了卖空压力对公司盈余管理的影响，发现成为融资融券标的后，公司的应计盈余管理和真实盈余管理显著降低；马萨等（Massa et al.，2015）利用多国数据研究发现，卖空机制会增加公司的代理成本，从而促使股东努力去提高公司内部治理水平。方等（Fang et al.，2016）的研究表明卖空机制能够抑制公司盈余管理行为。张璇等（2016）研究发现，进入融资融券标的的公司发生财务重述的可能性显著降低，并且在金融市场发展水平低和治理水平差的公司更加显著；顾乃康和周艳利（2017）考察了我国融资融券制度的实施对公司融资行为及其决策的影响，实证研究发现允许卖空的公司外部融资显著减少，并且相比新增外部权益融资，新增债务融资的减少程度更大。此外，还有研究发现融资融券制度具有"创新激励效应"，能够显著提升公司的创新效率（权小锋和尹洪英，2017）。

融资融券制度的实施所引入的卖空机制会提高公司税收激进行为的风险，在投资者对融资融券标的公司"负面"信息的挖掘过程中，公司的税收激进行为势必成为其关注的重点。原因有二：一是公司税收激进行为可能会导致财务报告的复杂性，加剧外部信息使用者和公司之间的信息不对称（Balakrishnan et al.，2018）。由于信息不对称的加剧，投资者可能高估公司风险。二是公司税收激进行为与管理层的自利行为相关，会增加公司代理成本（叶康涛和刘行，2014），投资者因公司的税收激进行为会下调对公司的价值评估（Hanlon and Slemrod，2009）。因此，卖空投资者可能会通过公司税收激进行为来识别目标公司，从而提高投资者对公司税收激进行为的关注程度。

与同伴公司相比，进入融资融券标的股票名单后，公司面临更高的卖空压力，外部环境发生变化，致使同一行业内同伴公司的税收激进行为不再具有参考价值。迫于卖空压力，融资融券公司会更多从公司自身的风险和收益出发，实施税收激进行为。与此同时，未进入融资融券标的名单的同伴公司也将不再模仿融资融券公司的税收激进行为，这将会进一步抑制同伴公司之间税收激进行为的竞争性互动。因此，入选融资融券标的名单后，公司税收激进行为的同群效应将不再显著。基于此，提出研究假设 6.7。

假设 6.7：在成为融资融券标的后，公司的税收激进行为同群效应显著降低。

6.2　研究设计

6.2.1　样本选取与数据来源

由于《中华人民共和国企业所得税法》（以下简称《新所得税法》）于 2008 年 1 月 1 日正式施行，《新所得税法》在税率、应纳税所得额核算、税前扣除项目、税收优惠政策以及征收管理方面与之前相比均发生了较大变化。为使公司税收激进的度量保持前后一致，免于更多噪音的干扰，本书选择以 2008 年为研究起点，以 2008 ~ 2018 年作为样本期间。对选取的样本进行如下处理：（1）剔除金融保险类上市公司样本；（2）剔除 ST、PT 等非正常上市公司样本；（3）剔除所需样本期间披露数据不全的上市公司样本；（4）剔除 B 股上市公司样本；（5）剔除当期所得税为 0 或小于 0 的上市公司样本。经过上述处理，最终得到 16051 个公司—年度样本观察值。公司名义所得税税率来自 Wind 资讯金融数据库，宏观经济数据来自国家统计局网站和税务年鉴，融资融券标的名单来自沪、深交易所网站，其他财务数据均来自国泰安 CSMAR 数据库。此外，本章对所有连续变量进行了 1% 的双侧缩尾处理，并且在多元回归中进行了 White 异方差调整、Robust 稳健标准误修正和公司

158

层面的聚类（Cluster）处理。

6.2.2　变量定义

1. 被解释变量

遵照研究惯例并借鉴梅松和普莱斯科（Mazon and Plesko，2001）、德赛和达摩波罗（Desai and Dharmapala，2006）、刘行和叶康涛（2013），主检验中主要采用基于会税差异的度量方法，即会税差异（BTD）和固定效应残值法计算的会税差异（DD_BTD）来衡量公司税收激进程度。稳健性检验中，借鉴吴联生（2009）、刘行和叶康涛（2013），采用基于有效税率的两种税收激进衡量指标，有效税率（ETR）和名义税率与有效税率的差额（Rate）进行进一步检验，增强检验结果的可靠性。以上四种税收激进度量指标的具体计算方法详见第3 章第3.1 节。

2. 解释变量

同伴公司平均税收激进程度（PeerTA）。同伴公司平均税收激进程度是本书的主要解释变量，是指行业内所有上市公司（去除 i 公司，即焦点公司）在 t 年税收激进程度的平均值。

3. 影响因素变量

外部环境不确定性是信息性模仿机制的影响因素变量之一，反映公司的先验信息质量。本书借鉴古伦和伊昂（Gulen and Ion，2016）、李凤羽和史永东（2016）、刘志远等（2017）的研究，在主检验中采用斯坦福大学和芝加哥大学联合发布的中国经济政策不确定指数来衡量外部环境不确定性（Baker et al.，2016）。具体而言，外部环境不确定性（EU）等于中国经济政策不确定指数的年度均值/1000，除以1000 是为了消除数量级差异。由于政府干预程度越高，上市公司外部环境的不确定性就越大，其风险也随之上升（陈正林，2016），本书在稳健性检验中采用王小鲁等（2019）的中国分省份市场化指数报告中包含"减少政府对企业的干预指数"的"政府与市场的关系评分"作为政府干预指数（GI）来衡量外部环境不确定性。政府干预指数（GI）越小，政府干预程度越高，外部环境不确定性越高。

管理层经验（Experience）是信息性模仿机制的影响因素变量之一，反映公司的自有信息质量，为高管团队成员在本公司的平均任职时间，单位为月。任职时间可以作为经验的替代变量（杨明增，2009）。管理层任期越长说明其在该公司的工作时间越长，工作经验越丰富，对公司的财务状况、经营方式更加了解，管理者拥有的自有信息质量越高（Allen，1981；Miller and Shamsie，2001）。

董事联结（BT）是信息性模仿机制的影响因素变量之一，反映公司的同伴信息质量，分为是否存在董事联结（BT_dum）和联结董事数量（BT_num）。是否存在董事联结（BT_dum）为虚拟变量，如果公司与行业内其他公司存在董事联结则取值为1，否则取值为0；联结董事数量（BT_num）为公司与行业内其他公司存在的联结董事数量。焦点公司与同伴公司之间存在董事联结时，同伴信息质量更高，并且存在的联结董事数量越多，同伴信息质量越高。

融资约束（KZ）是竞争性模仿机制的影响因素变量之一，反映公司现金流状况。本书依据卡普兰和辛格莱斯（Kaplan and Zingales，1997）的研究结果，借鉴拉蒙特等（Lamont et al.，2001）和王亮亮（2016）的方法采用式（6.13）衡量公司融资约束指数，即"KZ指数"，具体计算公式为：

$$KZ = -1.002CashFlow + 0.283TobinQ + 3.139Lev$$
$$- 39.368Dividends - 1.315CashHoldings \qquad (6.13)$$

其中，CashFlow为公司当期现金流量与滞后一期固定资产之比；TobinQ为公司托宾Q值；Lev为公司的资产负债率；Dividends为公司当期现金股利与滞后一期固定资产之比；CashHoldings为公司当期现金持有量与滞后一期固定资产之比。KZ指数越高，公司融资约束程度越高。

公司治理水平（CGI）是竞争性模仿机制的影响因素变量之一，反映公司的治理水平。本书借鉴白重恩等（2005）和蒋琰（2009）的方法，通过对影响公司治理的8个主要因素进行主成分分析，从而构建公司治理指数来衡量公司治理水平（CGI）。影响公司治理的8个主要因素包括：第一大股东持股比例（Owncon1）、第二至第十大股东持股比例的集中度（Equil）、是否国有控股虚拟变量（SOE）、独立董事比例（Indratio）、董事长与总经理是否两职合一虚拟变量（Dual）、高管人员的持股比例（TOP）、是否拥有母公司虚拟变量（Parent）、是否在其他市场挂牌上市虚拟变量（H_share）。采用主成分分析法，寻找上述 8 个变量的线性组合，并使用第一主成分来衡量公司治理水平（CGI）。公司治理指数越高，公司治理水平越高。

卖空压力（Short）是竞争性模仿机制的影响因素变量之一，反映外部治理机制。卖空压力变量（Short）为虚拟变量，如果公司 i 在 t 年末是融资融券标的则取值为 1，否则取值为 0。公司为融资融券标的时，会受到卖空压力这一外部治理机制的影响（陈晖丽和刘峰，2014；张璇等，2016）。

4. 控制变量

为控制其他因素对公司税收激进的影响，本书借鉴刘慧龙和吴联生（2014）、李万福和陈晖丽（2012）等研究文献，控制名义所得税税率（TR）、公司规模（Size）、资产负债率（Lev）、资产净利率（ROA）、资本密集度（PPE）、成长性（Growth）、股权集中度（Owncon1）、管理层与股东间的代理成本（MSAC），并控制年度效应（Year）、行业效应（Industry）和公司个体固定效应（Firm）。此外，为控制外生效应问题，借鉴利瑞和罗伯茨（Leary and Roberts，2014），控制了以上各变量去除焦点公司 i 后的行业平均值。本章所采用的控制变量与第 4 章一致，详细介绍请参照"4.2.3 变量定义"中的相关表述。

相关变量类型、名称、符号和描述如表 6－1 所示。

表 6－1　　　　　　　　　　　　变量定义及说明

变量类型	变量名称		变量符号	变量描述
被解释变量	公司税收激进（TA）	会税差异	BTD	会计－税收差异＝（利润总额－应纳税所得额）/资产总额，应纳税所得额＝（所得税费用－递延所得税费用）/名义税率
		固定效应残值法计算的会税差异	DD_BTD	BTD 中不能被总应计解释的那一部分会税差异，具体计算方法详见前文

续表

变量类型	变量名称		变量符号	变量描述
主要解释变量	同伴公司平均税收激进程度		PeerTA	公司 i 所在行业内所有上市公司（去除 i 公司）在 t 年税收激进程度的平均值。采用 BTD 和 DD_BTD 两种方法度量
影响因素变量	信息质量	外部环境不确定性	EU	反映先验信息质量，等于中国经济政策不确定指数的年度均值除以 1000。中国经济政策不确定指数由斯坦福大学和芝加哥大学联合发布
		管理层经验	Experience	反映自有信息质量，等于高管团队成员在本公司的平均任职时间，单位为月
		是否存在董事联结	BT_dum	反映同伴信息质量，为虚拟变量，如果公司与行业内其他公司存在董事联结则取值为 1，否则取值为 0
		联结董事数量	BT_num	反映同伴信息质量，等于公司与行业内其他公司存在的联结董事数量
	公司特质	融资约束	KZ	介于 0~1 之间，指数值越大，融资约束程度越高，具体计算方法详见前文
		治理水平	CGI	对影响公司治理水平的八个因素进行主成分分析计算得来，具体计算方法详见前文
		卖空压力	Short	虚拟变量，如果公司 i 在 t 年末是融资融券标的则取值为 1，否则取值为 0
控制变量	公司名义所得税税率		TR	公司名义所得税税率
	资本密集度		PPE	资本密集度，等于公司固定资产与总资产的比值
	成长性		Growth	营业收入的增长率
	公司规模		Size	公司规模，等于公司总资产的自然对数
	资产负债率		Lev	资产负债率，等于负债总额与总资产的比值
	资产净利率		ROA	资产净利率，等于净利润与总资产的比值
	代理成本		MSAC	管理层与股东间的代理成本，等于管理费用与主营业务收入的比值
	股权集中度		Owncon1	股权集中度，指公司第一大股东持股比例
	同伴公司名义所得税税率均值		TR_peer	公司 i 所在行业内所有上市公司（去除 i 公司，即焦点公司）在 t 年公司名义所得税税率的平均值

变量类型	变量名称	变量符号	变量描述
控制变量	同伴公司资本密集度均值	PPE_peer	公司 i 所在行业内所有上市公司（去除 i 公司，即焦点公司）在 t 年资本密集度的平均值
	同伴公司营业收入增长率均值	Growth_peer	公司 i 所在行业内所有上市公司（去除 i 公司，即焦点公司）在 t 年营业收入增长率的平均值
	同伴公司规模均值	Size_peer	公司 i 所在行业内所有上市公司（去除 i 公司，即焦点公司）在 t 年公司规模的平均值
	同伴公司资产负债率均值	Lev_peer	公司 i 所在行业内所有上市公司（去除 i 公司，即焦点公司）在 t 年资产负债率的平均值
	同伴公司资产净利率均值	ROA_peer	公司 i 所在行业内所有上市公司（去除 i 公司，即焦点公司）在 t 年资产净利率的平均值
	同伴公司代理成本均值	MSAC_peer	公司 i 所在行业内所有上市公司（去除 i 公司，即焦点公司）在 t 年管理层与股东间代理成本的平均值
	同伴公司股权集中度均值	Owncon1_peer	公司 i 所在行业内所有上市公司（去除 i 公司，即焦点公司）在 t 年第一大股东持股比例的平均值
	年度	Year	控制年度效应
	行业	Industry	控制行业效应
	公司	Firm	控制公司个体固定效应

6.2.3　模型构建

1. 外部环境的不确定性与公司税收激进行为同群效应

为检验信息性模仿中外部环境不确定性对上市公司税收激进行为同群效应的影响（假设 6.1），本书构建模型（6.14）进行实证分析。相关模型构建为：

$$TA_{i,j,t} = \beta_0 + \beta_1 PeerTA_{-i,j,t} + \beta_2 EU_{i,j,t} + \beta_3 PeerTA_{-i,j,t} \times EU_{i,j,t}$$
$$+ \sum Controls_{i,j,t}^{Self} + \sum Controls_{-i,j,t}^{Peer} + Industry + Year$$
$$+ Firm + \varepsilon_{i,j,t} \tag{6.14}$$

其中，下标 i、$-i$、j、t 分别表示焦点公司、同伴公司、行业和年度；$TA_{i,j,t}$ 表示焦点公司 i 的税收激进程度，分别用会税差异（BTD）和固定效应残值法计算的会税差异（DD_BTD）来衡量；解释变量 $PeerTA_{-i,j,t}$ 为行业 j 内所有上市公司（去除 i 公司）在 t 年税收激进程度的平均值，分别用会税差异（BTD_Peer）和固定效应残值法计算的会税差异（DD_BTD_Peer）来衡量；EU 表示外部环境不确定性，反映先验信息质量，等于中国经济政策不确定指数的年度均值除以 1000；$\sum Controls_{i,j,t}^{Self}$ 表示一系列焦点公司个体特征控制变量，包括所得税税率（TR）、资本密集度（PPE）、成长性（Growth）、公司规模（Size）、资产负债率（Lev）、资产净利率（ROA）、管理层与股东间的代理成本（MSAC）、股权集中度（Owncon1）等可能对公司税收激进行为产生影响的变量；$\sum Controls_{-i,j,t}^{Peer}$ 表示一系列同伴公司外生效应控制变量，包括同伴公司名义所得税税率均值（TR_peer）、同伴公司资本密集度均值（PPE_peer）、同伴公司营业收入增长率均值（Growth_peer）、同伴公司规模均值（Size_peer）、同伴公司资产负债率均值（Lev_peer）、同伴公司资产净利率均值（ROA_peer）、同伴公司代理成本均值（MSAC_peer）、同伴公司股权集中度均值（Owncon1_peer）等可能对焦点公司税收激进行为产生影响的外生效应变量；Industry 表示控制行业；Year 表示控制年份；Firm 表示控制公司个体固定效应；$\varepsilon_{i,j,t}$ 为随机扰动项。本书重点观察模型（6.14）中交互项（PeerTA × EU）的回归系数 β_3，如果模型（6.14）中的 β_3 显著为负，则表明外部环境不确定性程度越高，焦点公司税收激进行为同群效应越显著，即高质量先验信息削弱了公司税收激进行为的同群效应。

2. 管理层经验与公司税收激进行为同群效应

为检验信息性模仿中的自有信息质量对上市公司税收激进行为同群效应的影响（假设 6.2），本书构建模型（6.15）进行实证分析。相关模型构建为：

$$TA_{i,j,t} = \beta_0 + \beta_1 PeerTA_{-i,j,t} + \beta_2 Experience_{i,j,t} + \beta_3 PeerTA_{-i,j,t}$$
$$\times Experience_{i,j,t} + \sum Controls_{i,j,t}^{Self} + \sum Controls_{-i,j,t}^{Peer}$$
$$+ Industry + Year + Firm + \varepsilon_{i,j,t} \tag{6.15}$$

其中，Experience 为管理层经验，反映自有信息质量，采用管理层任期来衡量，等于高管团队成员在本公司的平均任职时间，单位为月。其他变量与模型（6.14）相同，此处不再赘述。本书重点观察模型（6.15）中交互项（PeerTA × Experience）的回归系数 β_3，如果 β_3 显著为负，则表明焦点公司决策者的经验越丰富，焦点公司税收激进行为同群效应越不显著，即高质量的自有信息削弱了公司税收激进行为的同群效应。

3. 董事联结与公司税收激进行为同群效应

为检验信息性模仿中的董事联结对上市公司税收激进行为同群效应关系的影响（假设 6.3 和假设 6.4），本书构建模型（6.16）和模型（6.17）进行实证分析。相关模型构建如下：

$$TA_{i,j,t} = \beta_0 + \beta_1 PeerTA_{-i,j,t} + \beta_2 BT\_dum_{i,j,t} + \beta_3 PeerTA_{-i,j,t}$$
$$\times BT\_dum_{i,j,t} + \sum Controls_{i,j,t}^{Self} + \sum Controls_{-i,j,t}^{Peer}$$
$$+ Industry + Year + Firm + \varepsilon_{i,j,t} \tag{6.16}$$

$$TA_{i,j,t} = \beta_0 + \beta_1 PeerTA_{-i,j,t} + \beta_2 BT\_num_{i,j,t} + \beta_3 PeerTA_{-i,j,t}$$
$$\times BT\_num_{i,j,t} + \sum Controls_{i,j,t}^{Self} + \sum Controls_{-i,j,t}^{Peer}$$
$$+ Industry + Year + Firm + \varepsilon_{i,j,t} \tag{6.17}$$

其中，BT_dum 为是否存在董事联结的虚拟变量，如果公司与行业内其他公司存在董事联结则取值为 1，否则取值为 0。BT_dum 为联结董事数量变量，为公司与行业内其他公司存在联结董事的数量。其他变量与模型（6.14）相同，此处不再赘述。本书重点观察模型（6.16）和模型（6.17）中交互项的回归系数 β_3，如果 β_3 显著为正，则表明同伴信息质量越高，公司税收激进行为的同群效应越显著，即高质量的同伴信息增强了公司税收激进行为的同群效应。

4. 融资约束与公司税收激进行为同群效应

为检验融资约束对上市公司税收激进行为同群效应的影响（假设

6.5），本书构建模型（6.18）进行实证分析。相关模型构建为：

$$TA_{i,j,t} = \beta_0 + \beta_1 PeerTA_{-i,j,t} + \beta_2 KZ_{i,j,t} + \beta_3 PeerTA_{-i,j,t} \times KZ_{i,j,t}$$
$$+ \sum Controls_{i,j,t}^{Self} + \sum Controls_{-i,j,t}^{Peer} + Industry + Year$$
$$+ Firm + \varepsilon_{i,j,t} \tag{6.18}$$

其中，KZ 为融资约束变量，介于 0 到 1 之间，指数值越大，融资约束程度越高。其他变量与模型（6.14）相同，此处不再赘述。本书重点观察模型（6.18）中交互项（PeerTA × KZ）的回归系数 β_3，如果模型（6.18）中的 β_3 显著为负，则表明融资约束抑制了公司税收激进行为的同群效应，公司个体特征对公司税收激进行为的同群效应产生显著影响。

5. 公司治理水平与公司税收激进行为同群效应

为检验公司治理水平对上市公司税收激进行为同群效应的影响（假设6.6），本书构建模型（6.19）进行实证分析。相关模型构建为：

$$TA_{i,j,t} = \beta_0 + \beta_1 PeerTA_{-i,j,t} + \beta_2 CGI_{i,j,t} + \beta_3 PeerTA_{-i,j,t} \times CGI_{i,j,t}$$
$$+ \sum Controls_{i,j,t}^{Self} + \sum Controls_{-i,j,t}^{Peer} + Industry$$
$$+ Year + Firm + \varepsilon_{i,j,t} \tag{6.19}$$

其中，CGI 为公司治理水平变量，采用主成分分析法计算得来，计算方法详见变量定义。除公司治理水平（CGI）以外，其他变量与模型（6.14）相同，此处不再赘述。本书重点观察模型（6.19）中交互项（PeerTA × CGI）的回归系数 β_3，如果模型（6.19）中的 β_3 显著为负，则表明公司治理水平抑制了公司税收激进行为的同群效应，公司个体特征对公司税收激进行为的同群效应产生显著影响。

6. 卖空压力与公司税收激进行为同群效应

为检验融资融券制度的实施所产生的卖空压力对上市公司税收激进行为同群效应的影响（假设6.7），本书构建模型（6.20）进行实证分析。比较进入融资融券标的股票名单前后，焦点公司税收激进行为与同伴公司税收激进行为之间关系的差异。相关模型构建为：

$$TA_{i,j,t} = \beta_0 + \beta_1 PeerTA_{-i,j,t} + \beta_2 Short_{i,j,t} + \beta_3 PeerTA_{-i,j,t} \times Short_{i,j,t}$$
$$+ \sum Controls_{i,j,t}^{Self} + \sum Controls_{-i,j,t}^{Peer} + Industry + Year$$
$$+ Firm + \varepsilon_{i,j,t} \tag{6.20}$$

其中，Short 为融资融券虚拟变量，如果公司 i 在 t 年末是融资融券标的则取值为 1，否则取值为 0。其他变量与模型（6.14）相同，此处不再赘述。本书重点观察模型（6.20）中交互项（PeerTA × Short）的回归系数 β_3，如果模型（6.20）中的 β_3 显著为负，则表明卖空压力削弱了公司税收激进行为的同群效应，公司个体特征对公司税收激进行为的同群效应产生显著影响。

6.3　实证过程与结果分析

6.3.1　描述性统计

焦点公司与同伴公司的税收激进程度变量、影响因素变量和各控制变量的描述性统计见表 6 - 2。税收激进程度变量和各控制变量在描述性统计中的数值与前两章相同。新增 7 个影响因素变量：外部环境不确定性（EU）、管理层经验（Experience）、是否存在董事联结（BT_dum）、联结董事数量（BT_num）、融资约束（KZ）、公司治理水平（CGI）和卖空压力（Short）。由表 6 - 2 可知，外部环境不确定性（EU）的均值和中位数分别为 0.208 和 0.179，最小值为 0.099，最大值为 0.460，标准差为 0.102，表明样本期间的外部环境不确定性存在较大变化。管理层经验（Experience）的最大值为 107.167，均值为 38.503，标准差为 24.136，表明样本公司高管团队成员的平均任期为 38 个月左右。是否存在关联董事（BT_dum）的均值为 0.314，表明存在关联董事的样本占总样本的 31.4% 左右，最大值为 1，最小值为 0，符合虚拟变量的描述性统计特征。关联董事数量（BT_num）的均值为 0.513，标准差为 0.911，最大值为 4，表明样本公司的关联董事数量不多且存在差异。融资约束（KZ）的均值为 - 4.939，标准差为 20.183，最大值为 4.199，最小值为 -153.878，表明样本公司的融资约束水平存在较大差异。公司治理水平（CGI）的均值为 - 0.005，标准差为 1.318，最小值为 - 2.555，最大值为 2.930，表明样本公司的治理水平不高，且不同公司之间的公司治理水平差异较大。卖空压力（Short）

的均值为 0.184，表明可以被卖空的样本公司占总样本的 18% 左右。其他变量的描述性统计与第 5 章的描述性统计结果一致，因此本章不再对其他变量的描述性统计结果进行重复分析。

表 6-2　　　　　　　　主要变量的描述性统计

焦点公司	样本量	均值	标准差	最小值	25%分位数	中位数	75%分位数	最大值
BTD	16051	0.002	0.050	-0.148	-0.017	-0.003	0.013	0.278
DD_BTD	16051	-0.006	0.088	-0.254	-0.040	-0.016	0.012	0.479
ETR	16051	0.213	0.142	0.000	0.134	0.183	0.267	0.775
Rate	16051	-0.021	0.139	-0.575	-0.063	-0.008	0.046	0.250
EU	16051	0.208	0.102	0.099	0.128	0.179	0.244	0.460
Experience	16051	38.503	24.136	0.000	20.000	35.778	54.125	107.167
BT_dum	16051	0.314	0.464	0.000	0.000	0.000	1.000	1.000
BT_num	16051	0.513	0.911	0.000	0.000	0.000	1.000	4.000
KZ	16051	-4.939	20.183	-153.878	-2.315	0.207	1.248	4.199
CGI	16051	-0.005	1.318	-2.555	-1.025	-0.079	0.840	2.930
Short	16051	0.184	0.387	0.000	0.000	0.000	0.000	1.000
TR	16051	0.192	0.051	0.100	0.150	0.150	0.250	0.250
PPE	16051	0.221	0.167	0.002	0.091	0.186	0.314	0.720
Growth	16051	0.268	0.671	-0.495	0.007	0.138	0.317	5.301
Size	16051	22.112	1.309	19.522	21.175	21.928	22.864	26.190
Lev	16051	0.438	0.208	0.049	0.273	0.436	0.599	0.888
ROA	16051	0.051	0.041	0.002	0.021	0.041	0.069	0.210
MSAC	16051	0.094	0.071	0.010	0.047	0.079	0.117	0.431
Owncon1	16051	0.357	0.151	0.090	0.236	0.338	0.462	0.753
行业同伴公司平均	样本量	均值	标准差	最小值	25%分位数	中位数	75%分位数	最大值
BTD_peer	16051	0.002	0.014	-0.070	-0.006	0.000	0.007	0.131
DD_BTD_peer	16051	-0.006	0.027	-0.122	-0.021	-0.007	0.005	0.170
ETR_peer	16051	0.213	0.050	0.013	0.179	0.200	0.243	0.500

行业同伴 公司平均	样本量	均值	标准差	最小值	25% 分位数	中位数	75% 分位数	最大值
Rate_peer	16051	-0.021	0.039	-0.288	-0.041	-0.021	-0.001	0.220
TR_peer	16051	0.192	0.032	0.119	0.167	0.180	0.225	0.250
PPE_peer	16051	0.221	0.113	0.016	0.163	0.203	0.282	0.689
Growth_peer	16051	0.268	0.188	-0.302	0.155	0.237	0.352	2.950
Size_peer	16051	22.112	0.728	19.781	21.624	21.972	22.450	25.217
Lev_peer	16051	0.438	0.107	0.114	0.363	0.414	0.504	0.764
ROA_peer	16051	0.051	0.015	0.006	0.042	0.049	0.059	0.140
MSAC_peer	16051	0.094	0.037	0.024	0.068	0.089	0.114	0.327
Owncon1_peer	16051	0.357	0.052	0.173	0.328	0.351	0.384	0.688

6.3.2　相关性分析

本章在进行回归分析之前，对各主要变量进行了 Pearson 和 Spearman 相关系数检验。表6-3 报告了检验模型各变量之间的相关系数，下三角为 Pearson 相关系数矩阵，上三角为 Spearman 相关系数矩阵。从表6-3 中可以看出：公司税收激进（BTD）与同伴公司平均税收激进（BTD_peer）之间的 Pearson 相关系数和 Spearman 相关系数分别为 0.137 和 0.150，且均在 1% 水平上显著为正；公司税收激进（DD_BTD）与同伴公司平均税收激进（DD_BTD_peer）之间的 Pearson 相关系数和 Spearman 相关系数分别为 0.172 和 0.201，且均在 1% 水平上显著为正。上述结果表明，同伴公司税收激进程度越高，焦点公司税收激进程度也越高，即上市公司税收激进行为存在"同群效应"。外部环境不确定性（EU）与公司税收激进（BTD 和 DD_BTD）的相关系数均为正且不显著；管理层经验（Experience）与公司税收激进（BTD 和 DD_BTD）存在显著的负相关关系；是否存在关联董事（BT_dum）和关联董事数量（BT_num）与公司税收激进（BTD 和 DD_BTD）存在显著的正相关关系；融资约束（KZ）与公司税收激进（BTD 和 DD_BTD）存在显著的正相关关系，与陈作华和方红星（2018）的研究发现一致；公司治理水平（CGI）与公司税收激进（BTD 和 DD_BTD）存在显著的

表6－3　相关系数矩阵

变量	BTD	DD_BTD	BTD_peer	DD_BTD_peer	EU	Experience	BT_dum	BT_num	KZ	CGI
BTD	1	0.865***	0.150***	0.150***	0.007	-0.039***	0.027***	0.031***	0.020**	-0.018**
DD_BTD	0.841***	1	0.182***	0.201***	0.003	-0.025***	0.034***	0.039***	0.030***	-0.021***
BTD_peer	0.137***	0.147***	1	0.881***	0.015*	-0.088***	0.057***	0.059***	0.094***	-0.056***
DD_BTD_peer	0.136***	0.172***	0.878***	1	0.033***	-0.068***	0.063***	0.066***	0.128***	-0.065***
EU	0.011	0.004	0.107***	0.068***	1	-0.415***	0.057***	0.051***	0.007	-0.221***
Experience	-0.031***	-0.022***	-0.082***	-0.045***	-0.460***	1	0.034***	0.038***	0.016**	0.108***
BT_dum	0.018**	0.021***	0.048***	0.050***	0.044***	0.039***	1	0.982***	-0.009	-0.174***
BT_num	0.023***	0.027***	0.042***	0.049***	0.026***	0.047***	0.831***	1	-0.006	-0.185***
KZ	0.016**	0.008	0.035***	0.086***	0.016*	0.032***	-0.027***	-0.016**	1	-0.152***
CGI	-0.004	-0.008*	-0.071***	-0.066***	-0.261***	0.087***	-0.172***	-0.178***	-0.011	1
Short	-0.023***	-0.023***	-0.016**	-0.009	-0.321***	0.229***	0.089***	0.114***	0.005	-0.124***
TR	0.147***	0.167***	0.058***	0.072***	0.028***	-0.024***	0.090***	0.088***	-0.016*	-0.296***
PPE	0.017**	0.028***	0.133***	0.183***	0.112***	0.001	0.014*	0.018**	0.018**	-0.194***
Growth	0.067***	0.073***	0.017**	0.009	0.000	-0.081***	-0.003	-0.008	-0.039***	0.056***
Size	-0.020**	-0.030***	-0.010	-0.022***	-0.195***	0.091***	0.154***	0.184***	0.015*	-0.311***
Lev	-0.050***	-0.046***	0.000	-0.017***	0.087***	-0.048***	0.094***	0.107***	-0.002	-0.334***
ROA	0.198***	0.163***	0.028***	0.007	0.050***	-0.056***	-0.001	-0.005	-0.021***	0.132***

续表

变量	BTD	DD_BTD	BTD_peer	DD_BTD_peer	EU	Experience	BT_dum	BT_num	KZ	CGI
MSAC	0.373***	0.071***	0.033***	0.020**	-0.111***	0.054***	-0.075***	-0.089***	-0.033***	0.233***
Owncon1	-0.028***	-0.032***	-0.018**	-0.027***	0.057***	-0.075***	0.012	0.008	0.005	-0.435***
TR_peer	0.026***	0.035***	0.120***	0.143***	0.058***	-0.027***	0.110***	0.097***	-0.011	-0.338***
PPE_peer	0.056***	0.083***	0.188***	0.259***	0.168***	-0.060***	0.036***	0.043***	0.017**	-0.187***
Growth_peer	0.018**	0.010	0.128***	0.091***	0.031***	-0.098***	0.015*	0.003	-0.008	0.012
Size_peer	-0.005	-0.012	-0.019**	-0.041***	-0.373***	0.106***	0.039***	0.045***	-0.005	-0.196***
Lev_peer	0.000	-0.010	-0.006	-0.036***	0.195***	-0.119***	0.074***	0.066***	-0.007	-0.313***
ROA_peer	0.021***	0.005	0.159***	0.086***	0.160***	-0.142***	-0.026***	-0.034***	0.005	0.093***
MSAC_peer	0.018**	0.012	0.086***	0.058***	-0.159***	0.089***	-0.036***	-0.036***	0.006	0.258***
Owncon1_peer	-0.015*	-0.025***	-0.051***	-0.075***	0.156***	-0.095***	0.028**	0.018**	0.001	-0.287***

变量	Short	TR	PPE	Growth	Size	Lev	ROA	MSAC	Owncon1	TR_peer
BTD	-0.024***	0.180***	0.062***	-0.019**	-0.017**	-0.088***	0.165***	0.043***	-0.026***	0.016**
DD_BTD	-0.031***	0.195***	0.082***	-0.021***	-0.022***	-0.095***	0.129***	0.041***	-0.037***	0.025***
BTD_peer	-0.017**	0.036***	0.141***	0.020**	0.003	-0.003	0.033***	0.003	-0.033***	0.109***
DD_BTD_peer	-0.032***	0.062***	0.196***	0.003	-0.010	-0.011	0.027***	-0.024***	-0.029***	0.157***
EU	-0.370***	0.007	0.102***	0.000	-0.256***	0.060***	0.041***	-0.118***	0.069***	0.030***
Experience	0.225***	-0.033***	0.004	-0.119***	0.102***	-0.059***	-0.063***	0.072***	-0.069***	-0.052***

变量	Short	TR	PPE	Growth	Size	Lev	ROA	MSAC	Ownconl	TR_peer
BT_dum	0.089 ***	0.089 ***	-0.005	-0.024 ***	0.157 ***	0.095 ***	0.002	-0.078 ***	0.014 *	0.102 ***
BT_num	0.100 ***	0.093 ***	-0.003	-0.027 ***	0.174 ***	0.104 ***	0.000	-0.088 ***	0.014 *	0.104 ***
KZ	-0.014 *	0.088 ***	0.647 ***	-0.112 ***	0.086 ***	0.328 ***	-0.297 ***	-0.112 ***	0.013	0.086 ***
CGI	-0.126 ***	-0.296 ***	-0.153 ***	0.118 ***	-0.317 ***	-0.334 ***	0.165 ***	0.272 ***	-0.453 ***	-0.337 ***
Short	1	0.111 ***	-0.064 ***	-0.068 ***	0.461 ***	0.135 ***	-0.023 ***	-0.073 ***	0.027 ***	0.095 ***
TR	0.110 ***	1	0.005	-0.083 ***	0.272 ***	0.323 ***	-0.153 ***	-0.315 ***	0.101 ***	0.564 ***
PPE	-0.045 ***	0.066 ***	1	-0.105 ***	-0.025 ***	-0.001	-0.087 ***	-0.037 ***	0.054 ***	0.046 ***
Growth	-0.053 ***	0.045 ***	-0.084 ***	1	0.052 ***	0.041 ***	0.224 ***	-0.075 ***	-0.014 *	-0.068 ***
Size	0.497 ***	0.275 ***	0.044 ***	0.032 ***	1	0.504 ***	-0.116 ***	-0.415 ***	0.188 ***	0.306 ***
Lev	0.135 ***	0.326 ***	0.051 ***	0.077 ***	0.492 ***	1	-0.404 ***	-0.442 ***	0.084 ***	0.328 ***
ROA	-0.002	-0.117 ***	-0.094 ***	0.108 ***	-0.118 ***	-0.362 ***	1	0.101 ***	0.047 ***	-0.133 ***
MSAC	-0.050 ***	-0.225 ***	-0.114 ***	-0.056 ***	-0.362 ***	-0.352 ***	0.074 ***	1	-0.197 ***	-0.379 ***
Ownconl	0.028 **	0.113 ***	0.068 ***	0.018 ***	0.224 ***	0.087 ***	0.047 ***	-0.189 ***	1	0.143 ***
TR_peer	0.100 ***	0.586 ***	0.088 ***	0.021 ***	0.310 ***	0.335 ***	-0.113 ***	-0.273 ***	0.155 ***	1
PPE_peer	-0.068 ***	0.081 ***	0.641 ***	-0.063 ***	0.047 ***	0.002	-0.003	-0.143 ***	0.085 ***	0.130 ***
Growth_peer	0.020 **	0.047 ***	-0.153 ***	0.140 ***	0.034 ***	0.032 ***	0.035 ***	0.033 ***	-0.025 ***	0.081 ***
Size_peer	0.291 ***	0.349 ***	0.057 ***	0.017 **	0.508 ***	0.308 ***	-0.160 ***	-0.225 ***	0.166 ***	0.566 ***

变量	Short	TR	PPE	Growth	Size	Lev	ROA	MSAC	Owncon1	TR_peer
Lev_peer	0.042***	0.407***	0.003	0.018**	0.333***	0.463***	-0.200***	-0.325***	0.149***	0.663***
ROA_peer	-0.091***	-0.188***	-0.006	0.026***	-0.237***	-0.275***	0.286***	0.196***	-0.067***	-0.306***
MSAC_peer	0.014*	-0.327***	-0.185***	0.018**	-0.239***	-0.321***	0.141***	0.467***	-0.156***	-0.527***
Owncon1_peer	0.023***	0.282***	0.167***	-0.021***	0.270***	0.223***	-0.073***	-0.237***	0.245***	0.454***

变量	PPE_peer	Growth_peer	Size_peer	Lev_peer	ROA_peer	MSAC_peer	Owncon1_peer
BTD	0.072***	-0.004	0.001	0.003	0.021***	0.012	-0.009
DD_BTD	0.109***	-0.009	-0.003	-0.002	0.018**	0.012	-0.022***
BTD_peer	0.197***	0.056***	0.014*	0.026***	0.163***	0.033***	-0.103***
DD_BTD_peer	0.279***	0.018**	-0.009	0.031***	0.138***	-0.009	-0.093***
EU	0.169***	-0.055***	-0.513***	0.153***	0.135***	-0.156***	0.226***
Experience	-0.046***	-0.135***	0.150***	-0.149***	-0.163***	0.114***	-0.109***
BT_dum	0.030***	0.011	0.047***	0.078***	-0.039***	-0.038***	0.044***
BT_num	0.034***	0.008	0.052***	0.080***	-0.043***	-0.039***	0.044***
KZ	0.405***	-0.122***	0.097***	0.094***	-0.069***	-0.162***	0.047***
CGI	-0.165***	0.021***	-0.163***	-0.322***	0.126***	0.261***	-0.276***
Short	-0.072***	0.021**	0.285***	0.018**	-0.095***	0.017**	0.004
TR	0.067***	0.000	0.341***	0.404***	-0.238***	-0.351***	0.292***

续表

变量	PPE_peer	Growth_peer	Size_peer	Lev_peer	ROA_peer	MSAC_peer	Owncon1_peer
PPE	0.621 ***	-0.203 ***	-0.022 ***	-0.011	0.038 ***	-0.122 ***	0.038 ***
Growth	-0.087 ***	0.236 ***	-0.016 **	-0.032 ***	0.112 ***	0.051 ***	-0.059 ***
Size	0.000	0.050 ***	0.475 ***	0.296 ***	-0.246 ***	-0.233 ***	0.203 ***
Lev	-0.024 ***	0.038 ***	0.283 ***	0.436 ***	-0.292 ***	-0.341 ***	0.225 ***
ROA	0.001	0.049 ***	-0.158 ***	-0.203 ***	0.274 ***	0.166 ***	-0.081 ***
MSAC	-0.109 ***	0.021 ***	-0.243 ***	-0.414 ***	0.262 ***	0.514 ***	-0.283 ***
Owncon1	0.070 ***	-0.033 ***	0.118 ***	0.129 ***	-0.071 ***	-0.145 ***	0.195 ***
TR_peer	0.167 ***	-0.004	0.557 ***	0.672 ***	-0.377 ***	-0.616 ***	0.460 ***
PPE_peer	1	-0.299 ***	0.004	0.029 ***	0.028 ***	-0.230 ***	0.079 ***
Growth_peer	-0.240 ***	1	0.112 ***	0.079 ***	0.150 ***	0.062 ***	-0.063 ***
Size_peer	0.089 ***	0.064 ***	1	0.580 ***	-0.454 ***	-0.435 ***	0.365 ***
Lev_peer	0.008	0.082 ***	0.634 ***	1	-0.605 ***	-0.699 ***	0.426 ***
ROA_peer	-0.022 ***	0.125 ***	-0.435 ***	-0.581 ***	1	0.427 ***	-0.186 ***
MSAC_peer	-0.274 ***	0.054 ***	-0.461 ***	-0.638 ***	0.377 ***	1	-0.499 ***
Owncon1_peer	0.255 ***	-0.066 ***	0.520 ***	0.431 ***	-0.173 ***	-0.479 ***	1

注：*、** 和 *** 分别表示在 0.1、0.05 和 0.01 的水平上显著相关。下三角为 Pearson 相关系数矩阵，上三角为 Spearman 相关系数矩阵。

负相关关系，与德赛和达摩波罗（Desai and Dharmapala，2006）、严若森等（2018）的研究发现一致；卖空压力（Short）与公司税收激进（BTD 和 DD_BTD）存在显著的负相关关系，与熊家财等（2019）的研究发现一致。由于相关系数无法反映影响因素变量对公司税收激进行为同群效应的影响，因此还需要通过观察多元回归结果中的交互项系数来进一步验证。其他控制变量与公司税收激进（BTD、DD_BTD）的相关系数大多都符合预期，且在一定的显著性水平上显著。此外，模型中的其他各变量之间的相关系数均小于 0.8，并且计算后的 VIF 检验值均小于 10，这表明回归模型的设计和变量的选取较为合适，初步排除了多重共线性问题（潘省初，2009）。

6.3.3 实证检验结果

1. 外部环境的不确定性对上市公司税收激进行为同群效应的影响

假设 6.1 预测，外部环境不确定性程度越高，公司税收激进行为同群效应越显著。表 6-4 报告了外部环境不确定性对上市公司税收激进行为"同群效应"影响的回归结果。列（1）和列（2）分别报告了被解释变量为 BTD 和 DD_BTD 时的多元回归结果。从中看出，交互项 BTD_peer × EU 的回归系数为 0.951，且在 1% 水平上显著，交互项 DD_BTD_peer × EU 的回归系数为 0.362，且在 5% 水平上显著。结果表明，上市公司税收激进行为同群效应会受到外部环境不确定性的显著影响，外部环境不确定性程度越高，上市公司税收激进行为同群效应越显著。研究假设 6.1 得以验证。

表 6-4　　外部环境的不确定性对上市公司税收激进行为同群效应的影响

变量	(1) BTD	(2) DD_BTD
BTD_peer	-0.061 (-0.853)	
DD_BTD_peer		0.010 (0.222)

变量	(1) BTD	(2) DD_BTD
EU	−0.006 (−0.456)	−0.012 (−0.810)
BTD_peer × EU	0.951*** (4.156)	
DD_BTD_peer × EU		0.362** (2.493)
TR	0.249*** (14.010)	0.245*** (12.583)
PPE	0.002 (0.399)	0.002 (0.424)
Growth	0.001** (2.020)	0.001 (1.122)
Size	0.004*** (3.395)	0.004*** (3.456)
Lev	−0.008* (−1.843)	−0.008* (−1.776)
ROA	0.409*** (28.417)	0.378*** (24.010)
MSAC	0.131*** (11.440)	0.091*** (7.303)
Owncon1	−0.000*** (−3.225)	−0.000** (−2.005)
TR_peer	0.017 (0.282)	0.012 (0.181)
PPE_peer	−0.026 (−1.445)	−0.009 (−0.449)
Growth_peer	−0.001 (−0.466)	−0.000 (−0.132)
Size_peer	−0.004* (−1.661)	−0.006** (−2.163)

176

变量	(1) BTD	(2) DD_BTD
Lev_peer	0.016 (1.147)	0.021 (1.374)
ROA_peer	-0.047 (-0.910)	-0.006 (-0.107)
MSAC_peer	-0.033 (-0.914)	-0.029 (-0.739)
Owncon1_peer	0.000 (0.667)	0.000 (0.458)
_cons	-0.049 (-0.764)	-0.025 (-0.348)
Year	Yes	Yes
Industry	Yes	Yes
Firm	Yes	Yes
N	16051	16051
Adjust_R^2	0.091	0.066

注：* 表示 $p < 0.1$，** 表示 $p < 0.05$，*** 表示 $p < 0.01$。括号内为 t 值，并且经过异方差调整、稳健标准误修正和公司层面的聚类（Cluster）处理。使用全样本回归，样本观察值共计 16051 个。

177

2. 管理层经验对上市公司税收激进行为同群效应的影响

假设 6.2 预测，管理层的经验越丰富，公司税收激进行为同群效应越不显著。表 6 - 5 报告了管理层经验对上市公司税收激进行为"同群效应"影响的回归结果。根据变量定义，采用管理层任期来衡量管理层经验。列（1）和列（2）分别报告了被解释变量为 BTD 和 DD_BTD 时的多元回归结果。从中看出，交互项 BTD_peer × Experience 的回归系数为 - 0.004，且在 1% 水平上显著，交互项 DD_BTD_peer × Experience 的回归系数为 - 0.002，且在 5% 水平上显著。结果表明，上市公司税收激进行为同群效应会受到管理层经验的显著影响，公司管理层的任期越长，经验越丰富，上市公司税收激进行为同群效应越不显著。研究假设

6.2 得以验证。

表 6 - 5 　　管理层经验对上市公司税收激进行为同群效应的影响

变量	（1）BTD	（2）DD_BTD
BTD_peer	0. 308 *** （5. 942）	
DD_BTD_peer		0. 153 *** （2. 762）
Experience	− 0. 000 （ − 0. 527）	− 0. 000 （ − 0. 990）
BTD_peer × Experience	− 0. 004 *** （ − 3. 186）	
DD_BTD_peer × Experience		− 0. 002 ** （ − 2. 205）
TR	0. 250 *** （14. 016）	0. 245 *** （9. 866）
PPE	0. 002 （0. 439）	0. 003 （0. 315）
Growth	0. 001 ** （1. 978）	0. 001 （0. 419）
Size	0. 003 *** （3. 313）	0. 004 ** （2. 182）
Lev	− 0. 007 * （ − 1. 727）	− 0. 008 （ − 1. 113）
ROA	0. 409 *** （28. 399）	0. 378 *** （10. 740）
MSAC	0. 130 *** （11. 392）	0. 091 *** （3. 826）
Owncon1	− 0. 000 *** （ − 3. 174）	− 0. 000 （ − 1. 160）
TR_peer	0. 015 （0. 246）	0. 016 （0. 221）

续表

变量	(1) BTD	(2) DD_BTD
PPE_peer	−0.024 (−1.375)	−0.009 (−0.375)
Growth_peer	−0.002 (−0.659)	−0.000 (−0.154)
Size_peer	−0.004 (−1.608)	−0.006* (−1.704)
Lev_peer	0.021 (1.518)	0.026 (1.068)
ROA_peer	−0.042 (−0.809)	−0.000 (−0.003)
MSAC_peer	−0.032 (−0.895)	−0.026 (−0.494)
Owncon1_peer	0.000 (0.817)	0.000 (0.493)
_cons	−0.057 (−0.952)	−0.032 (−0.403)
Year	Yes	Yes
Industry	Yes	Yes
Firm	Yes	Yes
N	16051	16051
Adjust_R^2	0.087	0.064

注：* 表示 $p < 0.1$，** 表示 $p < 0.05$，*** 表示 $p < 0.01$。括号内为 t 值，并且经过异方差调整、稳健标准误修正和公司层面的聚类（Cluster）处理。使用全样本回归，样本观察值共计 16051 个。

3. 董事联结对上市公司税收激进行为同群效应的影响

（1）是否存在董事联结对上市公司税收激进行为同群效应的影响。假设 6.3 预测，与同伴公司存在董事联结时，公司税收激进行为同群效应越显著。表 6 − 6 第（1）和（2）列报告了是否存在董事联结对上市公司税收激进行为"同群效应"影响的回归结果。列（1）和列（2）

分别报告了被解释变量为 BTD 和 DD_BTD 时的多元回归结果。从中看出，交互项 BTD_peer × BT_dum 的回归系数为 0.078，且在 5% 水平上显著，交互项 DD_BTD_peer × BT_dum 的回归系数为 0.119，且在 1% 水平上显著。结果表明，上市公司是否存在董事联结对公司税收激进行为同群效应会产生显著影响，上市公司与其同伴公司存在董事联结时，上市公司税收激进行为同群效应更加显著。研究假设 6.3 得以验证。

表 6 – 6　　　董事联结对上市公司税收激进行为同群效应的影响

变量	(1) BTD	(2) DD_BTD	(3) BTD	(4) DD_BTD
BTD_peer	0.104 *** (3.567)		0.338 *** (9.870)	
DD_BTD_peer		0.064 * (1.937)		0.069 (1.416)
BT_dum	− 0.002 * (− 1.828)	− 0.002 (− 1.475)		
BT_num			− 0.000 (− 0.894)	− 0.001 (− 1.127)
BTD_peer × BT_dum	0.078 ** (2.021)			
DD_BTD_peer × BT_dum		0.119 *** (2.834)		
BTD_peer × BT_num			0.063 ** (1.966)	
DD_BTD_peer × BT_num				0.067 ** (2.105)
TR	0.246 *** (13.828)	0.245 *** (12.593)	0.233 *** (20.193)	0.245 *** (9.815)
PPE	0.003 (0.624)	0.003 (0.434)	0.004 (1.061)	0.003 (0.329)
Growth	0.001 ** (2.084)	0.001 (1.155)	0.002 *** (4.339)	0.001 (0.442)

续表

变量	(1) BTD	(2) DD_BTD	(3) BTD	(4) DD_BTD
Size	0.004 *** (3.651)	0.004 *** (3.636)	0.001 (1.626)	0.004 ** (2.335)
Lev	−0.008 * (−1.901)	−0.008 * (−1.772)	−0.001 (−0.288)	−0.008 (−1.187)
ROA	0.410 *** (28.458)	0.378 *** (24.006)	0.325 *** (27.873)	0.378 *** (10.767)
MSAC	0.133 *** (11.655)	0.091 *** (7.310)	0.090 *** (11.582)	0.091 *** (3.856)
Owncon1	−0.000 *** (−3.356)	−0.000 ** (−2.028)	−0.000 *** (−4.188)	−0.000 (−1.215)
TR_peer	−0.001 (−0.016)	0.008 (0.120)	−0.155 *** (−6.172)	0.009 (0.121)
PPE_peer	−0.001 (−0.061)	−0.005 (−0.255)	0.020 *** (3.163)	−0.006 (−0.247)
Growth_peer	−0.002 (−0.980)	−0.000 (−0.165)	−0.001 (−0.450)	−0.000 (−0.153)
Size_peer	−0.004 *** (−2.612)	−0.007 ** (−2.225)	−0.001 (−0.869)	−0.007 * (−1.756)
Lev_peer	0.038 *** (3.256)	0.027 * (1.822)	0.017 ** (2.217)	0.028 (1.176)
ROA_peer	0.005 (0.108)	0.002 (0.030)	−0.151 *** (−4.068)	0.000 (0.000)
MSAC_peer	0.011 (0.327)	−0.026 (−0.650)	−0.039 ** (−1.981)	−0.024 (−0.466)
Owncon1_peer	0.000 (0.154)	0.000 (0.476)	−0.000 (−1.506)	0.000 (0.432)
_cons	−0.082 *** (−2.743)	−0.035 (−0.534)	−0.029 * (−1.719)	−0.033 (−0.425)
Year	Yes	Yes	Yes	Yes
Industry	Yes	Yes	Yes	Yes

变量	(1) BTD	(2) DD_BTD	(3) BTD	(4) DD_BTD
Firm	Yes	Yes	Yes	Yes
N	16051	16051	16051	16051
Adjust_R^2	0.091	0.117	0.079	0.064

注：* 表示 p<0.1，** 表示 p<0.05，*** 表示 p<0.01。括号内为 t 值，并且经过异方差调整、稳健标准误修正和公司层面的聚类（Cluster）处理。使用全样本回归，样本观察值共计 16051 个。

（2）联结董事数量对公司税收激进行为同群效应的影响。假设 6.4 预测，与同伴公司存在的联结董事数量越多，公司税收激进行为同群效应越显著。表 6-6 第（3）和（4）列报告了联结董事数量对公司税收激进行为"同群效应"影响的回归结果。列（1）和列（2）分别报告了被解释变量为 BTD 和 DD_BTD 时的多元回归结果。从中看出，交互项 BTD_peer × BT_num 的回归系数为 0.063，且在 5% 水平上显著，交互项 DD_BTD_peer × BT_num 的回归系数为 0.067，且在 5% 水平上显著。结果表明，公司联结董事数量对上市公司税收激进行为同群效应会产生显著影响，上市公司与其同伴公司存在的联结董事数量越多，上市公司税收激进行为同群效应越显著。研究假设 6.4 得以验证。

4. 融资约束对上市公司税收激进行为同群效应的影响

假设 6.5 预测，公司融资约束程度越高，其税收激进行为同群效应越不显著。表 6-7 报告了融资约束对上市公司税收激进行为"同群效应"影响的回归结果。列（1）和列（2）分别报告了被解释变量为 BTD 和 DD_BTD 时的多元回归结果。从中看出，交互项 BTD_peer × KZ 的回归系数为 -0.131，且在 5% 水平上显著；交互项 DD_BTD_peer × KZ 的回归系数为 -0.087，且在 5% 水平上显著。结果表明，上市公司税收激进行为同群效应会受到自身融资约束的显著影响，融资约束程度越高，上市公司税收激进行为"同群效应"越不显著。研究假设 6.5 得以验证。

表6-7 融资约束对上市公司税收激进行为同群效应的影响

变量	(1) BTD	(2) DD_BTD
BTD_peer	0. 259 *** (5. 454)	
DD_BTD_peer		0. 148 *** (4. 059)
KZ	− 0. 001 (− 0. 823)	− 0. 001 (− 1. 017)
BTD_peer × KZ	− 0. 131 ** (− 2. 242)	
DD_BTD_peer × KZ		− 0. 087 ** (− 2. 319)
TR	0. 248 *** (13. 906)	0. 244 *** (12. 528)
PPE	0. 004 (0. 750)	0. 004 (0. 667)
Growth	0. 001 * (1. 866)	0. 001 (1. 007)
Size	0. 003 *** (3. 253)	0. 004 *** (3. 415)
Lev	− 0. 007 (− 1. 523)	− 0. 007 (− 1. 551)
ROA	0. 409 *** (28. 405)	0. 378 *** (23. 978)
MSAC	0. 129 *** (11. 340)	0. 090 *** (7. 216)
Owncon1	− 0. 000 *** (− 3. 191)	− 0. 000 ** (− 2. 006)
TR_peer	0. 013 (0. 215)	0. 009 (0. 132)
PPE_peer	− 0. 020 (− 1. 146)	− 0. 006 (− 0. 314)

变量	(1) BTD	(2) DD_BTD
Growth_peer	-0.002 (-0.606)	-0.000 (-0.128)
Size_peer	-0.005* (-1.871)	-0.007** (-2.278)
Lev_peer	0.025* (1.836)	0.029* (1.941)
ROA_peer	-0.037 (-0.717)	-0.003 (-0.062)
MSAC_peer	-0.028 (-0.770)	-0.025 (-0.623)
Owncon1_peer	0.000 (0.980)	0.000 (0.577)
_cons	-0.045 (-0.760)	-0.028 (-0.430)
Year	Yes	Yes
Industry	Yes	Yes
Firm	Yes	Yes
N	16051	16051
Adjust_R^2	0.087	0.117

注：*表示 $p < 0.1$，**表示 $p < 0.05$，***表示 $p < 0.01$。括号内为 t 值，并且经过异方差调整、稳健标准误修正和公司层面的聚类（Cluster）处理。使用全样本回归，样本观察值共计 16051 个。

5. 公司治理水平对上市公司税收激进行为同群效应的影响

假设 6.6 预测，公司治理水平越高，其税收激进行为同群效应越不显著。表 6-8 报告了公司治理水平对上市公司税收激进行为"同群效应"影响的回归结果。列（1）和列（2）分别报告了被解释变量为 BTD 和 DD_BTD 时的多元回归结果。从中看出，交互项 BTD_peer × CGI 的回归系数为 -0.095，且在 5% 水平上显著，交互项 DD_BTD_peer × CGI 的回归系数为 -0.070，且在 5% 水平上显著。结果表明，上市公司税收激进行为同群效应会受到自身治理水平的显著影响，公司治理水平越高，上市公司的税收激进行为同群效应越不显著。研究假设 6.6 得以验证。

表 6－8　　公司治理水平对上市公司税收激进行为同群效应的影响

变量	(1) BTD	(2) DD_BTD
BTD_peer	0. 142 ** (2. 519)	
DD_BTD_peer		0. 072 (1. 645)
CGI	－ 0. 001 (－ 0. 730)	－ 0. 002 * (－ 1. 894)
BTD_peer × CGI	－ 0. 095 ** (－ 2. 381)	
DD_BTD_peer × CGI		－ 0. 070 ** (－ 2. 492)
TR	0. 249 *** (10. 722)	0. 246 *** (9. 871)
PPE	0. 002 (0. 235)	0. 002 (0. 230)
Growth	0. 001 (0. 800)	0. 001 (0. 448)
Size	0. 004 ** (2. 219)	0. 004 ** (2. 340)
Lev	－ 0. 008 (－ 1. 168)	－ 0. 009 (－ 1. 250)
ROA	0. 410 *** (13. 159)	0. 380 *** (10. 815)
MSAC	0. 131 *** (6. 195)	0. 092 *** (3. 886)
Owncon1	－ 0. 000 ** (－ 2. 260)	－ 0. 000 (－ 1. 529)

185

变量	(1) BTD	(2) DD_BTD
TR_peer	0.025 (0.358)	0.021 (0.281)
PPE_peer	−0.024 (−1.134)	−0.009 (−0.393)
Growth_peer	−0.002 (−0.580)	−0.001 (−0.226)
Size_peer	−0.005 (−1.432)	−0.007* (−1.796)
Lev_peer	0.023 (1.167)	0.027 (1.109)
ROA_peer	−0.045 (−0.778)	−0.009 (−0.147)
MSAC_peer	−0.031 (−0.685)	−0.028 (−0.533)
Owncon1_peer	0.000 (0.674)	0.000 (0.524)
_cons	−0.054 (−0.771)	−0.031 (−0.387)
Year	Yes	Yes
Industry	Yes	Yes
Firm	Yes	Yes
N	16051	16051
Adjust_R^2	0.090	0.065

注：* 表示 $p<0.1$，** 表示 $p<0.05$，*** 表示 $p<0.01$。括号内为 t 值，并且经过异方差调整、稳健标准误修正和公司层面的聚类（Cluster）处理。使用全样本回归，样本观察值共计 16051 个。

6. 卖空压力对上市公司税收激进行为同群效应的影响

假设 6.7 预测，在成为融资融券标的后，卖空压力会使公司的税收激进行为同群效应显著降低。表 6−9 报告了卖空压力对公司税收激进行为同群效应的影响。列（1）和列（2）分别报告了被解释变量为 BTD 和 DD_BTD 时的多元回归结果。当公司成为融资融券标的后，交互项 BTD_peer × Short 的回归系数为 −0.283，且在 1% 水平上显著，交互项 DD_BTD_peer × Short 的回归系数为 −0.111，且在 5% 水平上显著。表明上市公司税收激进行为同群效应会受到卖空压力的显著影响，与非融资融券标的公司相比，在成为融资融券标的后，上市公司的税收激进行为同群效应显著降低。研究假设 6.7 得以验证。

表 6 - 9 　　卖空压力对上市公司税收激进行为同群效应的影响

变量	(1) BTD	(2) DD_BTD
BTD_peer	0.237 *** (3.723)	
DD_BTD_peer		0.123 *** (3.923)
Short	0.003 * (1.736)	0.000 (0.273)
BTD_peer × Short	−0.283 *** (−2.996)	
DD_BTD_peer × Short		−0.111 ** (−2.562)
TR	0.250 *** (10.766)	0.246 *** (12.613)
PPE	0.002 (0.327)	0.002 (0.422)
Growth	0.001 (0.802)	0.001 (1.146)
Size	0.003 ** (2.092)	0.004 *** (3.425)
Lev	−0.008 (−1.167)	−0.008 * (−1.719)
ROA	0.412 *** (13.235)	0.380 *** (24.038)

变量	(1) BTD	(2) DD_BTD
MSAC	0. 130 *** (6. 169)	0. 091 *** (7. 290)
Owncon1	− 0. 000 * (− 1. 946)	− 0. 000 * (− 1. 946)
TR_peer	0. 014 (0. 195)	0. 007 (0. 110)
PPE_peer	− 0. 024 (− 1. 161)	− 0. 007 (− 0. 377)
Growth_peer	− 0. 002 (− 0. 583)	− 0. 001 (− 0. 195)
Size_peer	− 0. 004 (− 1. 370)	− 0. 006 ** (− 2. 066)
Lev_peer	0. 019 (0. 946)	0. 022 (1. 459)
ROA_peer	− 0. 026 (− 0. 459)	0. 002 (0. 043)
MSAC_peer	− 0. 030 (− 0. 647)	− 0. 027 (− 0. 688)
Owncon1_peer	0. 000 (0. 632)	0. 000 (0. 383)
_cons	− 0. 053 (− 0. 756)	− 0. 036 (− 0. 546)
Year	Yes	Yes
Industry	Yes	Yes
Firm	Yes	Yes
N	16051	16051
Adjust_R^2	0. 089	− 0. 117

注： * 表示 $p < 0.1$， ** 表示 $p < 0.05$， *** 表示 $p < 0.01$。括号内为 t 值，并且经过异方差调整、稳健标准误修正和公司层面的聚类（Cluster）处理。使用全样本回归，样本观察值共计 16051 个。

6.3.4 稳健性检验

1. 改变税收激进计量方式

为了进一步验证已有分析结果的可靠性，分别用基于有效税率的两个税收激进衡量指标 ETR 和 Rate 进行稳健性检验。实际所得税率（ETR）等于当期所得税费用与税前总利润的比值。其中，当期所得税费用等于总的所得税费用减去递延所得税费用。借鉴陈等（Chen et al.，2010）、刘行和叶康涛（2013）的研究，公司的税收激进程度（Rate）由公司的名义所得税率（TR）与实际所得税率（ETR）的差额来衡量。解释变量 ETR_peer 和 Rate_peer 为除焦点公司 i 之外的同伴公司税收激进程度的平均值。

（1）改变税收激进计量方式后外部环境不确定性影响的检验结果。表 6 - 10 报告了使用有效税率（ETR）和名义税率与有效税率的差额（Rate）两种税收激进衡量指标进行外部环境不确定性影响因素检验的回归结果。从中看出，交互项 ETR_peer × EU 的回归系数为 0.552，且在 1% 水平上显著；交互项 Rate_peer × EU 的回归系数为 0.678，且在 1% 水平上显著。结果表明，上市公司税收激进行为同群效应会受到外部环境不确定性的显著影响，外部环境不确定性程度越高，上市公司税收激进行为同群效应更加显著，与主检验结果基本一致。这表明改变税收激进计量方式后外部环境不确定性对上市公司税收激进行为同群效应影响的回归结果依然稳健。

表 6 - 10　　　　　改变税收激进计量方式后外部环境
不确定性影响的检验结果

变量	(1) ETR	(2) Rate
ETR_peer	0.133 ** (2.099)	
Rate_peer		0.104 (1.479)

变量	(1) ETR	(2) Rate
EU	−0. 135 *** (−2. 719)	0. 028 (1. 267)
ETR_peer × EU	0. 552 *** (2. 738)	
Rate_peer × EU		0. 678 *** (2. 855)
TR	0. 177 *** (3. 667)	0. 816 *** (16. 930)
PPE	−0. 026 * (−1. 779)	0. 025 * (1. 736)
Growth	0. 002 (1. 317)	−0. 002 (−1. 317)
Size	−0. 003 (−1. 043)	0. 002 (0. 896)
Lev	0. 064 *** (5. 718)	−0. 065 *** (−5. 792)
ROA	−1. 072 *** (−27. 499)	1. 072 *** (27. 453)
MSAC	−0. 224 *** (−7. 273)	0. 225 *** (7. 284)
Owncon1	0. 000 ** (2. 191)	−0. 000 ** (−2. 139)
TR_peer	0. 207 (1. 310)	−0. 424 *** (−2. 678)
PPE_peer	−0. 013 (−0. 276)	0. 004 (0. 093)
Growth_peer	0. 001 (0. 231)	−0. 003 (−0. 491)
Size_peer	0. 007 (1. 402)	−0. 006 (−1. 287)

190

续表

变量	(1) ETR	(2) Rate
Lev_peer	-0.091** (-2.538)	0.092** (2.576)
ROA_peer	-0.154 (-1.127)	0.151 (1.104)
MSAC_peer	-0.032 (-0.338)	-0.015 (-0.164)
Owncon1_peer	-0.000 (-0.152)	0.000 (0.195)
_cons	0.125 (1.169)	-0.105 (-0.983)
Year	Yes	Yes
Industry	Yes	Yes
Firm	Yes	Yes
N	16051	16051
Adjust_R^2	0.085	0.097

注：* 表示 p<0.1，** 表示 p<0.05，*** 表示 p<0.01。括号内为 t 值，并且经过异方差调整、稳健标准误修正和公司层面的聚类（Cluster）处理。使用全样本回归，样本观察值共计 16051 个。

（2）改变税收激进计量方式后管理层经验影响的检验结果。表 6-11 报告了使用有效税率（ETR）和名义税率与有效税率的差额（Rate）两种税收激进衡量指标进行管理层经验这一影响因素检验的回归结果。从中看出，交互项 ETR_peer × Experience 的回归系数为 -0.002，且在 5% 水平上显著；交互项 Rate_peer × Experience 的回归系数为 -0.002，且在 10% 水平上显著。结果表明，上市公司税收激进行为同群效应会受到管理层经验的显著影响，高管团队成员的平均任期越长，自有信息质量越高，上市公司税收激进行为同群效应越不显著，与主检验结果基本一致。这表明改变税收激进计量方式后管理层经验对上市公司税收激进行为同群效应影响的回归结果依然稳健。

表 6 − 11　　　　改变税收激进计量方式后管理层经验影响的检验结果

变量	(1) ETR	(2) Rate
ETR_peer	0. 335 *** (7. 157)	
Rate_peer		0. 338 *** (6. 187)
Experience	0. 000 ** (2. 158)	− 0. 000 (− 1. 077)
ETR_peer × Experience	− 0. 002 ** (− 2. 133)	
Rate_peer × Experience		− 0. 002 * (− 1. 709)
TR	0. 180 *** (3. 749)	0. 812 *** (16. 858)
PPE	− 0. 026 * (− 1. 786)	0. 025 * (1. 748)
Growth	0. 002 (1. 335)	− 0. 002 (− 1. 332)
Size	− 0. 003 (− 0. 950)	0. 002 (0. 840)
Lev	0. 064 *** (5. 682)	− 0. 065 *** (− 5. 750)
ROA	− 1. 072 *** (− 27. 478)	1. 072 *** (27. 438)
MSAC	− 0. 221 *** (− 7. 166)	0. 223 *** (7. 224)
Owncon1	0. 000 ** (2. 079)	− 0. 000 ** (− 2. 068)
TR_peer	0. 206 (1. 306)	− 0. 450 *** (− 2. 849)
PPE_peer	− 0. 018 (− 0. 400)	0. 012 (0. 273)

变量	(1) ETR	(2) Rate
Growth_peer	0.002 (0.271)	-0.003 (-0.464)
Size_peer	0.008 ** (2.029)	-0.008 ** (-1.960)
Lev_peer	-0.111 *** (-3.499)	0.112 *** (3.515)
ROA_peer	-0.137 (-1.006)	0.129 (0.942)
MSAC_peer	0.013 (0.141)	-0.033 (-0.360)
Owncon1_peer	-0.000 (-0.279)	0.000 (0.317)
_cons	0.049 (0.599)	-0.062 (-0.757)
Year	Yes	Yes
Industry	Yes	Yes
Firm	Yes	Yes
N	16051	16051
Adjust_R^2	0.094	0.079

注：＊表示 p＜0.1，＊＊表示 p＜0.05，＊＊＊表示 p＜0.01。括号内为 t 值，并且经过异方差调整、稳健标准误修正和公司层面的聚类（Cluster）处理。使用全样本回归，样本观察值共计 16051 个。

（3）改变税收激进计量方式后董事联结影响的检验结果。表 6-12 的第（1）和第（2）列报告了使用有效税率（ETR）和名义税率与有效税率的差额（Rate）两种税收激进衡量指标进行是否存在董事联结这一影响因素检验的回归结果。从中看出，交互项 ETR_peer × BT_dum 的回归系数为 0.087，且在 10% 水平上不显著；交互项 Rate_peer × BT_dum 的回归系数为 0.131，且在 5% 水平上显著。结果表明，上市公司税收激进行为同群效应会受到是否存在董事联结的显著影响，上市公司在行业内存在董事联结，同伴信息质量越高，其税收激进行为同群效应更加显著，与主检验结果基本一致。这表明改变税收激进计量方式后是否存在董事联结对上市公司税收激进行为同群效应影响的回归结果依然稳健。

表 6 – 12   改变税收激进计量方式后董事联结影响的检验结果

变量	（1） ETR	（2） Rate	（3） ETR	（4） Rate
ETR_peer	0. 246 *** （5. 952）		0. 226 *** （5. 620）	
Rate_peer		0. 229 *** （5. 322）		0. 209 *** （5. 092）
BT_dum	− 0. 012 （ − 1. 036）	− 0. 004 （ − 0. 998）		
BT_num			− 0. 014 ** （ − 2. 394）	− 0. 002 （ − 1. 033）
ETR_peer × BT_dum	0. 087 （1. 629）			
Rate_peer × BT_dum		0. 131 ** （2. 032）		
ETR_peer × BT_num			0. 085 *** （3. 198）	
Rate_peer × BT_num				0. 108 *** （3. 700）
TR	0. 180 *** （3. 738）	0. 812 *** （16. 864）	0. 179 *** （3. 728）	0. 812 *** （16. 873）
PPE	− 0. 025 * （ − 1. 710）	0. 025 * （1. 695）	− 0. 025 * （ − 1. 721）	0. 025 * （1. 714）
Growth	0. 002 （1. 303）	− 0. 002 （ − 1. 277）	0. 002 （1. 279）	− 0. 002 （ − 1. 256）
Size	− 0. 002 （ − 0. 931）	0. 002 （0. 904）	− 0. 002 （ − 0. 907）	0. 002 （0. 904）

续表

变量	（1） ETR	（2） Rate	（3） ETR	（4） Rate
Lev	0.065 *** (5.751)	−0.065 *** (−5.797)	0.065 *** (5.751)	−0.066 *** (−5.835)
ROA	−1.071 *** (−27.487)	1.071 *** (27.448)	−1.071 *** (−27.488)	1.071 *** (27.449)
MSAC	−0.219 *** (−7.129)	0.223 *** (7.229)	−0.219 *** (−7.130)	0.223 *** (7.224)
Owncon1	0.000 ** (2.084)	−0.000 ** (−2.087)	0.000 ** (2.126)	−0.000 ** (−2.131)
TR_peer	0.189 (1.202)	−0.452 *** (−2.861)	0.191 (1.213)	−0.449 *** (−2.845)
PPE_peer	−0.012 (−0.280)	0.014 (0.324)	−0.011 (−0.250)	0.013 (0.288)
Growth_peer	0.003 (0.454)	−0.003 (−0.474)	0.003 (0.500)	−0.003 (−0.501)
Size_peer	0.008 ** (2.082)	−0.008 ** (−2.054)	0.008 ** (2.014)	−0.008 ** (−2.036)
Lev_peer	−0.116 *** (−3.728)	0.115 *** (3.677)	−0.116 *** (−3.705)	0.115 *** (3.686)
ROA_peer	−0.156 (−1.172)	0.156 (1.171)	−0.165 (−1.237)	0.166 (1.243)
MSAC_peer	0.039 (0.429)	−0.038 (−0.421)	0.040 (0.438)	−0.035 (−0.388)
Owncon1_peer	−0.000 (−0.477)	0.000 (0.402)	−0.000 (−0.471)	0.000 (0.373)
_cons	0.069 (0.850)	−0.063 (−0.787)	0.077 (0.951)	−0.066 (−0.817)
Year	Yes	Yes	Yes	Yes
Industry	Yes	Yes	Yes	Yes

变量	（1） ETR	（2） Rate	（3） ETR	（4） Rate
Firm	Yes	Yes	Yes	Yes
N	16051	16051	16051	16051
Adjust_R^2	0.094	0.078	0.093	0.077

注：* 表示 p < 0.1，** 表示 p < 0.05，*** 表示 p < 0.01。括号内为 t 值，并且经过异方差调整、稳健标准误差修正和公司层面的聚类（Cluster）处理。使用全样本回归，样本观察值共计 16051 个。

表 6 - 12 的第（3）和第（4）列报告了使用有效税率（ETR）和名义税率与有效税率的差额（Rate）的两种税收激进衡量指标进行联结董事数量这一影响因素检验的回归结果。从中可以看出，交互项 ETR_peer × BT_num 的回归系数为 0.085，且在 1% 水平上显著；交互项 Rate_peer × BT_num 的回归系数为 0.108，且在 1% 水平上显著。结果表明，公司税收激进行为同群效应会受到联结董事数量的显著影响，上市公司在行业内的联结董事数量越多，同伴信息质量越高，其税收激进行为同群效应更加显著，与主检验结果基本一致。这表明改变税收激进计量方式后联结董事数量对上市公司税收激进行为同群效应影响的回归结果依然稳健。

（4）改变税收激进计量方式后融资约束影响的检验结果。表 6 - 13 报告了使用有效税率（ETR）和名义税率与有效税率的差额（Rate）两种税收激进衡量指标进行融资约束这一影响因素检验的回归结果。从中看出，交互项 ETR_peer × KZ 的回归系数为 - 0.078，且在 10% 水平上不显著；交互项 Rate_peer × KZ 的回归系数为 - 0.170，且在 10% 水平上显著。结果表明，上市公司税收激进行为同群效应会受到融资约束的显著影响，上市公司融资约束程度越高，其税收激进行为同群效应越不显著。与主检验结果基本一致。这表明改变税收激进计量方式后融资约束对上市公司税收激进行为同群效应影响的回归结果依然稳健。

196

表 6 - 13　　　　改变税收激进计量方式后融资约束影响的检验结果

变量	(1) ETR	(2) Rate
ETR_peer	-0.015 (-0.207)	
Rate_peer		0.073 (0.740)
KZ	0.016 (1.056)	-0.003 (-0.589)
ETR_peer × KZ	-0.078 (-1.229)	
Rate_peer × KZ		-0.170* (-1.733)
TR	0.342*** (13.096)	0.650*** (24.893)
PPE	-0.041*** (-4.898)	0.041*** (4.897)
Growth	-0.001 (-0.673)	0.001 (0.589)
Size	0.001 (0.719)	-0.001 (-0.692)
Lev	0.044*** (6.447)	-0.044*** (-6.488)
ROA	-0.885*** (-30.789)	0.885*** (30.752)
MSAC	-0.111*** (-6.185)	0.111*** (6.170)
Owncon1	0.000** (2.368)	-0.000** (-2.363)
TR_peer	-0.059 (-0.363)	0.154 (0.939)
PPE_peer	-0.018 (-0.379)	0.016 (0.326)
Growth_peer	0.005 (0.767)	-0.006 (-0.786)

变量	(1) ETR	(2) Rate
Size_peer	0.009 (1.307)	−0.010 (−1.401)
Lev_peer	−0.080** (−2.126)	0.082** (2.186)
ROA_peer	−0.508*** (−3.479)	0.495*** (3.389)
MSAC_peer	0.056 (0.572)	−0.063 (−0.639)
Owncon1_peer	0.000 (0.290)	−0.000 (−0.294)
_cons	−0.079 (−0.503)	0.081 (0.518)
Year	Yes	Yes
Industry	Yes	Yes
Firm	Yes	Yes
N	16051	16051
Adjust_R^2	0.173	0.135

注：＊表示 p<0.1，＊＊表示 p<0.05，＊＊＊表示 p<0.01。括号内为 t 值，并且经过异方差调整、稳健标准误修正和公司层面的聚类（Cluster）处理。使用全样本回归，样本观察值共计 16051 个。

（5）改变税收激进计量方式后公司治理水平影响的检验结果。表6-14 报告了使用有效税率（ETR）和名义税率与有效税率的差额（Rate）两种税收激进衡量指标进行公司治理水平这一影响因素检验的回归结果。从中看出，交互项 ETR_peer×CGI 的回归系数为 −0.073，且在 1% 水平上显著，交互项 Rate_peer×CGI 的回归系数为 −0.082，且在 1% 水平上显著。结果表明，公司税收激进行为同群效应会受到公司治理水平的显著影响，公司治理水平越高，上市公司税收激进行为同群效应越不显著，与主检验结果基本一致。这表明改变税收激进计量方

式后公司治理水平对上市公司税收激进行为同群效应影响的回归结果依
然稳健。

表 6 – 14　　改变税收激进计量方式后公司治理水平影响的检验结果

变量	(1) ETR	(2) Rate
ETR_Peer	0. 145 *** (3. 140)	
Rate_Peer		0. 141 *** (3. 052)
CGI	0. 017 *** (2. 838)	− 0. 003 (− 1. 193)
ETR_Peer × CGI	− 0. 073 *** (− 2. 759)	
Rate_Peer × CGI		− 0. 082 *** (− 2. 992)
TR	0. 170 *** (2. 882)	0. 823 *** (14. 004)
PPE	− 0. 022 (− 1. 250)	0. 023 (1. 253)
Growth	0. 002 (1. 098)	− 0. 002 (− 1. 063)
Size	− 0. 002 (− 0. 551)	0. 002 (0. 549)
Lev	0. 064 *** (4. 259)	− 0. 065 *** (− 4. 277)
ROA	− 1. 071 *** (− 21. 166)	1. 071 *** (21. 159)
MSAC	− 0. 219 *** (− 4. 397)	0. 222 *** (4. 418)
Owncon1	0. 000 * (1. 666)	− 0. 000 * (− 1. 788)
TR_peer	0. 160 (0. 877)	− 0. 302 (− 1. 624)

199

变量	(1) ETR	(2) Rate
PPE_peer	0.008 (0.139)	-0.012 (-0.215)
Growth_peer	0.002 (0.378)	-0.003 (-0.414)
Size_peer	0.009 (0.969)	-0.009 (-0.986)
Lev_peer	-0.081 (-1.641)	0.081 (1.635)
ROA_peer	-0.204 (-1.346)	0.192 (1.260)
MSAC_peer	0.049 (0.438)	-0.054 (-0.477)
Owncon1_peer	-0.000 (-0.738)	0.000 (0.693)
_cons	0.083 (0.415)	-0.076 (-0.381)
Year	Yes	Yes
Industry	Yes	Yes
Firm	Yes	Yes
N	16051	16051
Adjust_R^2	0.087	0.099

注：＊表示 $p < 0.1$，＊＊表示 $p < 0.05$，＊＊＊表示 $p < 0.01$。括号内为 t 值，并且经过异方差调整、稳健标准误修正和公司层面的聚类（Cluster）处理。使用全样本回归，样本观察值共计 16051 个。

（6）改变税收激进计量方式后卖空压力影响的检验结果。表 6 - 15 报告了使用有效税率（ETR）和名义税率与有效税率的差额（Rate）两种税收激进衡量指标进行卖空压力影响因素检验的回归结果。从中可以看出，交互项 ETR_peer × Short 的回归系数为 -0.131，且在 5% 水平上显著，交互项 Rate_peer × Short 的回归系数为 -0.144，且在 10% 水平上显著。结果表明，上市公司税收激进行为同群效应会受到卖空压力的显著影响，与非融资融券标的公司相比，在成为融资融券标的后，上市公司的税收激进行为同群效应显著降低，与主检验结果基本一致。这表明改变税收激进计量方式后卖空压力对上市公司税收激进行为同群效应影响的回归结果依然稳健。

表 6 - 15　　　　改变税收激进计量方式后卖空压力影响的检验结果

变量	(1) ETR	(2) Rate
ETR_Peer	0. 327 *** (8. 198)	
Rate_Peer		0. 326 *** (8. 072)
Short	0. 034 ** (2. 324)	− 0. 008 * (− 1. 738)
ETR_Peer × Short	− 0. 131 ** (− 2. 117)	
Rate_Peer × Short		− 0. 144 * (− 1. 790)
TR	0. 183 *** (3. 502)	0. 810 *** (15. 481)
PPE	− 0. 023 (− 1. 442)	0. 023 (1. 438)
Growth	0. 005 ** (2. 009)	− 0. 005 ** (− 1. 998)
Size	− 0. 014 *** (− 3. 838)	0. 013 *** (3. 764)
Lev	0. 089 *** (6. 394)	− 0. 090 *** (− 6. 428)
ROA	− 1. 146 *** (− 23. 967)	1. 145 *** (23. 921)
MSAC	− 0. 084 ** (− 2. 009)	0. 086 ** (2. 057)

变量	(1) ETR	(2) Rate
Owncon1	0.000 * (1.791)	−0.000 * (−1.776)
TR_peer	−0.106 (−0.632)	−0.196 (−1.149)
PPE_peer	0.034 (0.710)	−0.041 (−0.860)
Growth_peer	0.002 (0.218)	−0.003 (−0.380)
Size_peer	0.020 *** (3.718)	−0.020 *** (−3.624)
Lev_peer	−0.151 *** (−3.928)	0.151 *** (3.931)
ROA_peer	−0.140 (−0.854)	0.130 (0.794)
MSAC_peer	−0.116 (−0.951)	0.094 (0.779)
Owncon1_peer	−0.000 (−0.587)	0.000 (0.587)
_cons	0.091 (0.839)	−0.096 (−0.881)
Year	Yes	Yes
Industry	Yes	Yes
Firm	Yes	Yes
N	16051	16051
Adjust_R^2	0.097	0.081

注：* 表示 $p < 0.1$，** 表示 $p < 0.05$，*** 表示 $p < 0.01$。括号内为 t 值，并且经过异方差调整、稳健标准误修正和公司层面的聚类（Cluster）处理。使用全样本回归，样本观察值共计 16051 个。

2. 改变行业划分标准

本章主要关注行业参照组内公司税收激进行为同群效应的影响因素，因此不同行业类别划分标准可能会影响实证检验结果。为了进一步验证已有实证检验结果的可靠性，借鉴钟田丽和张天宇（2017），采用申银万国三级行业分类标准进行稳健性检验。

（1）改变行业划分标准后外部环境不确定性影响的检验结果。表6-16 报告了外部环境不确定性这一影响因素在采用申银万国三级行业分类之后的稳健性检验结果。列（1）和列（2）分别报告了被解释变量为 BTD 和 DD_BTD 时的多元回归结果。从中看出，交互项 BTD_peer × EU 的回归系数为 0.673，且在 1% 水平上显著，交互项 DD_BTD_peer × EU 的回归系数为 0.249，且在 5% 水平上显著。结果表明，公司税收激进行为同群效应会受到外部环境不确定性的显著影响，外部环境不确定性越高，上市公司税收激进行为同群效应越显著，与主检验结果基本一致。这表明采用申银万国三级行业分类后外部环境不确定性对上市公司税收激进行为同群效应影响的回归结果依然稳健。

表 6 - 16　　改变行业划分标准后外部环境不确定性影响的检验结果

变量	(1) BTD	(2) DD_BTD
BTD_peer	- 0.093 ** (- 2.265)	
DD_BTD_peer		- 0.027 (- 0.921)
EU	0.007 (0.595)	0.007 (0.530)
BTD_peer × EU	0.673 *** (4.614)	
DD_BTD_peer × EU		0.249 ** (2.492)
TR	0.255 *** (14.305)	0.249 *** (12.795)

变量	(1) BTD	(2) DD_BTD
PPE	0.003 (0.629)	0.005 (0.855)
Growth	0.002*** (2.876)	0.001 (1.600)
Size	0.003*** (2.864)	0.004*** (3.164)
Lev	−0.008** (−1.991)	−0.010** (−2.173)
ROA	0.426*** (29.630)	0.386*** (24.547)
MSAC	0.120*** (10.862)	0.078*** (6.481)
Owncon1	−0.000*** (−3.595)	−0.000** (−2.098)
TR_peer	−0.049 (−1.622)	−0.051 (−1.548)
PPE_peer	0.001 (0.081)	−0.004 (−0.361)
Growth_peer	0.001 (0.474)	0.001 (0.370)
Size_peer	−0.001 (−0.595)	−0.002 (−0.930)
Lev_peer	0.001 (0.152)	0.003 (0.389)
ROA_peer	−0.067** (−2.315)	−0.046 (−1.462)
MSAC_peer	−0.011 (−0.483)	−0.002 (−0.076)
Owncon1_peer	−0.000 (−1.224)	−0.000 (−0.973)

续表

变量	(1) BTD	(2) DD_BTD
_cons	−0.097 ** (−2.213)	−0.100 ** (−2.086)
Year	Yes	Yes
Industry	Yes	Yes
Firm	Yes	Yes
N	16051	16051
Adjust_R^2	0.094	0.066

注：* 表示 $p < 0.1$，** 表示 $p < 0.05$，*** 表示 $p < 0.01$。括号内为 t 值，并且经过异方差调整、稳健标准误修正和公司层面的聚类（Cluster）处理。使用全样本回归，样本观察值共计 16051 个。

（2）改变行业划分标准后管理层经验影响的检验结果。表 6-17 报告了管理层经验这一影响因素在采用申银万国三级行业分类之后的稳健性检验结果。列（1）和列（2）分别报告了被解释变量为 BTD 和 DD_BTD 时的多元回归结果。从中看出，交互项 BTD_peer × Experience 的回归系数为 −0.002，且在 1% 水平上显著，交互项 DD_BTD_peer × Experience 的回归系数为 −0.001，且在 10% 水平上显著。结果表明，上市公司税收激进行为同群效应会受到管理层经验的显著影响，高管团队成员的平均任期越长，自有信息质量越高，上市公司税收激进行为同群效应越不显著，与主检验结果基本一致。这表明采用申银万国三级行业分类后管理层经验对上市公司税收激进行为同群效应影响的回归结果依然稳健。

表 6-17　　改变行业划分标准后管理层经验影响的检验结果

变量	(1) BTD	(2) DD_BTD
BTD_peer	0.151 *** (4.921)	
DD_BTD_peer		0.072 *** (3.263)

变量	(1) BTD	(2) DD_BTD
Experience	−0.000 (−1.023)	−0.000 (−1.516)
BTD_peer × Experience	−0.002*** (−2.638)	
DD_BTD_peer × Experience		−0.001* (−1.695)
TR	0.249*** (14.045)	0.243*** (12.510)
PPE	0.005 (0.969)	0.007 (1.185)
Growth	0.002*** (2.818)	0.001 (1.583)
Size	0.002*** (2.667)	0.003*** (3.012)
Lev	−0.007* (−1.800)	−0.009** (−1.981)
ROA	0.426*** (29.622)	0.386*** (24.526)
MSAC	0.122*** (11.075)	0.080*** (6.682)
Owncon1	−0.000*** (−3.707)	−0.000** (−2.247)
TR_peer	−0.060** (−2.035)	−0.065** (−1.992)
PPE_peer	0.010 (1.058)	0.007 (0.637)
Growth_peer	−0.000 (−0.205)	−0.000 (−0.068)
Size_peer	−0.002* (−1.890)	−0.002** (−2.148)

变量	（1） BTD	（2） DD_BTD
Lev_peer	0.010 （1.372）	0.012 （1.523）
ROA_peer	−0.065 ** （−2.277）	−0.044 （−1.403）
MSAC_peer	−0.002 （−0.077）	0.010 （0.397）
Owncon1_peer	−0.000 * （−1.684）	−0.000 （−1.476）
_cons	−0.064 *** （−2.896）	−0.070 *** （−2.900）
Year	Yes	Yes
Industry	Yes	Yes
Firm	Yes	Yes
N	16051	16051
Adjust_R^2	0.069	0.101

注：＊表示 $p < 0.1$，＊＊表示 $p < 0.05$，＊＊＊表示 $p < 0.01$。括号内为 t 值，并且经过异方差调整、稳健标准误修正和公司层面的聚类（Cluster）处理。使用全样本回归，样本观察值共计 16051 个。

（3）改变行业划分标准后董事联结影响的检验结果。表 6 - 18 第（1）和第（2）列报告了是否存在董事联结这一影响因素在采用申银万国三级行业分类之后的稳健性检验结果。列（1）和列（2）分别报告了被解释变量为 BTD 和 DD_BTD 时的多元回归结果。从中看出，交互项 BTD_peer × BT_dum 的回归系数为 0.087，且在 5% 水平上显著，交互项 DD_BTD_peer × BT_dum 的回归系数为 0.075，且在 1% 水平上显著。结果表明，上市公司税收激进行为同群效应会受到是否存在董事联结的显著影响，上市公司在行业内存在董事联结，同伴信息质量越高，其税收激进行为同群效应更加显著，与主检验结果基本一致。这表明采用申银万国三级行业分类后是否存在董事联结对上市公司税收激进行为同群效应影响的回归结果依然稳健。

表 6 - 18　　　改变行业划分标准后董事联结影响的检验结果

变量	(1) BTD	(2) DD_BTD	(3) BTD	(4) DD_BTD
BTD_peer	0.062 ** (2.519)		0.042 * (1.698)	
DD_BTD_peer		0.009 (0.446)		0.008 (0.418)
BT_dum	- 0.003 *** (- 2.819)	- 0.003 ** (- 2.280)		
BT_num			- 0.002 ** (- 2.487)	- 0.002 ** (- 2.137)
BTD_peer × BT_dum	0.087 ** (2.230)			
DD_BTD_peer × BT_dum		0.075 *** (2.725)		
BTD_peer × BT_num			0.081 ** (2.069)	
DD_BTD_peer × BT_num				0.078 *** (2.813)
TR	0.250 *** (14.073)	0.251 *** (12.871)	0.255 *** (14.338)	0.250 *** (12.847)
PPE	0.005 (0.953)	0.005 (0.881)	0.004 (0.706)	0.005 (0.894)
Growth	0.002 *** (2.886)	0.001 (1.587)	0.002 *** (2.788)	0.001 (1.585)
Size	0.003 *** (2.740)	0.004 *** (3.336)	0.003 *** (3.042)	0.004 *** (3.305)
Lev	- 0.008 * (- 1.847)	- 0.010 ** (- 2.199)	- 0.008 ** (- 2.014)	- 0.010 ** (- 2.197)
ROA	0.428 *** (29.786)	0.387 *** (24.608)	0.427 *** (29.676)	0.386 *** (24.578)
MSAC	0.121 *** (11.039)	0.079 *** (6.502)	0.120 *** (10.869)	0.078 *** (6.489)

变量	（1） BTD	（2） DD_BTD	（3） BTD	（4） DD_BTD
Owncon1	− 0.000 *** （ − 3.725）	− 0.000 ** （ − 2.124）	− 0.000 *** （ − 3.602）	− 0.000 ** （ − 2.147）
TR_peer	− 0.064 ** （ − 2.172）	− 0.053 （ − 1.611）	− 0.050 * （ − 1.667）	− 0.053 （ − 1.603）
PPE_peer	0.012 （1.293）	− 0.002 （ − 0.212）	0.003 （0.306）	− 0.003 （ − 0.249）
Growth_peer	− 0.000 （ − 0.087）	0.000 （0.290）	0.000 （0.148）	0.000 （0.296）
Size_peer	− 0.002 ** （ − 2.323）	− 0.002 （ − 1.046）	− 0.001 （ − 0.712）	− 0.002 （ − 1.052）
Lev_peer	0.012 * （1.671）	0.006 （0.695）	0.004 （0.509）	0.006 （0.706）
ROA_peer	− 0.059 ** （ − 2.087）	− 0.041 （ − 1.321）	− 0.059 ** （ − 2.020）	− 0.041 （ − 1.303）
MSAC_peer	− 0.002 （ − 0.083）	0.003 （0.126）	− 0.005 （ − 0.216）	0.003 （0.117）
Owncon1_peer	− 0.000 （ − 1.635）	− 0.000 （ − 0.938）	− 0.000 （ − 1.127）	− 0.000 （ − 0.939）
_cons	− 0.057 *** （ − 2.622）	− 0.099 ** （ − 2.252）	− 0.096 ** （ − 2.390）	− 0.098 ** （ − 2.229）
Year	Yes	Yes	Yes	Yes
Industry	Yes	Yes	Yes	Yes
Firm	Yes	Yes	Yes	Yes
N	16051	16051	16051	16051
Adjust_R^2	0.068	0.097	0.066	0.097

注： * 表示 p < 0.1 ，** 表示 p < 0.05 ，*** 表示 p < 0.01。括号内为 t 值，并且经过异方差调整、稳健标准误修正和公司层面的聚类（Cluster）处理。使用全样本回归，样本观察值共计 16051 个。

表 6-18 第（3）和第（4）列报告了联结董事数量这一影响因素

在采用申银万国三级行业分类之后的稳健性检验结果。列（1）和列（2）分别报告了被解释变量为 BTD 和 DD_BTD 时的多元回归结果。从中看出，交互项 BTD_peer × BT_num 的回归系数为 0.081，且在 5% 水平上显著，交互项 DD_BTD_peer × BT_num 的回归系数为 0.078，且在 1% 水平上显著。结果表明，上市公司税收激进行为同群效应会受到联结董事数量的显著影响，公司在行业内的联结董事数量越多，同伴信息质量越高，其税收激进行为同群效应更加显著，与主检验结果基本一致。这表明采用申银万国三级行业分类后联结董事数量对公司税收激进行为同群效应影响的回归结果依然稳健。

（4）改变行业划分标准后融资约束影响的检验结果。表 6－19 报告了融资约束这一影响因素在采用申银万国三级行业分类之后的稳健性检验结果。列（1）和列（2）分别报告了被解释变量为 BTD 和 DD_BTD 时的多元回归结果。从中看出，交互项 BTD_peer × KZ 的回归系数为 －0.100，且在 1% 水平上显著，交互项 DD_BTD_peer × KZ 的回归系数为 －0.041，且在 10% 水平上显著。结果表明，上市公司税收激进行为同群效应会受到融资约束的显著影响，上市公司融资约束程度越高，其税收激进行为同群效应越不显著，与主检验结果基本一致。这表明采用申银万国三级行业分类后融资约束对上市公司税收激进行为同群效应影响的回归结果依然稳健。

表6－19　　　　改变行业划分标准后融资约束影响的检验结果

变量	(1) BTD	(2) DD_BTD
BTD_Peer	0.121*** (4.256)	
DD_BTD_Peer		0.069*** (3.288)
KZ	－0.001 (－1.256)	－0.002 (－1.541)
BTD_Peer × KZ	－0.100*** (－2.736)	

变量	(1) BTD	(2) DD_BTD
DD_BTD_Peer × KZ		−0.041 * (−1.691)
TR	0.254 *** (14.225)	0.242 *** (12.449)
PPE	0.006 (1.066)	0.009 (1.476)
Growth	0.002 *** (2.666)	0.001 (1.521)
Size	0.003 *** (2.778)	0.003 *** (2.820)
Lev	−0.007 (−1.556)	−0.007 (−1.617)
ROA	0.426 *** (29.617)	0.387 *** (24.604)
MSAC	0.121 *** (10.920)	0.080 *** (6.635)
Owncon1	−0.000 *** (−3.543)	−0.000 ** (−2.244)
TR_peer	−0.050 * (−1.675)	−0.067 ** (−2.052)
PPE_peer	0.003 (0.274)	0.007 (0.691)
Growth_peer	0.000 (0.051)	−0.000 (−0.020)
Size_peer	−0.001 (−0.693)	−0.003 ** (−2.361)
Lev_peer	0.004 (0.538)	0.014 * (1.817)
ROA_peer	−0.059 ** (−2.032)	−0.036 (−1.180)

变量	(1) BTD	(2) DD_BTD
MSAC_peer	-0.006 (-0.260)	0.006 (0.247)
Owncon1_peer	-0.000 (-1.141)	-0.000 (-1.522)
_cons	-0.092 ** (-2.291)	-0.063 *** (-2.645)
Year	Yes	Yes
Industry	Yes	Yes
Firm	Yes	Yes
N	16051	16051
Adjust_R^2	0.066	0.101

注：＊表示 p < 0.1，＊＊表示 p < 0.05，＊＊＊表示 p < 0.01。括号内为 t 值，并且经过异方差调整、稳健标准误修正和公司层面的聚类（Cluster）处理。使用全样本回归，样本观察值共计 16051 个。

（5）改变行业划分标准后公司治理水平影响的检验结果。表6－20 报告了公司治理水平这一影响因素在采用申银万国三级行业分类之后的稳健性检验结果。列（1）和列（2）分别报告了被解释变量为 BTD 和 DD_BTD 时的多元回归结果。从中看出，交互项 BTD_peer × CGI 的回归系数为 -0.019，且在 10% 水平上显著，交互项 DD_BTD_peer × CGI 的回归系数为 -0.021，且在 5% 水平上显著。结果表明，上市公司税收激进行为同群效应会受到公司治理水平的显著影响，公司治理水平越高，上市公司税收激进行为同群效应越不显著，与主检验结果基本一致。这表明采用申银万国三级行业分类后公司治理水平对上市公司税收激进行为同群效应影响的回归结果依然稳健。

表6－20　　改变行业划分标准后公司治理水平影响的检验结果

变量	(1) BTD	(2) DD_BTD
BTD_Peer	0.065 *** (3.035)	

变量	(1) BTD	(2) DD_BTD
DD_BTD_Peer		0.029 * (1.679)
CGI	−0.001 (−1.346)	−0.002 ** (−2.285)
BTD_Peer × CGI	−0.019 * (−1.677)	
DD_BTD_Peer × CGI		−0.021 ** (−2.089)
TR	0.255 *** (14.321)	0.250 *** (12.838)
PPE	0.003 (0.652)	0.005 (0.812)
Growth	0.002 *** (2.831)	0.001 (1.645)
Size	0.003 *** (3.015)	0.004 *** (3.330)
Lev	−0.008 ** (−2.035)	−0.010 ** (−2.314)
ROA	0.428 *** (29.690)	0.388 *** (24.641)
MSAC	0.120 *** (10.840)	0.078 *** (6.458)
Owncon1	−0.000 *** (−3.856)	−0.000 *** (−2.691)
TR_peer	−0.049 (−1.617)	−0.050 (−1.502)
PPE_peer	0.002 (0.239)	−0.003 (−0.261)
Growth_peer	−0.000 (−0.050)	0.000 (0.083)

变量	(1) BTD	(2) DD_BTD
Size_peer	-0.001 (-0.703)	-0.002 (-1.024)
Lev_peer	0.004 (0.493)	0.005 (0.610)
ROA_peer	-0.061** (-2.087)	-0.044 (-1.389)
MSAC_peer	-0.008 (-0.338)	0.000 (0.006)
Owncon1_peer	-0.000 (-1.180)	-0.000 (-0.973)
_cons	-0.095** (-2.380)	-0.099** (-2.258)
Year	Yes	Yes
Industry	Yes	Yes
Firm	Yes	Yes
N	16051	16051
Adjust_R^2	0.066	0.098

注：* 表示 $p < 0.1$，** 表示 $p < 0.05$，*** 表示 $p < 0.01$。括号内为 t 值，并且经过异方差调整、稳健标准误修正和公司层面的聚类（Cluster）处理。使用全样本回归，样本观察值共计 16051 个。

（6）改变行业划分标准后卖空压力影响的检验结果。表 6-21 报告了卖空压力这一影响因素在采用申银万国三级行业分类之后的稳健性检验结果。列（1）和列（2）分别报告了被解释变量为 BTD 和 DD_BTD 时的多元回归结果。从中看出，交互项 BTD_peer × Short 的回归系数为 -0.205，且在 1% 水平上显著，交互项 DD_BTD_peer × Short 的回归系数为 -0.099，且在 5% 水平上显著。结果表明，上市公司税收激进行为同群效应会受到卖空压力的显著影响，与非融资融券标的公司相比，在成为融资融券标的后，上市公司的税收激进行为同群效应显著降低，与主检验结果基本一致。这表明采用申银万国三级行业分类后卖空压力对上市公司税收激进行为同群效应影响的回归结果依然稳健。

表 6 - 21　　　改变行业划分标准后卖空压力影响的检验结果

变量	(1) BTD	(2) DD_BTD
BTD_Peer	0. 142 *** (3. 031)	
DD_BTD_Peer		0. 062 ** (2. 440)
Short	0. 004 ** (2. 066)	0. 002 (0. 856)
BTD_Peer × Short	− 0. 205 *** (− 2. 930)	
DD_BTD_Peer × Short		− 0. 099 ** (− 2. 384)
TR	0. 291 *** (10. 918)	0. 281 *** (12. 638)
PPE	0. 001 (0. 108)	0. 003 (0. 403)
Growth	0. 001 (0. 425)	0. 000 (0. 009)
Size	0. 002 (1. 276)	0. 003 ** (2. 399)
Lev	− 0. 009 (− 1. 275)	− 0. 010 * (− 1. 936)
ROA	0. 424 *** (12. 193)	0. 390 *** (22. 253)
MSAC	0. 116 *** (5. 150)	0. 073 *** (5. 623)
Owncon1	− 0. 000 ** (− 2. 489)	− 0. 000 *** (− 2. 711)
TR_peer	− 0. 059 (− 1. 294)	− 0. 062 (− 1. 231)

变量	(1) BTD	(2) DD_BTD
PPE_peer	0.003 (0.186)	−0.003 (−0.189)
Growth_peer	−0.000 (−0.056)	0.000 (0.197)
Size_peer	−0.002 (−0.965)	−0.004 (−1.511)
Lev_peer	−0.008 (−0.667)	−0.007 (−0.570)
ROA_peer	−0.116*** (−2.586)	−0.094** (−2.180)
MSAC_peer	−0.001 (−0.028)	0.012 (0.360)
Owncon1_peer	−0.000 (−0.188)	−0.000 (−0.230)
_cons	−0.048 (−0.745)	−0.035 (−0.572)
Year	Yes	Yes
Industry	Yes	Yes
Firm	Yes	Yes
N	16051	16051
Adjust_R^2	0.090	−0.113

注：*表示 $p<0.1$，**表示 $p<0.05$，***表示 $p<0.01$。括号内为 t 值，并且经过异方差调整、稳健标准误修正和公司层面的聚类（Cluster）处理。使用全样本回归，样本观察值共计 16051 个。

3. 改变外部环境不确定性的计量方式

由于政府干预程度越高，上市公司外部环境的不确定性就越大，其风险也随之上升（陈正林，2016），本书采用王小鲁等（2019）的中国分省份市场化指数报告中包含"减少政府对企业的干预指数"的"政府与市场的关系评分"作为政府干预指数（GI）来衡量外部环境不确定性，进行稳健性检验。政府干预指数（GI）越小，政府干预程度越高，外部环境不确定性就越高。表 6 - 22 报告了政府干预指数对上市公司税收激进行为"同群效应"影响的回归结果。列（1）和列（2）分别报告了被解释变量为 BTD 和 DD_BTD 时的多元回归结果。从中看出，交互项 BTD_peer × GI 的回归系数为 - 0.042，且在 5% 水平上显著，交互项 DD_BTD_peer × GI 的回归系数为 - 0.031，且在 5% 水平上显著。结果进一步表明，上市公司税收激进行为同群效应会受到外部环境的不确定性的显著影响，政府干预程度越高，上市公司税收激进行为同群效应更加显著，与主检验结果基本一致。这表明改变外部环境不确定性的计量方式后外部环境不确定性对公司税收激进行为同群效应影响的回归结果依然稳健。

表 6 - 22　　　改变外部环境不确定性计量方式后的检验结果

变量	(1) BTD	(2) DD_BTD
BTD_peer	0.472 *** (3.100)	
DD_BTD_peer		0.317 *** (2.785)
GI	0.002 (0.472)	0.002 (0.569)
BTD_peer × GI	- 0.042 ** (- 2.268)	
DD_BTD_peer × GI		- 0.031 ** (- 2.219)
TR	0.246 *** (10.864)	0.244 *** (9.989)
PE	0.003 (0.384)	0.003 (0.327)
Growth	0.001 (0.735)	0.001 (0.583)
Size	0.007 *** (4.289)	0.007 *** (3.625)

变量	（1） BTD	（2） DD_BTD
Lev	−0.028 *** （−4.462）	−0.025 *** （−3.807）
ROA	0.299 *** （10.103）	0.285 *** （8.953）
MSAC	0.071 *** （3.094）	0.056 ** （2.348）
Owncon1	−0.000 （−0.775）	−0.000 （−0.117）
TR_peer	0.022 （0.319）	0.028 （0.394）
PPE_peer	−0.014 （−0.704）	−0.019 （−0.919）
Growth_peer	0.000 （0.216）	0.002 （0.841）
Size_peer	−0.003 （−1.105）	−0.004 （−1.329）
Lev_peer	0.020 （1.266）	0.021 （1.202）
ROA_peer	0.009 （0.165）	0.057 （0.988）
MSAC_peer	−0.017 （−0.402）	−0.010 （−0.218）
Owncon1_peer	0.000 （0.467）	0.000 （0.536）
_cons	−0.164 ** （−2.311）	−0.160 ** （−2.142）
Year	Yes	Yes
Industry	Yes	Yes
Firm	Yes	Yes

变量	(1) BTD	(2) DD_BTD
N	16051	16051
Adjust_R^2	0.064	0.050

注：＊表示 $p < 0.1$，＊＊表示 $p < 0.05$，＊＊＊表示 $p < 0.01$。括号内为 t 值，并且经过异方差调整、稳健标准误修正和公司层面的聚类（Cluster）处理。使用全样本回归，样本观察值共计 16051 个。

6.4　本 章 小 结

在信息性模仿和竞争性模仿两种公司税收激进行为同群效应形成机制的基础上，本章进一步探究公司税收激进行为同群效应的影响因素。为此，本章以社会学习理论及包含同伴信息的公司行为决策模型和动态竞争理论，以及公司行为最优反应函数为基础构建了公司税收激进行为同群效应的影响因素理论分析框架并提出相应的研究假设，以 2008 ~ 2018 年我国沪、深两市 A 股非金融类上市公司为样本实证检验了信息质量（包含先验信息质量、自有信息质量和同伴信息质量）和公司个体特征（包含融资约束、公司治理水平和卖空压力）两类公司税收激进行为的重要决策依据如何分别通过信息性模仿和竞争性模仿两种税收激进行为同群效应形成机制对上市公司税收激进行为同群效应产生影响。研究结果表明：（1）外部环境不确定性显著影响上市公司税收激进行为同群效应。外部环境不确定性越大，公司的先验信息质量越差，公司更依赖同伴公司税收激进行为的信息进行税收激进行为的决策，上市公司税收激进行为同群效应越显著。（2）公司管理层经验显著影响上市公司税收激进行为同群效应。公司管理层任期越长，经验越丰富，其自有信息的质量越高，公司管理层更加依赖自身的判断进行税收激进决策，同伴公司税收激进行为的信息在决策中易被忽略，上市公司税收激进行为同群效应不显著。（3）董事联结显著影响上市公司税收激进行为同群效应。焦点公司与同行业内的同伴公司存在董事联结，且焦点公司拥有的联结董事数量越多，其决策者在行业中能观测到的同伴公司的数量就越多，公司税收激进行为决策所需的同伴信息质量就越高，公司决策者更加依赖于同伴公司信息做出税收激进决策，上市公司税收激进行为的同群效应就越显著。（4）融资约束、公司治理水平和卖空压力等公司个体特征会显著影响公司税收激进行为同群效应。焦点公司融资约束程度越高，其税收激进行为更多来自缓解融资约束的自身动机，对同伴公司税收激进行为的竞争性模仿动机越弱，税收激进行为同群效应越不显著；公司治理水平越高，管理层面临更强的监管，管理层通过税收激进行为攫取私利时被发现的可能性越大，对同伴公司税收激进行为的竞争性模仿动机越弱，税收激进行为同群效应越不显著；公司税收激进行为与管理层的自利行为相关，进入融资融券标的股票名单后，公司面临卖空压力，导致公司不再模仿行业中其他公司的税收激进行为。在成为融资融券标的后，焦点公司的税收激进行为同群效应显著降低。（5）在稳健性检验中，一是改变税收激进计量方式，使用有效税率和名义税率与有效税率的差额两种税收激进衡量指标；二是更改行业划分标准，采用申银万国三级行业分类标准；三是改变外部环境不确定性的衡量方式，采用政府干预程度来衡量外部环境的不确定性，重新进行多元回归的结果与主检验结果一致。

本章的研究发现拓展了同群效应影响因素的研究文献，为税收征管机构和公司决策者深入理解公司税收激进行为同群效应的影响因素，并发挥公司税收激进行为同群效应的积极作用提供理论依据和经验证据。对于税收征管部门而言，一是融资约束公司、公司治理水平较低和不能被卖空的公司，本身税收激进程度较高，而且税收激进行为同群效应较弱，难以通过税收激进行为同群效应所产生的合法性压力来抑制其税收激进行为，因此应重点关注融资约束公司、治理水平较低和不能被卖空的公司税收激进行为及其同群效应；二是应结合卖空机制等资本市场的政策工具来提高税收征管效率。对于公司决策者而言，一是应关注公司外部环境并努力提升自身能力和经验水平，当面临较高的环境不确定并且自身又缺乏经验时，模仿同伴公司的税收激进行为能够有效降低决策成本，提高决策效率；二是应重视董事联结这一信息沟通渠道，通过联结董事尽可能充分的了解同伴公司税收激进行为，为本公司税收激进行为的决策提供重要参考。

第7章 上市公司税收激进行为
同群效应的经济后果

前面分析表明，上市公司税收激进行为存在显著的同群效应，信息性模仿和竞争性模仿是上市公司税收激进行为同群效应的主要形成机制，信息质量和公司个体特征是上市公司税收激进行为同群效应的重要影响因素。当上市公司模仿同伴公司税收激进行为产生税收激进行为同群效应时，这样的税收激进决策行为是更有利于公司利益还是更有利于管理层私利呢？本章以公司税收激进理论、制度理论和信息不对称以及委托代理理论为基础构建了公司税收激进行为同群效应经济后果的理论分析框架并提出相应的研究假设，以 2008～2018 年我国沪、深两市 A 股上市公司为样本实证检验了公司税收激进行为的经济后果，是有利于公司利益还是更有利于管理层私利，是对新兴市场公司税收激进相关文献的补充，也是对同群效应经济后果相关研究的拓展。此外，本章为公司的会计绩效和市场价值、管理层货币薪酬和在职消费的影响研究提供了新的经验证据。

7.1 理论分析与研究假设

本节首先基于公司税收激进理论和制度理论，分析上市公司税收激进行为同群效应对公司利益的影响并提出相应的研究假设；然后，基于公司税收激进理论和信息不对称以及委托代理理论，分析上市公司税收激进行为同群效应对管理层私利的影响，并从管理层的货币薪酬和在职消费两方面提出相应的研究假设。以下理论分析与研究假设的提出主要基于上述分析框架进行展开。

7.1.1　公司税收激进行为同群效应与公司利益

公司利益是公司税收激进行为动机研究的一个主要方面。长期以来，税收激进行为对公司利益的影响研究以缓解公司融资约束和增加代理成本的双重效应为逻辑基础。一方面，传统的公司税收激进理论认为，通常高税负会使公司在追求利润最大化的过程中面临着较高的纳税支出，成为公司发展的阻碍，而合理避税能够为公司减少纳税支出，节约现金流，增加公司的内源融资，缓解融资约束（Phillips，2003）。因此，风险中立的股东希望管理层进行税收激进行为以达到增加公司税后现金流的目的，从而实现股东财富最大化及公司价值最大化的目的。另一方面，管理层实施税收激进行为的过程中往往通过复杂交易来掩盖税收激进行为，虽然这样的掩盖使公司税收激进行为更为隐蔽，降低了税收征管部门的质疑，却提高了公司的信息不对称程度，从而为管理层的自利行为提供了机会，增加了公司的代理成本，导致公司价值的降低。罗党论和魏翥（2012）研究发现在我国所得税改革之前公司的税收激进行为能够提高公司价值。然而，德赛和达摩波罗（Desai and Dharma-pala，2009）研究发现，公司税收激进行为会损害公司利益，良好的公司治理可以缓解公司税收激进行为对公司价值的损害。基于货币政策视角，程小可等（2016）考察了不同货币政策下公司税收激进对其价值的影响，发现货币政策宽松时期，投资者将公司税收激进行为视为存在代理问题的信号，由此对企业价值给予较低评价；在货币政策紧缩期，合理的税收激进行为可作为一种替代性的内源融资方式缓解企业潜在的融资约束问题，并且投资者将实际税负的降低解读为一种公司价值增加的信号。

以上研究主要关注了公司税收激进行为对公司利益的影响。当公司模仿同伴税收激进行为产生税收激进行为同群效应时，这种受同群效应影响的税收激进行为是否会影响公司利益呢？这一问题是税收激进行为同群效应经济后果的重要方面，需要进一步探究。

前述研究发现信息性模仿和竞争性模仿是公司税收激进行为同群效应得以形成的重要机制，即行业跟随者对行业领导者税收激进行为的模仿更加显著，并且行业竞争越激烈，公司税收激进行为同群效应越显著。这表明公司税收激进行为的同群效应源于对行业领导者的追赶和对行业竞争者税收激进行为的反击，其最终目的是为了获得市场竞争中的优势地位，从而提升公司价值。基于融资约束视角，税收激进行为能够减少公司现金流出。公司税收激进代表着股东利益，因为税收激进能够将公司资源从政府手中转回到公司内部，带来公司价值的提升。经典财务理论认为，公司价值是未来现金流的折现，因此税收激进行为能够直接增加公司价值。罗党论和魏翥（2012）研究发现在我国所得税改革之前公司税收激进能够降低公司的实际税负，为公司带来经济利益的流入，增加公司价值，并且公司的税收激进程度越大，这种公司价值的提高就越大。同时，税收激进行为所节约的现金流出增加了公司内源融资资源，缓解了公司潜在的融资约束，促使公司更好地抓住投资机会，进而提升公司价值。特别是在外部融资环境恶化，融资成本升高时，这一效应表现得尤为明显。

此外，合法性压力也是公司税收激进行为形成信息性模仿的重要机制之一。上市公司税收激进行为的同群效应增强了公司税收激进行为的"合法性"，与行业平均税收激进程度的趋同降低了公司遭受税收处罚的风险，减少了公司的经济损失和声誉损失，有利于公司价值的提升。

总之，税收激进行为同群效应提升了公司的竞争力，同时降低了公司违法风险，从而有助于提高公司价值。公司价值主要分为会计绩效和市场价值两个方面。会计绩效是反映公司当前状况下的公司价值，适宜于进行公司间的横向对比，市场价值可以看作未来收益的折现（王竹泉等，2017），因此公司税收激进行为同群效应对公司价值的提高会具体反映在公司的会计绩效和市场价值的提升上。基于以上公司税收激进行为同群效应对公司利益的影响分析，提出研究假设 7.1。

假设 7.1：公司税收激进行为同群效应越强，公司的会计绩效和市场价值越高。

7.1.2　公司税收激进行为同群效应与管理层私利

自利动机是公司税收激进行为动机研究的另一个主要方面。公司税收激进的自利动机研究以股东与管理者之间的代理冲突为逻辑基础，认为尽管风险中立的股东要求管理层进行税收激进行为以达到增加公司税后现金流的目的，但管理者可能伺机利用复杂不透明的税收激进行为掩盖或实施自利行为，从而达到其攫取个人私利的目的。

陈和楚（Chen and Chu，2005）在委托—代理理论框架下分析了公司税收激进行为，认为由于所有权和经营权分离而导致的效率损失问题可能会对公司纳税行为产生影响，研究发现公司由于实施税收激进行为往往会降低有关财务信息质量，以此来规避税收征管部门的监管，即税收激进行为会增加公司信息的不对称程度。巴拉克里希南等（Balakrishnan et al.，2018）则对公司税收激进和信息透明度之间的关系进行了直接的考察。他们使用多种指标衡量公司的信息透明度，均发现公司的税收激进程度越高，信息透明度越低。两权分离的公司会使管理当局基于自身利益来权衡纳税筹划行为，造成无法由公司特征解释的公司税收激进行为的增量解释效应。基于中国的实证研究也都有类似发现。廖歆欣和刘运国（2016）研究发现管理层的在职消费与公司的税收激进程度正相关，而这一正相关关系随着来自公司内部和外部监管力量的增强而降低。叶康涛和刘行（2014）考察了公司税收激进活动对内部委托代理问题的影响，发现上市公司税收激进程度越高，内部代理成本也越高。以上研究表明公司的税收激进行为确实恶化了公司的信息环境，增加了公司信息的不对称，从而为管理层（内部人）的机会主义行为提供了掩护。因此，用设计有效的治理机制来缓解由于两权分离而导致的代理成本，进而降低公司高管通过税收激进行为来攫取私利，是十分必要的。德赛和达摩波罗（Desai and Dharmapala，2006）使用应计利润调整后的公司会税差异来研究公司税务自利与管理层的薪酬激励问题，研究表明，公司治理水平较低时，管理层薪酬激励的增加可以减少公司纳税中的管理层自利行为；陈等（Chen et al.，2010）研究显示，相比于非家族企业，家族企业拥有更加保守的纳税筹划政策，作者将这一现象归因为，家族所有者更加注重企业的声誉，他们愿意放弃避税所带来的节税收益，以免由于税收激进所导致的信息不对称问题降低企业价值；爱德华兹等（Edwards et al.，2016）构建了度量融资约束的宏观和微观指标，研究发现，由于委托代理问题的存在，企业面临融资约束水平越高，管理层通过税收激进行为攫取私利的动机越强。

　　以上研究主要关注公司税收激进行为对公司管理层私利的影响，并非是公司税收激进行为同群效应对公司管理层私利的影响。当公司模仿同伴税收激进行为产生税收激进行为同群效应时，这种因同群效应产生的税收激进行为是否会影响公司管理层的个人私利呢？这一问题是税收激进行为同群效应经济后果的重要方面，值得进一步探究。

　　（1）上市公司税收激进行为同群效应与高管货币薪酬。

　　公司税收激进行为同群效应部分产生于信息性模仿机制和竞争性模仿机制。在这两种机制的形成过程中，可能会对管理层的货币薪酬水平产生影响，从而影响管理层私利。

　　从信息性模仿机制的角度来看，税收激进行为的同群效应越强，相比同伴信息的质量，公司的先验信息质量和自有信息质量较差，因此公司管理层会更加依赖同伴信息做出决策。然而，过分地依赖同伴信息，一方面说明公司管理层缺乏经验，另一方面说明公司管理层并未努力分析公司自身状况和面临的外部环境并据此做出更加利于公司价值的税收激进决策，存在"偷懒"行为。鉴于此，公司股东很可能会对管理层产生负面评价，进而降低其薪酬水平。

　　从竞争性模仿机制的角度来看，公司税收激进行为的同群效应就越强，意味着行业竞争程度越高，行业竞争对手就越多。霍姆斯特罗姆（Holmstrom，1982）、奈尔巴夫和施蒂格利茨（Nalebuff and Stiglitz，1983）研究发现所处行业的竞争程度越强，公司的信息不对称性越弱，高管努力程度对其薪酬的影响就越大。由于税收激进行为的同群效应越强，股东对高管努力程度的评价越低。因此，公司税收激进行为同群效应的竞争性模仿机制会加剧股东对管理层产生负面评价，进一步降低其薪酬水平。

　　由此可见，因税收激进行为同群效应的信息性模仿机制，公司股东会以经验不足且不努力为由给予税收激进同群的管理层更为负面的评价，从而降低其货币薪酬，同时竞争性模仿机制加剧了这一后果的产生。基于以上分析，提出研究假设 7.2。

　　假设 7.2：公司税收激进行为同群效应越强，公司高管的货币薪酬水平越低。

（2）上市公司税收激进行为同群效应与在职消费。

除了货币薪酬之外，在职消费也是高管私利的重要组成部分。在职消费是公司管理层在履行职责过程中所获得与职责有关或无关的非直接货币性收益，包括享受豪华办公室、拥有俱乐部会员资格、乘坐飞机头等舱、拥有专机或专车以及餐饮娱乐消费等（张铁铸和沙曼，2014）。委托代理理论认为，管理层有动机利用权力来寻租，除了影响货币薪酬以外，还可能增加在职消费（权小锋等，2010）。

从税收激进行为同群效应的竞争性模仿机制来看，税收激进行为的同群效应越高，说明公司间竞争行为的互动更加频繁和及时。在竞争性模仿机制的作用下，充分竞争的行业更容易迫使经营不善的公司被清算或者被兼并，而管理层往往会在公司被兼并或者被清算后丢掉工作，因此，在充分竞争的行业里，公司管理层超额在职消费等道德风险问题更容易导致其职业发展受阻。此外，在充分竞争的行业中，为了在竞争中获得优势，公司会提高治理水平。竞争为公司股东提供了信息来源，使激励机制更加敏感，进而促进了公司治理的有效性。在职消费的代理观认为，良好的公司治理能够减少公司的在职消费。因此，税收激进行为同群效应的竞争性模仿会减少在职消费。

从税收激进行为同群效应的信息性模仿机制来看，税收激进行为的同群效应越强，公司管理层的决策越追求"合法性"，以减少处罚损失和声誉损失，其中管理层的声誉损失也包含在内。在"合法性"机制下，具有良好声誉的管理者工作机会更多，其身价自然也就越高。一个经理人越注重自己在市场上的声誉和行为的合法性，那么通过在职消费进行自我激励的需求就越低。因此，税收激进行为同群效应的信息性模仿机制也会减少管理层的在职消费。

由此可见，虽然公司管理层有着通过增加在职消费来攫取私利的动机，但是公司税收激进行为同群效应的竞争性模仿机制和信息性模仿机制却能够在一定程度上抑制管理层的在职消费。基于以上分析，提出研究假设7.3。

假设7.3：公司税收激进行为同群效应越强，公司高管的在职消费水平越低。

7.2　样本选取、变量定义与模型构建

7.2.1　样本选取

由于《中华人民共和国企业所得税法》（以下简称《新所得税法》）于 2008 年 1 月 1 日正式施行，为使企业税收规避的度量保持前后一致，免于更多噪音的干扰，本章选择以 2008 年为研究起点，以 2008 ~ 2016 年作为样本期间。对选取的样本进行如下处理：（1）剔除金融保险类上市公司；（2）剔除 ST、PT 等非正常上市的公司；（3）剔除所需样本期间披露数据不全的样本公司；（4）剔除 B 股公司；（5）剔除当期所得税为 0 或小于 0 的公司样本。本章财务数据来自国泰安 CSMAR 数据库，公司名义所得税税率来自 Wind 数据库，在职消费数据是从公司年报附注中经手工收集整理而得。此外，多元回归进行了 White 异方差检验和 Robust 稳健标准误修正，并进行了公司层面的聚类（Cluster）处理，且对所有连续变量进行了 1% 的双侧 Winsorize 处理。

7.2.2　变量定义

（1）被解释变量。

会计绩效，使用资产净利率（ROA）作为会计绩效的度量指标，等于净利润与总资产的比值。

市场价值，使用托宾 Q 值（Tobin Q）作为市场价值的度量指标，等于股票市场价值与债务账面价值的和与总资产的比值。

货币薪酬（LNPAY），使用上市公司高管前三名人均薪酬的自然对数来衡量。

在职消费（PERK），参考陈冬华等（2005），使用公司年报附注中的管理费用相关明细数据，如差旅费、办公费、通信费、小车费、董事会会务费、招待费、出国培训费、会务费等费用相加并除以营业收入。

（2）解释变量。

税收激进同群（PEERIND）为解释变量。在衡量行业税收激进行为同群效应的大小时，借鉴廖等（Liao et al.，2012）和李志生等（2018）的研究，首先将公司的税收激进程度（TA）对同行业内公司的平均税收激进程度（PeerTA）进行回归：

$$TA_{i,t} = \alpha_0 + \alpha_1 PeerTA_{i,t} + \varepsilon_{i,t} \qquad (7.1)$$

基于模型（7.1）得到所有公司的回归系数 α_1 和回归方程确定系数 R^2，分别计算 α_1 和 R^2 的平均值，用来衡量公司税收激进行为同群效应的大小。参考廖等（Liao et al.，2012）和李志生等（2018）的研究，由于模型（7.1）中被解释变量和解释变量的取值存在明显的差异，关注回归系数 α_1 的意义并不大，因此本章只选取计算得出的 R^2 平均值来衡量公司税收激进行为同群效应的大小。由于公司的税收激进程度（TA）和同伴公司平均税收激进程度（PeerTA）均由会税差异和固定效应残值法计算的会税差异两种方式来度量，因此将基于两种方式度量的公司的税收激进程度（TA）和同行公司平均税收激进程度（PeerTA）代入模型（7.1）分别进行回归，得到的公司税收激进行为同群效应的大小（PEERIND）分为 PEERIND 1 和 PEERIND 2。PEERIND1 由模型（7.1）使用基于会税差异的 BTD 和 BTD_peer 回归所得，PEERIND 2 由模型（7.1）使用基于固定效应残值法会税差异的 DD_BTD 和 DD_BTD_peer 所得。

（3）控制变量。

为控制其他因素的影响，本章借鉴已有研究文献，控制公司规模（Size）、资产负债率（Lev）、资产净利率（ROA）、成长性（Growth）、员工人数（Staff）、上市年限（Age）、无形资本密集度（Intang）、公司税收激进程度（TA）和产权性质（SOE），并控制年度效应（Year）、行业效应（Industry）和公司个体固定效应（Firm）。

相关变量类型、符号、描述如表7-1所示。

表7-1 变量定义及说明

变量类型	变量名称	变量符号	变量描述
被解释变量	会计绩效	ROA	资产净利率，等于净利润与总资产的比值
	市场价值	Tobin Q	股票市场价值与债务账面价值的和与总资产的比值

变量类型	变量名称	变量符号	变量描述
被解释变量	货币薪酬	LNPAY	上市公司高管前三名人均薪酬的自然对数
	在职消费	PERK	使用公司年报附注中的管理费用相关明细数据，如差旅费、办公费、通信费、小车费、董事会会务费、招待费、出国培训费、会务费等费用相加并除以营业收入
主要解释变量	税收激进同群	PEERIND	公司税收激进同群效应的大小，其值为模型（7.1）回归方程确定系数 R^2 的平均值，按照税收激进计量方式的不同分为 PEERIND1 和 PEERIND2，具体计算方法详见前文
控制变量	公司规模	Size	公司规模，等于公司总资产的自然对数
	资产负债率	Lev	资产负债率，等于负债总额与总资产比值
	营业收入的增长率	Growth	营业收入的增长率
	员工人数	Staff	员工人数，等于员工人数的对数
	上市年限	Age	上市年限，等于上市公司上市年限的对数
	董事会独立性	Dub	董事会独立性，等于独立董事人数除以董事会总人数
	产权性质	SOE	产权性质，国有企业取值为1，否则取值为0
	年度	Year	控制年度
	行业	Industry	控制行业
	公司	Firm	控制公司个体固定效应

7.2.3 模型构建

本章将从会计绩效和公司价值两个角度检验公司税收激进行为同群效应的组织利益动机。参考权小锋等（2010）、王营和曹廷求（2017）、李志生等（2018）的方法，我们构建模型为：

$$\text{ROA}_{i,t} = \alpha_0 + \alpha_1 \text{PEERIND}_{i,t} + \partial X_{i,t} + \text{Industry} + \text{Year} + \text{Firm} + \varepsilon_{i,t}$$

$$(7.2)$$

其中，ROA 为会计绩效，使用资产净利率来衡量；PEERIND 为税收激进同群；X 为一系列控制变量，包括公司规模（Size）、资产负债率（Lev）、资本密集度（PPE）、成长性（Growth）、员工人数（Staff）、上市年限（Age）、董事会独立性（Dub）、产权性质（SOE）；同时控制了年度效应（Year）、行业效应（Industry）和公司个体固定效应（Firm）；$\varepsilon_{i,t}$为扰动项。

$$TobinQ_{i,t} = \alpha_0 + \alpha_1 PEERIND_{i,t} + \partial X_{i,t} + Industry + Year + Firm + \varepsilon_{i,t}$$

$$(7.3)$$

其中，Tobin Q 为市场价值，使用托宾 Q 值来衡量；PEERIND 为税收激进同群；X 为一系列控制变量，与模型（7.2）一致；同时控制了年度效应（Year）、行业效应（Industry）和公司个体固定效应（Firm）；$\varepsilon_{i,t}$为扰动项。

对于管理层私利，我们从货币薪酬和在职消费两个角度进行分析。参考权小锋等（2010）的方法，我们构建了模型为：

$$LNPAY_{i,t} = \alpha_0 + \alpha_1 PEERIND_{i,t} + \partial X_{i,t} + Industry + Year + Firm + \varepsilon_{i,t}$$

$$(7.4)$$

其中，LNPAY 为公司高管货币薪酬；PEERIND 为税收激进同群；X 为一系列控制变量，与模型（7.2）一致；同时控制了年度效应（Year）、行业效应（Industry）和公司个体固定效应（Firm）；$\varepsilon_{i,t}$为扰动项。

$$PERK_{i,t} = \alpha_0 + \alpha_1 PEERIND_{i,t} + \partial X_{i,t} + Industry + Year + Firm + \varepsilon_{i,t}$$

$$(7.5)$$

其中，PERK 为公司在职消费；PEERIND 为税收激进同群；X 为一系列控制变量，与模型（7.2）一致；同时控制了年度效应（Year）、行业效应（Industry）和公司个体固定效应（Firm）；$\varepsilon_{i,t}$为扰动项。

7.3　实证分析与结果描述

7.3.1　描述性统计

各变量的描述性统计见表 7－2。公司会计绩效（ROA）的均值为 0.050，标准差为 0.039，最大值和最小值分别为 0.201 和 0.002，表明样本期内公司会计绩效的平均水平较低且不同公司间存在较大差异；公司市场价值（Tobin Q）的均值为 2.209，标准差为 1.910，最大值和最小值分别为 10.825 和 0.195，表明样本期内公司价值分布较为离散，市场对不同公司的市场价值估计存在较大差异；高管货币薪酬（LNPAY）的均值为 13.239，标准差为 0.680，最大值和最小值分别为 15.176 和 11.618，表明样本期内公司高管薪酬存在差异；在职消费（PERK）的均值为 0.015，标准差为 0.020，最大值和最小值分别为 0.124 和 0.000，表明样本期内公司在职消费水平在不同公司间存在较大差异，其统计分布情况与基于中国背景的在职消费研究相类似（廖歆欣和刘运国，2016）。

表 7 - 2　　　　　　　　　主要变量的描述性统计

变量	样本量	均值	标准差	最小值	25%分位数	中位数	75%分位数	最大值
ROA	12217	0.050	0.039	0.002	0.021	0.041	0.068	0.201
Tobin Q	12217	2.209	1.910	0.195	0.938	1.672	2.816	10.825
LNPAY	12217	13.239	0.680	11.618	12.789	13.216	13.650	15.176
PERK	12217	0.015	0.020	0.000	0.004	0.009	0.019	0.124
PEERIND1	12217	0.017	0.036	0.000	0.001	0.007	0.014	0.967
PEERIND2	12217	0.027	0.060	0.000	0.001	0.002	0.027	0.977
Size	12217	22.088	1.221	19.740	21.197	21.931	22.813	25.696
Lev	12217	0.423	0.209	0.049	0.254	0.417	0.585	0.872
Owncon1	12217	0.352	0.149	0.090	0.235	0.333	0.452	0.745
PPE	12217	0.212	0.161	0.002	0.087	0.178	0.300	0.703
Growth	12217	0.276	0.654	-0.445	0.011	0.144	0.327	5.011
Staff	12217	7.633	1.201	4.466	6.832	7.583	8.412	10.651
Age	12217	1.944	0.919	0.000	1.386	2.138	2.708	3.178
Dub	12217	0.373	0.052	0.333	0.333	0.333	0.429	0.571
SOE	12217	0.398	0.489	0.000	0.000	0.000	1.000	1.000

从税收激进同群指数来看，基于会税差异（BTD）的税收激进同群

指数（PEERIND1）的标准差为 0.036，最大值和最小值分别为 0.967 和 0.000，均值为 0.017，中位数为 0.007；基于固定效应残值法计算的会税差异（DD_BTD）的税收激进同群指数（PEERIND2）的标准差为 0.060，最大值和最小值分别为 0.977 和 0.000，均值为 0.027，中位数为 0.002。PEERIND1 和 PEERIND2 的均值都大于中位数，呈右偏分布。

从控制变量来看，公司规模（Size）的均值为 22.088，表明样本公司平均规模约为 18 亿元，标准差为 1.221，表明样本公司规模的差异较大。资产负债率（Lev）的均值为 0.423，表明样本公司的总负债占据总资产近一半，较为适中。股权集中度（Owncon1）均值为 0.352，反映出样本公司的股权结构中股权集中度较高，第一大股东持股比例的比重偏大。资本密集度（PPE）的均值为 0.212，最大值为 0.703，最小值为 0.002，表明样本公司资本密集度的差异较大。成长性（Growth）的均值为 0.276，即营业收入增长率为 27.6%，表明整体上样本公司的成长性较好，标准差为 0.654，最大值和最小值分别为 5.011 和 -0.445，表明样本期内公司成长性存在很大差异。员工人数（Staff）的均值为 7.633，标准差为 1.201，最大值和最小值分别为 10.651 和 4.466，表明样本公司间员工人数差异较大。上市年限（Age）的均值为 1.944，取对数之前的均值为 6.998，表明样本公司的平均上市年限约 7 年。董事会独立性（Dub）的均值为 0.373，表明独立董事的平均占比约 37%，最小值为 0.333，表明样本公司严格执行了证监会对独立董事聘任的强制要求，上市公司董事会成员中应当至少 1/3 为独立董事。产权性质（SOE）的均值为 0.398，表明样本公司中约有 40% 是国有企业，最大值和最小值分别为 1.000 和 0.000，符合虚拟变量的描述性统计特点。

各行业税收激进行为同群效应的大小见表 7 - 3。由表 7 - 3 可见，各行业税收激进行为同群效应的大小存在差异。公司税收激进行为同群效应最大的行业为卫生行业，其基于会税差异的税收激进同群指数（PEERIND1）为 0.967，其基于固定效应残值法会税差异的税收激进同群指数（PEERIND2）为 0.977。公司税收激进行为同群效应最小的行业为电气机械及器材制造业，其基于会税差异的税收激进同群指数（PEERIND1）和基于固定效应残值法会税差异的税收激进同群指数（PEERIND2）均为 0.000。

表 7 – 3　　　　　　　各行业税收激进行为同群效应的大小

行业类别代码	行业类别名称	样本量	PEERIND1	PEERIND2
A01	农业	32	0.084	0.183
A04	渔业	25	0.158	0.191
B06	煤炭开采和洗选业	95	0.235	0.072
B09	有色金属矿采选业	119	0.014	0.010
B11	开采辅助活动	47	0.015	0.001
C13	农副食品加工业	157	0.002	0.024
C14	食品制造业	139	0.034	0.023
C15	酒、饮料和精制茶制造业	191	0.026	0.083
C17	纺织业	165	0.014	0.028
C18	纺织服装、服饰业	137	0.000	0.004
C19	皮革、毛皮、羽毛及其制品和制鞋业	12	0.373	0.724
C20	木材加工及木、竹、藤、棕、草制品业	16	0.768	0.347
C21	家具制造业	19	0.486	0.880
C22	造纸及纸制品业	121	0.003	0.025
C23	印刷和记录媒介复制业	37	0.480	0.839
C24	文教、工美、体育和娱乐用品制造业	53	0.136	0.143
C25	石油加工、炼焦及核燃料加工业	57	0.103	0.148
C26	化学原料及化学制品制造业	801	0.007	0.002
C27	医药制造业	905	0.008	0.001
C28	化学纤维制造业	98	0.037	0.176
C29	橡胶和塑料制品业	210	0.013	0.005
C30	非金属矿物制品业	362	0.003	0.040
C31	黑色金属冶炼及压延加工业	102	0.107	0.048
C32	有色金属冶炼及压延加工业	292	0.025	0.051
C33	金属制品业	192	0.037	0.130
C34	通用设备制造业	477	0.001	0.000
C35	专用设备制造业	657	0.011	0.001
C36	汽车制造业	395	0.006	0.019

233

行业类别代码	行业类别名称	样本量	PEERIND1	PEERIND2
C37	铁路、船舶、航空航天和其他运输设备制造业	174	0.000	0.031
C38	电气机械及器材制造业	822	0.000	0.000
C39	计算机、通信和其他电子设备制造业	1090	0.003	0.001
C40	仪器仪表制造业	111	0.062	0.060
C41	其他制造业	78	0.007	0.058
D44	电力、热力生产和供应业	336	0.011	0.020
D45	燃气生产和供应业	74	0.023	0.153
D46	水的生产和供应业	67	0.051	0.306
E48	土木工程建筑业	273	0.002	0.002
E50	建筑装饰和其他建筑业	67	0.145	0.015
F51	批发业	367	0.000	0.027
F52	零售业	373	0.000	0.016
G54	道路运输业	168	0.034	0.004
G55	水上运输业	137	0.000	0.015
G56	航空运输业	37	0.031	0.073
G59	仓储业	31	0.017	0.067
H61	住宿业	25	0.020	0.001
I63	电信、广播电视和卫星传输服务	33	0.010	0.007
I64	互联网和相关服务	144	0.040	0.002
I65	软件和信息技术服务业	600	0.001	0.000
K70	房地产业	642	0.018	0.002
L72	商务服务业	156	0.012	0.000
M74	专业技术服务业	81	0.011	0.032
N77	生态保护和环境治理业	72	0.000	0.247
N78	公共设施管理业	68	0.013	0.029
Q83	卫生	11	0.967	0.977
R85	新闻和出版业	57	0.120	0.379

行业类别代码	行业类别名称	样本量	PEERIND1	PEERIND2
R86	广播、电视、电影和影视录音制作业	79	0.025	0.029
R87	文化艺术业	10	0.252	0.373
S90	综合	121	0.001	0.074

注：以上行业是按照中国证券监督管理委员会发布的《上市公司行业分类指引（2012 年修订)》（总共 90 个二级行业类别）统计，本章样本中总共涉及 58 个行业类别。

7.3.2　相关性分析

表 7 - 4 报告了检验模型各变量之间的相关系数，下三角为 Pearson 相关系数矩阵，上三角为 Spearman 相关系数矩阵。从表 7 - 4 中可以看出，基于会税差异的税收激进同群指数（PEERIND1）与会计绩效（ROA）之间的 Pearson 相关系数和 Spearman 相关系数分别为 0.018 和 0.012，且分别在 5% 水平上显著为正和 10% 水平上不显著；基于固定效应残值法会税差异的税收激进同群指数（PEERIND2）与会计绩效（ROA）之间的 Pearson 相关系数和 Spearman 相关系数分别为 0.007 和 0.075，且分别在 10% 水平上不显著和在 1% 水平上显著为正。上述结果表明，公司税收激进行为同群效应越强，公司的会计绩效越高，部分支持假设 7.1。基于会税差异的税收激进同群指数（PEERIND1）与公司市场价值（Tobin Q）之间的 Pearson 相关系数和 Spearman 相关系数分别为 0.012 和 0.004，且均在 10% 水平上不显著；基于固定效应残值法会税差异的税收激进同群指数（PEERIND2）与公司市场价值（Tobin Q）之间的 Pearson 相关系数和 Spearman 相关系数分别为 0.052 和 0.182，且均在 10% 水平上不显著。上述结果表明，公司税收激进行为同群效应与公司市场价值正相关，但并不显著，需要加入控制变量进一步回归分析。

基于会税差异的税收激进同群指数（PEERIND1）与高管货币薪酬（LNPAY）之间的 Pearson 相关系数和 Spearman 相关系数分别为 - 0.015 和 - 0.016，且均在 10% 水平上显著；基于固定效应残值法会税差异的税收激进同群指数（PEERIND2）与高管货币薪酬（LNPAY）之间的 Pearson 相关系数和 Spearman 相关系数分别为 - 0.049 和 - 0.030，且均

表7-4　相关系数矩阵

变量	ROA	Tobin Q	LNPAY	PERK	PEERIND1	PEERIND2	Size	Lev
ROA	1	0.413 ***	0.179 ***	0.066 ***	0.012	0.075 ***	-0.137 ***	-0.421 ***
Tobin Q	0.413 ***	1	-0.140 ***	0.386 ***	0.052	0.182	-0.624 ***	-0.618 ***
LNPAY	0.179 ***	-0.110 ***	1	-0.060 ***	-0.016 *	-0.030 ***	0.461 ***	0.130 ***
PERK	0.066 ***	0.193 ***	-0.037 ***	1	-0.014	-0.212 ***	-0.392 ***	-0.345 ***
PEERIND1	0.018 **	0.012	-0.015 *	-0.014	1	0.473 ***	0.085 ***	0.015
PEERIND2	0.007	0.004	-0.049 ***	-0.024 ***	0.621 ***	1	0.146 ***	0.143 ***
Size	-0.129 ***	-0.506 ***	0.469 ***	-0.187 ***	0.075 ***	0.001	1	0.538 ***
Lev	-0.389 ***	-0.466 ***	0.130 ***	-0.166 ***	0.008	-0.01	0.536 ***	1
Ownconl	0.051 ***	-0.091 ***	-0.012	-0.103 ***	0.102 ***	0.047 ***	0.200 ***	0.081 ***
PPE	-0.105 ***	-0.139 ***	-0.126 ***	-0.103 ***	0.078 ***	0.105 ***	0.046 ***	0.049 ***
Growth	0.106 ***	0.065 ***	-0.01	0.009	-0.002	0.009	0.030 ***	0.070 ***
Staff	-0.026 ***	-0.344 ***	0.347 ***	-0.165 ***	0.100 ***	0.016 *	0.669 ***	0.328 ***
Age	-0.159 ***	-0.219 ***	0.154 ***	-0.061 ***	0.030 ***	0.062 ***	0.389 ***	0.421 ***
Dub	-0.005	0.069 ***	-0.012	0.008	0.007	-0.025 ***	0.007	-0.019 **
SOE	-0.145 ***	-0.265 ***	0.025 ***	-0.108 ***	0.033 ***	0.043 ***	0.330 ***	0.313 ***

续表

变量	Owncon1	PPE	Growth	Staff	Age	Dub	SOE
ROA	0.043***	-0.094***	0.226***	-0.033***	-0.208***	-0.019**	-0.174***
Tobin Q	-0.117***	-0.082***	0.094***	-0.392***	-0.318***	0.041***	-0.338***
LNPAY	-0.012	-0.145***	0.042***	0.339***	0.161***	-0.004	0.033***
PERK	-0.189***	-0.182***	0.01	-0.298***	-0.225***	0.028***	-0.269***
PEERIND1	0.101***	0.122***	-0.028***	-0.009	0.066***	-0.012	0.086***
PEERIND2	0.098***	0.221***	-0.081***	0.079***	0.194***	-0.043***	0.186***
Size	0.168***	-0.028***	0.030***	0.659***	0.414***	-0.005	0.326***
Lev	0.075***	-0.002	0.035***	0.349***	0.408***	-0.016*	0.314***
Owncon1	1	0.041***	-0.042***	0.125***	-0.057***	0.036***	0.197***
PPE	0.054***	1	-0.112***	0.247***	0.021**	-0.049***	0.135***
Growth	-0.002	-0.084***	1	0.006	-0.135***	0.002	-0.116***
Staff	0.137***	0.228***	-0.030***	1	0.236***	-0.037***	0.253***
Age	-0.060***	0.100***	0.019**	0.226***	1	-0.036***	0.448***
Dub	0.057***	-0.037***	0.015	-0.023**	-0.043***	1	-0.064***
SOE	0.197***	0.187***	-0.057***	0.245***	0.440***	-0.067***	1

注：*、** 和 *** 分别表示在 0.1、0.05 和 0.01 的水平上显著相关。下三角为 Pearson 相关系数矩阵，上三角为 Spearman 相关系数矩阵。

在 1% 水平上显著。上述结果表明，公司税收激进行为同群效应越强，公司的高管货币薪酬水平越低，初步支持假设 7.2。基于会税差异的税收激进同群指数（PEERIND1）与在职消费（PERK）之间的 Pearson 相关系数和 Spearman 相关系数分别为 −0.014 和 −0.024，且分别在 10% 水平上不显著和在 1% 水平上显著；基于固定效应残值法会税差异的税收激进同群指数（PEERIND2）与在职消费（PERK）之间的 Pearson 相关系数和 Spearman 相关系数分别为 −0.014 和 −0.212，且分别在 10% 水平上不显著和在 1% 水平上显著。上述结果表明，公司税收激进行为同群效应越强，公司的在职消费水平越低，初步支持假设 7.3。

其他控制变量与公司税收激进（BTD、DD_BTD）的相关系数大多都符合预期，且在一定的显著性水平上显著。此外，模型中的其他各变量之间的相关系数均小于 0.8，并且测算后的 VIF 检验值均小于 10，这说明检验模型的设计、变量的选取较为合理，初步判断不存在严重的多重共线性问题。

7.3.3　实证结果分析

表 7 −5 报告了公司税收激进行为同群效应对会计绩效和公司价值影响的回归结果。列（1）和列（2）分别报告了解释变量为 PEERIND1 和 PEERIND2 时公司税收激进行为同群效应影响会计绩效的多元回归结果。从中可以看出，PEERIND1 的回归系数分别为 0.014，且在 5% 水平上显著，PEERIND2 的回归系数分别为 0.010，且在 5% 水平上显著。结果表明，会计绩效会受到公司税收激进行为同群效应的显著影响，具体而言，公司税收激进行为同群效应能够显著提高会计绩效。列（3）和列（4）分别报告了解释变量为 PEERIND1 和 PEERIND2 时公司税收激进行为同群效应影响上市公司市场价值的多元回归结果。从中看出，PEERIND1 的回归系数为 1.557 且在 5% 水平上显著，PEERIND2 的回归系数为 0.665 且在 10% 水平上显著。结果表明，公司的市场价值会受到公司税收激进行为同群效应的显著影响，具体而言，公司税收激进行为同群效应能够显著提高上市公司的市场价值。研究假设 7.1 得以验证。

表 7 - 5　　　　　　税收激进同群效应的经济后果：公司利益

变量	(1) ROA	(2) ROA	(3) Tobin Q	(4) Tobin Q
PEERDON1	0.014 ** (2.349)		1.557 ** (2.387)	
PEERDON2		0.010 ** (2.380)		0.665 * (1.694)
Size	0.002 *** (4.351)	0.002 *** (4.410)	- 0.663 *** (- 10.183)	- 0.662 *** (- 10.127)
Lev	- 0.087 *** (- 35.220)	- 0.087 *** (- 35.244)	- 2.015 *** (- 2.907)	- 2.021 *** (- 2.935)
PPE	- 0.026 *** (- 13.373)	- 0.026 *** (- 13.416)	- 1.644 *** (- 5.445)	- 1.644 *** (- 5.493)
Growth	0.007 *** (10.202)	0.007 *** (10.198)	0.361 (1.545)	0.361 (1.545)
Staff	0.004 *** (9.461)	0.004 *** (9.537)	- 0.471 (- 1.618)	- 0.467 (- 1.612)
Age	0.001 *** (2.934)	0.001 *** (2.868)	0.503 *** (2.793)	0.502 *** (2.789)
Dub	- 0.016 ** (- 2.565)	- 0.015 ** (- 2.498)	4.098 *** (4.248)	4.136 *** (4.241)
SOE	- 0.004 *** (- 5.442)	- 0.004 *** (- 5.479)	- 0.451 *** (- 2.956)	- 0.455 *** (- 2.953)
_cons	0.040 *** (2.659)	0.039 *** (2.589)	19.411 *** (7.565)	19.350 *** (7.565)
Year	Yes	Yes	Yes	Yes
Industry	Yes	Yes	Yes	Yes
Firm	Yes	Yes	Yes	Yes
N	12217	12217	12217	12217
Adjust_R^2	0.200	0.200	0.024	0.026

注：＊表示 $p < 0.1$，＊＊表示 $p < 0.05$，＊＊＊表示 $p < 0.01$。括号内为 t 值，并且经过异方差调整、稳健标准误修正和公司层面的聚类（Cluster）处理。

表 7 - 6 报告了公司税收激进行为同群效应对管理层私利影响的回归结果。列（1）和列（2）分别报告了解释变量为 PEERIND1 和 PEERIND2 时上市公司税收激进行为同群效应影响高管货币薪酬的多元回归结果。从中看出，PEERIND1 的回归系数分别为 - 0.295 且在 1% 水平上显著，PEERIND2 的回归系数分别为 - 0.215 且在 1% 水平上显著。结果表明，高管货币薪酬会受到公司税收激进行为同群效应的显著影响，具体而言，上市公司税收激进行为同群效应能够显著降低高管货币薪酬水平。研究假设 7.2 得以验证。

表 7 - 6　　　　税收激进同群效应的经济后果：管理层私利

变量	(1) LNPAY	(2) LNPAY	(3) PERK	(4) PERK
PEERIND1	- 0.295 *** (- 3.311)		- 0.098 *** (- 3.603)	
PEERIND2		- 0.215 *** (- 3.821)		- 0.074 *** (- 3.603)
Size	0.331 *** (53.050)	0.331 *** (52.928)	- 0.002 *** (- 6.635)	- 0.002 *** (- 6.627)
Lev	- 0.226 *** (- 6.023)	- 0.226 *** (- 6.022)	- 0.005 (- 1.322)	- 0.005 (- 1.326)
Owncon1	- 0.005 *** (- 12.787)	- 0.005 *** (- 12.859)	- 0.000 *** (- 5.067)	- 0.000 *** (- 5.071)
ROA	3.913 *** (22.953)	3.912 *** (22.955)	- 0.010 * (- 1.817)	- 0.010 * (- 1.823)
Growth	- 0.063 *** (- 6.314)	- 0.063 *** (- 6.312)	- 0.000 (- 0.355)	- 0.000 (- 0.351)
Age	0.025 *** (3.412)	0.026 *** (3.497)	0.001 *** (3.537)	0.001 *** (3.619)
SOE	- 0.161 *** (- 12.088)	- 0.160 *** (- 12.039)	- 0.003 *** (- 3.092)	- 0.003 *** (- 3.746)
_cons	6.033 *** (48.041)	6.052 *** (48.197)	0.067 *** (9.261)	0.073 *** (9.388)

变量	(1) LNPAY	(2) LNPAY	(3) PERK	(4) PERK
Year	Yes	Yes	Yes	Yes
Industry	Yes	Yes	Yes	Yes
Firm	Yes	Yes	Yes	Yes
N	12217	12217	12217	12217
Adjust_R^2	0.303	0.303	0.075	0.070

注：＊表示 p < 0.1，＊＊表示 p < 0.05，＊＊＊表示 p < 0.01。括号内为 t 值，并且经过异方差调整、稳健标准误修正和公司层面的聚类（Cluster）处理。

列（3）和列（4）分别报告了解释变量为 PEERIND1 和 PEERIND2 时上市公司税收激进行为同群效应影响在职消费的多元回归结果。从中看出，PEERIND1 的回归系数为 − 0.098 且在 1% 水平上显著，PEER-IND2 的回归系数为 − 0.074 且在 1% 水平上显著。结果表明，公司在职消费会受到公司税收激进行为同群效应的显著影响，具体而言，上市公司税收激进行为同群效应能够显著降低公司在职消费水平。研究假设 7.3 得以验证。

7.4　稳健性检验

7.4.1　改变税收激进计量方式

为了进一步验证已有分析结果的有效性，分别用基于有效税率的两个税收激进衡量指标有效税率（ETR）和名义税率与有效税率的差额（Rate）重新计算公司税收激进行为同群效应的值来进行稳健性检验。PEERIND3 由有效税率（ETR）计算得来，PEERIND4 由名义税率与有效税率的差额（Rate）计算得来，计算方法与 PEERIND1 和 PEERIND2 的计算方法一致。

表 7 - 7 报告了改变税收激进计量方式后公司税收激进行为同群效

应对会计绩效和公司价值影响的稳健性检验结果。列（1）和列（2）分别报告了解释变量为 PEERIND3 和 PEERIND4 时公司税收激进行为同群效应影响会计绩效的稳健性检验结果。从中看出，PEERIND3 的回归系数分别为 0.004，PEERIND2 的回归系数分别为 0.003，虽然两者均在 10% 水平上不显著，但是与主检验结果方向一致。列（3）和列（4）分别报告了解释变量为 PEERIND3 和 PEERIND4 时公司税收激进行为同群效应影响市场价值的稳健性检验结果。从中看出，PEERIND3 的回归系数分别为 2.030，且在 5% 水平上显著，PEERIND2 的回归系数分别为 1.682，且在 5% 水平上显著，与主检验结果基本一致。这表明改变税收激进计量方式后的检验结果依然稳健，研究假设 7.1 进一步得以验证。

表 7-7　　　　　　　税收激进同群效应的经济后果：公司利益
（改变税收激进计量方式）

变量	(1) ROA	(2) ROA	(3) Tobin Q	(4) Tobin Q
PEERDON3	0.004 (0.749)		2.030 ** (2.167)	
PEERDON4		0.003 (0.437)		1.682 ** (2.167)
Size	0.002 *** (4.346)	0.002 *** (4.354)	-0.542 *** (-26.724)	-0.542 *** (-26.724)
Lev	-0.087 *** (-35.298)	-0.087 *** (-35.277)	-2.033 *** (-23.001)	-2.033 *** (-23.001)
PPE	-0.025 *** (-13.294)	-0.025 *** (-13.268)	-0.818 *** (-7.042)	-0.818 *** (-7.042)
Growth	0.007 *** (10.239)	0.007 *** (10.240)	0.193 *** (8.916)	0.193 *** (8.916)
Staff	0.004 *** (9.585)	0.004 *** (9.578)	-0.016 (-0.839)	-0.016 (-0.839)
Age	0.001 *** (2.978)	0.001 *** (2.975)	0.164 *** (8.746)	0.164 *** (8.746)

续表

变量	（1） ROA	（2） ROA	（3） Tobin Q	（4） Tobin Q
Dub	− 0.015 ** （− 2.538）	− 0.015 ** （− 2.540）	1.832 *** （6.848）	1.832 *** （6.848）
SOE	− 0.004 *** （− 5.480）	− 0.004 *** （− 5.500）	− 0.268 *** （− 7.864）	− 0.268 *** （− 7.864）
_cons	0.040 *** （2.642）	0.040 *** （2.637）	13.929 *** （36.112）	13.931 *** （36.137）
Year	Yes	Yes	Yes	Yes
Industry	Yes	Yes	Yes	Yes
Firm	Yes	Yes	Yes	Yes
N	12217	12217	12217	12217
Adjust_R^2	0.200	0.200	0.387	0.390

注：＊表示 $p < 0.1$，＊＊表示 $p < 0.05$，＊＊＊表示 $p < 0.01$。括号内为 t 值，并且经过异方差调整、稳健标准误修正和公司层面的聚类（Cluster）处理。

表 7 − 8 报告了改变税收激进计量方式后公司税收激进行为同群效应对管理层私利影响的稳健性检验结果。列（1）和列（2）分别报告了解释变量为 PEERIND3 和 PEERIND4 时公司税收激进行为同群效应影响高管货币薪酬的稳健性检验结果。从中看出，PEERIND3 的回归系数为 − 1.276，且在 1% 水平上显著，PEERIND2 的回归系数为 − 1.057，且在 1% 水平上显著。结果表明，高管货币薪酬会受到上市公司税收激进行为同群效应的显著影响，具体而言，公司税收激进行为同群效应能够显著降低高管货币薪酬水平，与主检验结果一致。这表明改变税收激进计量方式后的检验结果依然稳健，研究假设 7.2 进一步得以验证。

表 7 − 8　　　税收激进同群效应的经济后果：管理层私利
（改变税收激进计量方式）

变量	（1） LNPAY	（2） LNPAY	（3） PERK	（4） PERK
PEERIND3	− 1.276 *** （− 4.567）		− 0.025 *** （− 3.603）	

变量	(1) LNPAY	(2) LNPAY	(3) PERK	(4) PERK
PEERIND4		− 1. 057 *** (− 4. 567)		− 0. 021 *** (− 3. 603)
Size	0. 303 *** (51. 910)	0. 303 *** (51. 910)	− 0. 002 *** (− 6. 635)	− 0. 002 *** (− 6. 635)
Lev	− 0. 080 ** (− 2. 203)	− 0. 080 ** (− 2. 203)	− 0. 005 (− 1. 322)	− 0. 005 (− 1. 322)
Owncon1	− 0. 004 *** (− 10. 935)	− 0. 004 *** (− 10. 935)	− 0. 000 *** (− 5. 067)	− 0. 000 *** (− 5. 067)
ROA	3. 979 *** (25. 057)	3. 979 *** (25. 057)	− 0. 010 * (− 1. 817)	− 0. 010 * (− 1. 817)
Growth	− 0. 067 *** (− 6. 997)	− 0. 067 *** (− 6. 997)	− 0. 000 (− 0. 355)	− 0. 000 (− 0. 355)
Age	− 0. 015 ** (− 2. 039)	− 0. 015 ** (− 2. 039)	0. 001 *** (3. 537)	0. 001 *** (3. 537)
SOE	− 0. 061 *** (− 4. 712)	− 0. 061 *** (− 4. 712)	− 0. 003 *** (− 3. 092)	− 0. 003 *** (− 3. 092)
_cons	6. 261 *** (31. 004)	6. 259 *** (31. 003)	0. 067 *** (9. 257)	0. 067 *** (9. 255)
Year	Yes	Yes	Yes	Yes
Industry	Yes	Yes	Yes	Yes
Firm	Yes	Yes	Yes	Yes
N	12217	12217	12217	12217
Adjust_R^2	0. 381	0. 372	0. 074	0. 070

注：＊表示 p < 0. 1，＊＊表示 p < 0. 05，＊＊＊表示 p < 0. 01。括号内为 t 值，并且经过异方差调整、稳健标准误修正和公司层面的聚类（Cluster）处理。

列（3）和列（4）分别报告了解释变量为 PEERIND3 和 PEERIND4 时公司税收激进行为同群效应影响在职消费的稳健性检验结果。从中看出，PEERIND3 的回归系数为 − 0. 025，且在 1% 水平上显著，PEER-IND4 的回归系数为 − 0. 021，且在 1% 水平上显著。结果表明，公司在职消费会受到上市公司税收激进行为同群效应的显著影响，具体而言，上市公司税收激进行为同群效应能够显著降低公司在职消费水平，与主检验结果一致。这表明改变税收激进计量方式后的检验结果依然稳健，研究假设 7.3 进一步得以验证。

7.4.2　改变公司市场价值的计量方式

相比 Tobin Q 值，市净率（PB）更能涵盖市场中的一些不确定性因素，因此也被学者们广泛用来衡量公司的市场价值。市净率为公司股票市场价值与每股净资产的比值。本书采用市净率（PB）来替换 Tobin Q 值来进行稳健性检验。

表 7 - 9 报告了改变公司价值的计量方法后公司税收激进行为同群效应对公司市场价值影响的稳健性检验结果。列（1）和列（2）分别报告了解释变量为 PEERIND1 和 PEERIND2 时公司税收激进行为同群效应影响公司市场价值的稳健性检验结果。从中看出，PEERIND1 的回归系数分别为 8.686，且在 10% 水平上显著，PEERIND2 的回归系数分别为 5.516，且在 10% 水平上显著。结果表明，公司的市场价值会受到公司税收激进行为同群效应的显著影响，具体而言，公司税收激进行为同群效应能够显著增加公司的市场价值，与主检验结果一致。这表明改变公司市场价值的计量方法后的检验结果依然稳健，研究假设 7.1 进一步得以验证。

表 7 - 9　　　　　税收激进同群效应的经济后果：公司市场价值（市净率）

变量	(1) PB	(2) PB
PEERDON1	8.686 * (1.900)	
PEERDON2		5.516 * (1.813)
Size	- 2.037 *** (- 6.652)	- 2.022 *** (- 8.750)

变量	(1) PB	(2) PB
Lev	5.912 *** (3.696)	5.908 *** (5.544)
PPE	−3.102 *** (−2.877)	−3.181 *** (−2.686)
Growth	0.399 (1.180)	0.393 (1.420)
Staff	−0.317 (−1.113)	−0.299 (−1.418)
Age	0.921 *** (2.604)	0.899 *** (3.822)
Dub	6.484 *** (2.829)	6.660 * (1.928)
SOE	−0.546 * (−1.716)	−0.554 (−1.302)
_cons	45.359 *** (6.329)	44.876 *** (10.634)
Year	Yes	Yes
Industry	Yes	Yes
Firm	Yes	Yes
N	12217	12217
Adjust_R^2	0.015	0.015

注：* 表示 p < 0.1，** 表示 p < 0.05，*** 表示 p < 0.01。括号内为 t 值，并且经过异方差调整、稳健标准误修正和公司层面的聚类（Cluster）处理。

7.4.3　改变高管货币薪酬的计量方式

为了进一步验证已有实证检验结果的有效性，分别用高管前三名人均薪酬（LNPAY1）、董事前三名人均薪酬（LNPAY2）作为上市公司高管薪酬的替代指标进行稳健性检验。

表 7 - 10 报告了改变高管薪酬的计量方式后公司税收激进行为同群

效应对高管货币薪酬影响的稳健性检验结果。列（1）和列（2）分别报告了解释变量为 PEERIND1 和 PEERIND2 时公司税收激进行为同群效应影响高管前三名人均薪酬（LNPAY1）的回归结果。从中看出，PEERIND1 的回归系数为 -5.290，且在 1% 水平上显著，PEERIND2 的回归系数为 -3.991，且在 1% 水平上显著。结果表明，高管货币薪酬会受到公司税收激进行为同群效应的显著影响，具体而言，公司税收激进行为同群效应能够显著降低高管前三名人均薪酬的水平，与主检验结果一致。这表明采用高管前三名人均薪酬（LNPAY1）来衡量高管货币薪酬的检验结果依然稳健。

表 7 - 10　　　　税收激进同群效应的经济后果：高管货币薪酬
（改变高管货币薪酬的计量方式）

变量	（1） LNPAY1	（2） LNPAY1	（3） LNPAY2	（4） LNPAY2
PEERIND1	-5.290 *** （-4.727）		-5.139 *** （-3.832）	
PEERIND2		-3.991 *** （-4.727）		-3.877 *** （-3.832）
Size	0.306 *** （47.498）	0.306 *** （47.498）	0.326 *** （41.394）	0.326 *** （41.394）
Lev	-0.098 ** （-2.495）	-0.098 ** （-2.495）	-0.087 * （-1.818）	-0.087 * （-1.818）
Owncon1	-0.003 *** （-9.040）	-0.003 *** （-9.040）	-0.006 *** （-12.961）	-0.006 *** （-12.961）
ROA	4.008 *** （23.463）	4.008 *** （23.463）	3.991 *** （19.718）	3.991 *** （19.718）
Growth	-0.073 *** （-7.257）	-0.073 *** （-7.257）	-0.074 *** （-6.125）	-0.074 *** （-6.125）
Age	-0.029 *** （-3.831）	-0.029 *** （-3.831）	-0.066 *** （-7.518）	-0.066 *** （-7.518）
SOE	-0.008 （-0.575）	-0.008 （-0.575）	-0.199 *** （-12.084）	-0.199 *** （-12.084）

变量	（1）LNPAY1	（2）LNPAY1	（3）LNPAY2	（4）LNPAY2
_cons	6.039 ***(29.216)	6.329 ***(28.388)	5.850 ***(22.331)	6.131 ***(21.848)
Year	Yes	Yes	Yes	Yes
Industry	Yes	Yes	Yes	Yes
Firm	Yes	Yes	Yes	Yes
N	12217	12217	12217	12217
Adjust_R^2	0.364	0.371	0.307	0.313

注：＊表示 p<0.1，＊＊表示 p<0.05，＊＊＊表示 p<0.01。括号内为 t 值，并且经过异方差调整、稳健标准误修正和公司层面的聚类（Cluster）处理。

列（3）和列（4）分别报告了解释变量为 PEERIND1 和 PEERIND2 时公司税收激进行为同群效应影响董事前三名人均薪酬（LNPAY2）的回归结果。从中看出，PEERIND1 的回归系数为 -5.139，且在 1% 水平上显著，PEERIND2 的回归系数为 -3.877，且在 1% 水平上显著。结果表明，高管货币薪酬会受到公司税收激进行为同群效应的显著影响，具体而言，公司税收激进行为同群效应能够显著降低董事前三名人均薪酬的水平，与主检验结果一致。这表明采用董事前三名人均薪酬（LNPAY2）来衡量高管货币薪酬的检验结果依然稳健。研究假设 7.2 进一步得以验证。

7.4.4 改变在职消费的计量方式

由于高管的在职消费支出不仅会在管理费用中开支，也很可能从销售费用中开支，以掩人耳目。参考张洪辉和章琳一（2018），本章也收集了销售费用中的差旅费、小车费、招待费等 8 项费用，将这些费用与管理费用中的八项费用相加，再除以营业收入，得到的高管在职消费数据用来进行稳健性检验。

表 7-11 列示了改变在职消费的计量方法后公司税收激进行为同群效应对在职消费影响的稳健性检验结果。列（1）和列（2）分别报告

了解释变量为 PEERIND1 和 PEERIND2 时公司税收激进行为同群效应影响在职消费的稳健性检验结果。从中看出，PEERIND1 的回归系数为 -0.158，且在 1% 水平上显著，PEERIND2 的回归系数为 -0.120，且在 1% 水平上显著。结果表明，公司在职消费会受到公司税收激进行为同群效应的显著影响，具体而言，公司税收激进行为同群效应能够显著降低公司在职消费水平，与主检验结果一致。这表明改变在职消费的计量方法后的检验结果依然稳健，研究假设 7.3 进一步得以验证。

表 7 - 11　　　　税收激进同群效应的经济后果：在职消费
（改变在职消费的计量方式）

变量	(1) PERK	(2) PERK
PEERIND1	-0.158 *** (-4.016)	
PEERIND2		-0.120 *** (-4.016)
Size	-0.003 *** (-7.587)	-0.003 *** (-7.589)
Lev	-0.010 ** (-2.325)	-0.010 ** (-2.325)
Owncon1	-0.000 *** (-6.188)	-0.000 *** (-6.170)
ROA	-0.001 (-0.121)	-0.001 (-0.116)
Growth	-0.000 (-0.688)	-0.000 (-0.688)
Age	0.001 ** (2.332)	0.001 ** (2.332)
SOE	-0.004 *** (-4.767)	-0.004 *** (-4.767)
_cons	0.086 *** (10.950)	0.095 *** (10.844)

续表

变量	(1) PERK	(2) PERK
Year	Yes	Yes
Industry	Yes	Yes
Firm	Yes	Yes
N	12217	12217
Adjust_R^2	0.161	0.155

注：＊表示 p<0.1，＊＊表示 p<0.05，＊＊＊表示 p<0.01。括号内为 t 值，并且经过异方差调整、稳健标准误修正和公司层面的聚类（Cluster）处理。

7.5　本　章　小　结

在上市公司税收激进行为同群效应的存在性、形成机制和影响因素的基础之上，本章以公司税收激进理论、制度理论和信息不对称以及委托代理理论为基础构建了公司税收激进行为同群效应经济后果的理论分析框架，并从公司利益和管理层私利两个角度提出相应的研究假设，以2008～2018年我国沪、深两市 A 股上市公司为样本进行了实证检验。研究结果表明：（1）税收激进同群效应显著提高了公司会计绩效和市场价值，即公司税收激进行为的同群效应越强，公司会计绩效越好，市场价值越高。税收激进行为缓解公司融资约束，节约现金支出，优化公司债务契约，提升了公司的竞争力，税收激进行为同群效应降低了公司税收违法成本，从而有助于增进公司利益。（2）税收激进同群效应显著降低了公司管理层的货币薪酬和在职消费水平，即公司税收激进行为的同群效应越强，公司管理层的货币薪酬和在职消费水平越低。（3）在稳健性检验中：一是改变税收激进计量方式，使用有效税率（ETR）和名义税率与有效税率的差额（Rate）两种税收激进衡量指标；二是采用市净率衡量公司市场价值；三是改变高管货币薪酬的计量方法，采用高管前三名人均薪酬和董事前三名人均薪酬作为上市公司高管货币薪酬的替代指标；四是改变公司在职消费的衡量方法，将销售费用中的八项费用也加入在职消费，重新进行多元回归检验的结果与主检验结果一致。

本章的研究发现拓展了同群效应经济后果的研究文献，为公司股东和公司管理层深入理解公司税收激进行为同群效应的经济后果，并发挥税收激进同群的积极作用提供理论依据和经验参考。公司股东者应密切关注公司税收激进的同群效应程度，通过公司治理机制引导公司管理层利用税收激进同群来提高公司价值；公司管理层应充分认识到在税收激进决策时选择模仿同伴公司的税收激进行为虽然能够降低决策成本和处罚风险，但是也可能降低自己的货币薪酬水平和在职消费水平，来损害个人利益。

第8章 结　　论

本章是全书的结论，共分为3节内容。8.1节从上市公司税收激进行为同群效应的存在性识别、形成机制、影响因素和经济后果4个方面总结了全文的主要研究结论；8.2节在研究结论的基础上从税收征管和上市公司两个层面提出了相应的政策建议；8.3节分析了本书的一些研究局限，并在此基础上提出了未来进一步研究的方向。

8.1　研　究　结　论

本书基于公司税收激进理论、环境不确定性和组织决策的有限理性、社会学习理论、动态竞争理论、制度理论和委托代理理论，从同群效应的视角探究公司税收激进行为，在回顾相关文献的基础上，分析上市公司税收激进行为同群效应的存在性，并在此基础上深入阐述上市公司税收激进行为同群效应的形成机制、影响因素与经济后果，进而构建上市公司税收激进行为同群效应的检验模型。根据上述理论分析和构建的检验模型，选取2008~2018年我国沪、深两市的A股非金融类上市公司为研究样本，分别对上市公司税收激进行为同群效应的存在性、形成机制、影响因素与经济后果进行实证检验，最终形成了具体的研究结论。本书得到的具体研究结论如下：

第一，上市公司税收激进行为存在同群效应。基于社会学习理论、制度理论和动态竞争理论分析上市公司税收激进行为同群效应的存在性，选取行业为参照组并运用参照组组内线性均值模型进行实证检验。实证研究结果表明：（1）上市公司的税收激进行为存在同群效应，即上市公司的税收激进行为会受到同伴公司税收激进行为的显著影响。

（2）为处理"映像问题"所带来的内生性，使用同伴公司股票特质收益的均值作为工具变量进行二阶段回归来消除可能存在的内生性偏误，公司税收激进行为的同群效应依然存在。（3）为了排除税收激进行为地区趋同的影响，加入基于同地区同伴公司税收激进程度的均值变量来控制地区因素的影响，基于行业参照组的公司税收激进行为同群效应依然存在。（4）进一步分析发现，上市公司税收激进行为同群效应具有非对称性，并且能够产生社会乘数效应。

第二，信息性模仿机制和竞争性模仿机制是上市公司税收激进行为同群效应的主要形成机制。在上市公司税收激进行为存在同群效应的基础上，以社会学习理论、制度理论和动态竞争理论为基础，从信息性模仿和竞争性模仿两个角度进行上市公司税收激进行为同群效应形成机制的阐述与推理并进行实证检验发现：（1）信息性模仿机制是上市公司税收激进行为同群效应的形成机制之一。在行业参照组内，公司税收激进行为更易受到行业领导者税收激进行为的影响，即上市公司税收激进行为同群效应的形成遵从逻辑模仿律；在行业参照组内，公司的税收激进行为更易受到同一产权性质同伴公司的影响，即上市公司税收激进行为同群效应的形成遵从先内后外律。（2）竞争性模仿机制是上市公司税收激进行为同群效应的形成机制之一。公司税收激进行为同群效应会受到行业竞争程度的显著影响，行业的竞争程度越高，上市公司税收激进行为同群效应越显著。

第三，信息质量和公司个体特征是上市公司税收激进行为同群效应的重要影响因素。在两种形成机制的基础上，运用社会学习理论及包含同伴信息的公司行为决策模型和动态竞争理论及最优反应函数进行上市公司税收激进行为同群效应影响因素的推导与分析，提出相应的研究假设并实证检验信息质量（包含先验信息质量、自有信息质量和同伴信息质量）和公司个体特征（包含融资约束、公司治理水平和卖空压力）两种公司税收激进行为的重要决策依据如何分别通过信息性模仿和竞争性模仿两种税收激进行为同群效应形成机制对上市公司税收激进行为同群效应产生影响。实证研究结果表明：（1）先验信息质量显著影响上市公司税收激进行为同群效应。外部环境不确定性越大，公司的先验信息质量越差，公司更依赖同伴公司税收激进行为的相关信息进行税收激进行为的决策，上市公司税收激进行为同群效应越显著。（2）自有信息质量显著影响上市公司税收激进行为同群效应。公司管理层任期越长，经验越丰富，其自有信息的质量越高，公司管理层更加依赖自身的判断进行税收激进行为的决策，同伴公司税收激进行为的相关信息在决策中易被忽略，上市公司税收激进行为同群效应越不显著。（3）同伴信息质量显著影响上市公司税收激进行为同群效应。焦点公司与同伴公司存在董事联结，且焦点公司拥有的联结董事数量越多，其决策者在行业中能观测到的同伴公司的数量就越多，公司税收激进行为决策所需的同伴信息质量就越高，公司决策者更加依赖于同伴公司信息做出税收激进行为的决策，上市公司税收激进行为的同群效应就越显著。（4）融资约束这一公司个体特征会显著影响上市公司税收激进行为同群效应。焦点公司融资约束程度越高，其税收激进行为更多来自缓解融资约束的自身动机，对同伴公司税收激进行为的竞争性模仿动机越弱，税收激进行为同群效应越不显著。（5）公司治理水平这一公司个体特征会显著影响上市公司税收激进行为同群效应。公司治理水平越高，管理层面临更强的监管，通过税收激进行为攫取私利时被发现的可能性越大，公司治理对公司税收激进行为的抑制作用越强，公司对同伴公司税收激进行为的竞争性模仿动机越弱，税收激进行为同群效应越不显著。（6）卖空压力这一公司个体特征会显著影响上市公司税收激进行为同群效应。进入融资融券标的名单后，公司面临卖空压力，削弱了对同伴公司税收激进行为的竞争性模仿动机。在成为融资融券标的后，融资融券公司的税收激进行为同群效应显著降低。

第四，上市公司税收激进行为同群效应的经济后果。以公司税收激进理论和委托代理理论为基础构建了公司税收激进行为同群效应经济后果的理论分析框架，从公司利益和管理层私利两个角度提出相应的研究假设并进行实证检验。实证研究结果表明：（1）税收激进行为同群效应显著提高了公司会计绩效和市场价值，即公司税收激进行为的同群效应越强，公司会计绩效越好，市场价值越高。（2）税收激进行为同群效应显著降低了公司管理层的货币薪酬和在职消费水平，即公司税收激进行为的同群效应越显著，公司管理层的货币薪酬和在职消费水平越低。

8.2　政策建议

公司的学习行为和竞争属性决定了其在税收激进行为决策中与同伴公司形成了一种互动关系。公司税收激进行为不仅会受到规模、盈利能力、名义税率等自身特征和税法规定的影响，还会受到同伴公司税收激进行为的影响。同伴公司之间税收激进行为的关联与互动，进一步表明公司税收激进行为可能是在综合分析外部环境信息，特别是同伴公司信息的基础上的一种反应。针对上市公司税收激进行为同群效应，结合本书所得出的存在性、形成机制、影响因素和经济后果等研究结论，从税收征管和上市公司两个层面提出以下政策建议。

8.2.1　税收征管层面

（1）应警惕某一公司的税收激进行为因同群效应"溢出"到整个行业，成为其他同伴公司的模仿对象，产生税收激进行为的扩散。本书研究发现，上市公司的税收激进行为存在行业同群效应，即上市公司在做出税收激进行为决策时会显著受到同伴公司税收激进行为的影响，并且会产生社会乘数效应。因此，某一公司的税收激进行为会通过行业同伴的模仿产生传染扩散，其税收激进程度的变化可能影响整个行业的税收遵从度。税收征管部门应该警惕某一公司的税收激进行为因同群效应"溢出"到整个行业，加强对公司税收激进行为异动的监管，防止这些异动在行业中扩散。

（2）将行业内的龙头企业作为重点监管对象，提高税收征管效率。公司税收激进行为的同群效应来自公司间的互动模仿，而模仿行为的实施首先需要确定模仿对象。本书研究发现，公司税收激进行为的形成遵循逻辑模仿律，即公司更倾向于选择行业领导者作为模仿对象，税收激进行为更易受到行业领导者税收激进行为的影响。当行业领导者提高税收激进程度时，会导致行业内其他公司也提高税收激进程度。因此，行业领导者的税收激进行为会通过行业同群产生"社会乘数效应"，其税收激进程度的变化会成为整个行业的风向标，在一定程度上决定整个行业的税收激进程度。税收征管部门应该重视行业领导者在税收激进行为同群效应中所发挥的作用，将行业内的领导者作为重点监管对象。行业领导者的税收激进行为得到有力监管，行业内其他公司的税收激进行为会因同群效应而更加合理可控。因此，将行业内的龙头企业作为重点监管对象，能够"事半功倍"，提高税收征管效率。

（3）监管税收激进公司的同时，应当对其同属性的同伴公司进行排查。本书研究发现，公司税收激进行为的形成遵循先内后外律，即公司更倾向于选择同产权性质的同伴作为模仿对象，税收激进行为更易受到同产权性质的同伴公司税收激进行为的影响。发现税收激进程度较高的公司时，同产权性质的同伴公司很可能会受其影响。因此，税收征管部门应重视这一模仿规律，当发现某一公司税收激进程度较高时，在对该公司加强监管的同时，还应当及时对同产权性质的其他同伴公司进行排查，防止其他同伴公司模仿其税收激进行为，从而造成国家税收的流失。

（4）关注高竞争行业，防范公司间的税收激进攀比。本书研究发现，竞争性模仿是上市公司税收激进行为同群效应的形成机制之一，行业竞争程度越高，行业内公司税收激进行为的同群效应越显著。这说明在市场竞争压力之下，公司间的行为互动更加频繁，并更倾向于模仿同伴公司行为。税收激进行为作为一种竞争手段，公司一旦发现竞争对手采取税收激进行为，迫于竞争压力会模仿其税收激进行为予以回击，形成"税收激进竞赛"。因此，税收征管部门应重点关注行业竞争程度较高的公司，避免因竞争性模仿形成的税收激进行为同群效应扭曲公司的纳税行为，破坏市场秩序，损害国家利益。同时，较高的行业竞争程度容易产生盲目的税收激进行为攀比，从而提高行业内公司的整体税收激进程度，应当实施更加严厉和具有针对性的税收征管。

（5）分析外部环境不确定性的成因，有针对性地应对公司税收激进行为同群效应。本书研究发现，外部环境不确定性程度越高，公司税收激进行为同群效应越显著。一旦外部环境不确定性提高，公司难以依靠经营发展过程中所积累的先验信息来完成税收激进行为决策，模仿同伴公司税收激进行为的动机更加强烈。税收征管部门应当深入分析外部环境不确定性可能对公司税收激进行为产生的影响。当面临由经济危机或贸易摩擦等因素导致的环境不确定性时，公司对未来的担忧会增强其模仿同伴公司税收激进行为的动机，此时税收征管部门应防范税收激进攀比可能带来的风险；当面临由政府干预等因素导致的环境不确定性时，税收征管部门应区分公司税收激进行为模仿的方向和幅度，从而有针对性地进行税收征管。

（6）融资约束使公司税收激进程度偏离行业平均，应当加强对融资约束公司的税收征管。本书研究发现，公司融资约束程度越高，越不倾向于模仿同伴公司的税收激进行为，其税收激进行为同群效应越不显著，这表明融资约束使公司税收激进程度偏离行业平均。爱德华兹等（Edwards et al.，2016）研究发现公司面临融资约束越大，其税收激进行为动机越强，税收激进程度越高，国内相关研究也得出相似结论（陈作华和方红星，2018）。由此可见，融资约束很可能会使公司税收激进程度向上偏离行业平均。因此，税收征管部门应加强对融资约束公司的监管。

（7）对行业内不同治理水平的公司进行分层监管，治理水平较低公司的税收激进行为需要更多监管。本书研究发现，与治理水平较高的公司相比，治理水平较低公司的税收激进行为同群效应更加显著，这主要是因为治理水平高的公司管理层受到更多监管，并且拥有更为合理的激励机制，公司管理层通过税收激进行为攫取私利的动机较弱。由此可见，治理水平较差的公司更加倾向于模仿同伴公司的税收激进行为。由于治理水平较高公司的管理层通过税收激进攫取私利的行为受到更多监督，公司的税收激进程度普遍较低，一般不会因同群效应而产生税收激进行为攀比，税收征管部门着重监管行业领导者和行业竞争程度较高的公司即可。然而，治理水平较低公司的税收激进动机本身就强，加上同群效应更加显著，其税收激进行为在群体内的行为互动中被放大，从而产生社会乘数效应。因此，对行业内不同治理水平的公司要有针对性的措施，尤其要加强对治理水平较低公司税收激进行为的监管。

（8）充分利用资本市场政策和制度的外部治理作用，弥补税收征管的不足。本书研究发现，公司进入融资融券标的名单后，不再模仿同伴公司的税收激进行为，其税收激进行为同群效应不显著，这表明卖空压力使公司税收激进程度偏离行业平均。结合熊家财等（2019）的研究，卖空压力很可能会使公司税收激进程度向下偏离行业平均。这说明融资融券制度在一定程度上弥补了税收征管强度的不足，融资融券制度

257

与税收征管之间存在互补关系。因此，税收征管部门应充分利用资本市场制度，积极开展与资本市场监管部门的合作，通过推动资本市场的制度建设来完善税收征管工作，提高征管效率。

8.2.2 上市公司层面

（1）公司税收激进行为决策应关注同伴公司的税收激进行为。本书研究发现，在行业参照组内，上市公司的税收激进行为存在显著的同群效应，即上市公司税收激进行为会受到行业参照组内同伴公司税收激进行为的影响。这表明模仿同伴公司的税收激进行为是普遍存在的。如果公司面临决策环境的不确定或激烈的市场竞争，同伴公司的税收激进行为是公司进行税收激进行为决策的重要参考。模仿同伴公司税收激进行为能在一定程度上降低决策风险和决策成本，提高决策效率，缓解竞争压力并提高公司税收激进行为的合法性，防止因税收征管部门的处罚所带来的经济损失和声誉损失。

（2）公司税收激进行为决策应将行业内的龙头企业作为重点关注对象。公司税收激进行为的同群效应来自公司间的互动模仿，而模仿行为的实施首先需要确定模仿对象。本书研究发现，公司税收激进行为的形成遵循逻辑模仿律，即公司更倾向于选择行业领导者作为模仿对象，税收激进行为更易受到行业领导者税收激进行为的影响。

（3）公司税收激进行为决策应将同产权性质的同伴公司作为重点关注对象。本书研究发现，公司税收激进行为的形成遵循先内后外律，即更多的公司倾向于选择同一产权性质的同伴作为模仿对象，因为这些同伴公司与本公司所面临的环境更为相似，信息获取更为便利。因此，公司应重视这一模仿规律，在进行税收激进行为决策时，应密切关注同产权性质的同伴公司，进一步降低税收激进行为的决策风险。

（4）公司税收激进行为决策应将竞争对手作为重点关注对象。本书研究发现，竞争性模仿是公司税收激进行为同群效应的重要形成机制之一，行业竞争程度越高，行业内公司税收激进行为的同群效应越显著，因为行业竞争对手的税收激进行为会威胁焦点公司的竞争地位。因此，公司应重视这一形成机制，在进行税收激进行为决策时，应密切关注竞争对手的税收激进行为，并及时做出反应，以防市场竞争地位受到影响。

（5）公司管理层应积累经验，深入了解公司自身状况，拓展同伴公司信息获取渠道。公司税收激进行为的同群效应来自公司间的互动模仿，适合本公司的模仿行为有利于公司的健康发展，不合适的模仿行为可能损害公司利益。本书研究发现，公司税收激进行为存在"同群效应"，并且先验信息质量、自有信息质量和同伴信息质量显著影响公司税收激进行为的同群效应。"同群效应"会导致公司管理层在进行税收激进行为决策时忽略公司外部环境和自身条件，尤其是在先验信息质量和自有信息质量较差时。当公司的外部环境不确定性程度较高，并且管理层又缺乏对公司自身情况的了解时，公司的税收激进行为决策将主要依靠模仿同伴公司的税收激进行为。此时，公司能否获得高质量的同伴信息将直接决定公司税收激进行为的决策水平。因此，公司管理层应当深入了解公司自身情况，积累管理经验，依据先前的经验与公司实际情况做出恰当的税收激进决策，减少公司的现金流出，从而增加公司收益；当外部环境不确定性程度较高，同时管理层对公司自身情况把握不准时，公司的税收激进行为决策就会十分被动，只能依靠模仿同伴公司的税收激进行为来完成税收激进决策。一旦管理层又缺乏获得高质量同伴信息的途径（如董事联结），公司的税收激进行为决策将会十分盲目，甚至陷入决策困境，使公司遭受损失，对公司的发展产生不利影响。只有通过积累丰富的税收激进决策经验，深入了解公司自身状况，拓展更加高效便捷的同伴公司信息获取渠道，公司管理层才能在税收激进行为的决策中变被动为主动，避免盲目模仿，采取更加有利于公司利益的合法恰当的税收筹划行为。

（6）公司股东应密切关注公司税收激进行为的同群效应，通过公司治理机制引导公司管理层利用公司税收激进行为同群效应来提高公司收益水平，减少税收激进行为决策的盲从。一方面，良好的公司治理机制能够为公司管理层提供更为合理的激励，从而缓解股东与管理层的代理冲突，降低公司管理层通过税收激进行为攫取私利的动机；另一方面，良好的公司治理机制能够对管理层施加更为严格的监督，增加其通过税收激进行为攫取私利的风险，从而降低公司代理成本。良好的公司治理机制之下，管理层所进行的税收激进行为的模仿会更多从公司利益出发。

（7）公司管理层应充分认识到在税收激进决策时选择模仿同伴公司的税收激进行为虽然能够降低决策成本和处罚风险，但是也很可能降低自己的货币薪酬水平和在职消费水平，损害个人利益。本书研究发现，税收激进同群会提高公司价值，降低公司管理层的货币薪酬和在职消费。因此，公司管理层应提升先验信息、自有信息和同伴信息的综合分析能力，做出最优的纳税决策，平衡公司利益和个人利益。

8.3　研究局限与展望

本书的理论分析和实证研究获得了许多有价值的发现，但是依然存在一些不足或局限性。这些研究的不足或局限性也是未来需要进一步研究的方向。概括起来主要包括以下几个方面：

（1）采用的同群效应识别方法较为单一。与主流研究的同群效应识别方法一致，本书采用参照组组内线性均值模型，即以焦点公司税收激进程度为被解释变量，以同伴公司平均税收激进程度为解释变量，构建多元回归模型来识别同群效应的存在性，实现了同群效应在面对点层面的识别。然而并没有使用其他识别方法，比如，通过构建公司间的同伴关系，利用政策的外生冲击所产生的税率不平衡，来识别同伴公司的税率变动是否会引发焦点公司税收激进行为的同方向变动，实现同群效应在点对点层面的识别。这有待进一步的研究来构建新的模型完成检验。

（2）仅探究了行业参照组内公司税收激进行为"同群效应"。公司行为的行业同群效应是基本的同群效应之一，然而，税收激进行为的"同群效应"不仅可能发生在行业层面，还可能会发生在其他类型的同伴公司之间，例如地区层面或者存在特定社会网络关联的同伴公司间。未来可以进一步去研究不同类型的税收激进行为"同群效应"。

（3）公司税收激进主要聚焦在所得税层面。与现有主流研究方向一致，本书在探究公司税收激进行为的同群效应时，将研究视角主要聚焦于公司所得税，而未将研究范围扩展到其他税种，可能存在一定的研究局限，有待进一步探讨。

（4）经济后果的研究还不够丰富。由于篇幅限制，本书只基于委托代理理论从公司利益和公司管理层私利两个方面考察了上市公司税收激进行为同群效应的经济后果。但是对于众多的公司微观层面上的经济后果和税收征管层面的经济后果并没有纳入到本书的理论分析和实证检验中。这有待于未来进一步研究。

　　以上几点构成了本书的研究局限同时也是本书未来的研究方向。在未来的研究中，可以使用更多的识别方法来进行公司税收激进行为同群效应的存在性识别；研究不同类型的税收激进行为"同群效应"，比如地区层面或者存在特定社会网络关联的同伴公司间公司税收激进行为的同群效应；将研究范围扩展到增值税等其他税种，使税收激进行为同群效应的研究内容更加全面；将更多的税收激进行为经济后果纳入其中，比如公司微观层面的债务契约、融资约束等经济后果以及税收征管层面的税收征管效率、税收征管成本等。除此之外，未来的研究可以将同群效应的研究拓展至众多其他公司行为中，因此该领域具有较为广阔的研究前景。

参 考 文 献

[1] 白重恩、刘俏、陆洲、宋敏、张俊喜：《中国上市公司治理结构的实证研究》，载于《经济研究》2005 年第 2 期。

[2] 蔡地、罗进辉：《CEO 类型影响家族企业的税收激进程度吗?》，载于《经济管理》2015 年第 9 期。

[3] 蔡宏标、饶品贵：《机构投资者、税收征管与企业避税》，载于《会计研究》2015 年第 10 期。

[4] 曹书军、刘星、张婉君：《财政分权、地方政府竞争与上市公司实际税负》，载于《世界经济》2009 年第 4 期。

[5] 陈德球、陈运森、董志勇：《政策不确定性、税收征管强度与企业税收规避》，载于《管理世界》2016 年第 5 期。

[6] 陈冬、孔墨奇、王红建：《投我以桃，报之以李：经济周期与国企避税》，载于《管理世界》2016 年第 5 期。

[7] 陈冬、罗祎：《公司避税影响审计定价吗?》，载于《经济管理》2015 年第 3 期。

[8] 陈冬、唐建新：《机构投资者持股、避税寻租与企业价值》，载于《经济评论》2013 年第 6 期。

[9] 陈冬华、陈信元、万华林：《国有企业中的薪酬管制与在职消费》，载于《经济研究》2005 年第 2 期。

[10] 陈晖丽、刘峰：《融资融券的治理效应研究——基于公司盈余管理的视角》，载于《会计研究》2014 年第 9 期。

[11] 陈仕华、卢昌崇：《企业间高管联结与并购溢价决策——基于组织间模仿理论的实证研究》，载于《管理世界》2013 年第 5 期。

[12] 陈正林：《客户集中、政府干预与公司风险》，载于《会计研究》2016 年第 11 期。

[13] 陈作华、方红星：《融资约束、内部控制与企业避税》，载于

《管理科学》2018 年第 3 期。

[14] 程小可、李浩举、郑立东：《税收规避能够提升企业价值吗？——基于货币政策视角的研究》，载于《审计与经济研究》2016 年第 3 期。

[15] 代彬、彭程、刘星：《管理层能力、权力与企业避税行为》，载于《财贸经济》2016 年第 4 期。

[16] 翟华云：《产权性质、社会责任表现与税收激进性研究》，载于《经济科学》2012 年第 6 期。

[17] 冯戈坚、王建琼：《企业创新活动的社会网络同群效应》，载于《管理学报》2019 年第 12 期。

[18] 冯玲、崔静：《上市公司会计信息质量同群效应及其经济后果——基于社会网络互动模型的研究》，载于《当代财经》2019 年第 11 期。

[19] 傅超、杨曾、傅代国：《"同伴效应"影响了企业的并购商誉吗？——基于我国创业板高溢价并购的经验证据》，载于《中国软科学》2015 年第 11 期。

[20] 顾乃康、周艳利：《卖空的事前威慑、公司治理与企业融资行为——基于融资融券制度的准自然实验检验》，载于《管理世界》2017 年第 2 期。

[21] 后青松、袁建国、张鹏：《企业避税行为影响其银行债务契约吗——基于 A 股上市公司的考察》，载于《南开管理评论》2016 年第 4 期。

[22] 江轩宇：《税收征管、税收激进与股价崩盘风险》，载于《南开管理评论》2013 年第 5 期。

[23] 姜付秀、黄磊、张敏：《产品市场竞争、公司治理与代理成本》，载于《世界经济》2009 年第 10 期。

[24] 姜永盛、程小可、李浩举：《公司的资本结构决策具有学习效应吗？》，载于《中央财经大学学报》2015 年第 10 期。

[25] 蒋琰：《权益成本、债务成本与公司治理：影响差异性研究》，载于《管理世界》2009 年第 11 期。

[26] 金鑫、雷光勇：《审计监督、最终控制人性质与税收激进度》，载于《审计研究》2011 年第 5 期。

［27］李凤羽、史永东：《经济政策不确定性与企业现金持有策略——基于中国经济政策不确定指数的实证研究》，载于《管理科学学报》2016 年第 6 期。

［28］李培功、肖珉：《CEO 任期与企业资本投资》，载于《金融研究》2012 年第 2 期。

［29］李青原、刘叶畅：《同行业间避税与企业的战略反应——来自我国 A 股上市公司的经验证据》，载于《金融研究》2019 年第 10 期。

［30］李涛、周开国：《邻里效应、满意度与博彩参与》，载于《金融研究》2006 年第 9 期。

［31］李万福、陈晖丽：《内部控制与公司实际税负》，载于《金融研究》2012 年第 9 期。

［32］李维安、徐业坤：《政治身份的避税效应》，载于《金融研究》2013 年第 3 期。

［33］李志生、苏诚、李好、孔东民：《企业过度负债的地区同群效应》，载于《金融研究》2018 年第 9 期。

［34］廖歆欣、刘运国：《企业避税、信息不对称与管理层在职消费》，载于《南开管理评论》2016 年第 2 期。

［35］刘慧龙、吴联生：《制度环境、所有权性质与企业实际税率》，载于《管理世界》2014 年第 4 期。

［36］刘笑霞、李明辉：《媒体负面报道、分析师跟踪与税收激进度》，载于《会计研究》2018 年第 9 期。

［37］刘笑霞、阳金云、狄然：《公司避税活动对会计师事务所变更的影响》，载于《审计研究》2019 年第 4 期。

［38］刘行、李小荣：《金字塔结构、税收负担与企业价值：基于地方国有企业的证据》，载于《管理世界》2012 年第 8 期。

［39］刘行、叶康涛：《金融发展、产权与企业税负》，载于《管理世界》2014 年第 3 期。

［40］刘行、叶康涛：《企业的避税活动会影响投资效率吗?》，载于《会计研究》2013 年第 6 期。

［41］刘行、赵晓阳：《最低工资标准的上涨是否会加剧企业避税?》，载于《经济研究》2019 年第 10 期。

［42］刘志远、王存峰、彭涛、郭瑾：《政策不确定性与企业风险

承担：机遇预期效应还是损失规避效应》，载于《南开管理评论》2017年第 6 期。

[43] 卢洪友、张楠：《地方政府换届、税收征管与税收激进》，载于《经济管理》2016 年第 2 期。

[44] 卢馨、郑阳飞、李建明：《融资约束对企业 R&D 投资的影响研究——来自中国高新技术上市公司的经验证据》，载于《会计研究》2013 年第 5 期。

[45] 陆蓉、王策、邓鸣茂：《我国上市公司资本结构"同群效应"研究》，载于《经济管理》2017 年第 1 期。

[46] 罗党论、魏翥：《政治关联与民营企业避税行为研究——来自中国上市公司的经验证据》，载于《南方经济》2012 年第 11 期。

[47] 罗福凯、李启佳、庞廷云：《企业研发投入的"同侪效应"检验》，载于《产业经济研究》2018 年第 6 期。

[48] 罗琦、肖文翀、夏新平：《融资约束抑或过度投资——中国上市企业投资—现金流敏感度的经验证据》，载于《中国工业经济》2007 年第 9 期。

[49] 吕冰洋、郭庆旺：《中国税收高速增长的源泉：税收能力和税收努力框架下的解释》，载于《中国社会科学》2011 年第 2 期。

[50] 潘省初：《计量经济学》，中国人民大学出版社 2009 年版。

[51] 权小锋、吴世农、文芳：《管理层权力、私有收益与薪酬操纵》，载于《经济研究》2010 年第 11 期。

[52] 权小锋、尹洪英：《中国式卖空机制与公司创新——基于融资融券分步扩容的自然实验》，载于《管理世界》2017 年第 1 期。

[53] 申慧慧：《环境不确定性对盈余管理的影响》，载于《审计研究》2010 年第 1 期。

[54] 沈洪涛、苏亮德：《企业信息披露中的模仿行为研究——基于制度理论的分析》，载于《南开管理评论》2012 年第 3 期。

[55] 石桂峰：《地方政府干预与企业投资的同伴效应》，载于《财经研究》2015 年第 12 期。

[56] 苏诚：《连锁董事网中公司并购行为的同群效应》，载于《华东经济管理》2017 年第 1 期。

[57] 田高良、李星、司毅、张睿：《基于连锁董事视角的税收规

265

避行为传染效应研究》，载于《管理科学》2017 年第 4 期。

[58] 田高良、司毅、韩洁、卞一洋：《媒体关注与税收激进——基于公司治理视角的考察》，载于《管理科学》2016 年第 2 期。

[59] 田高良、司毅、李星、秦岭：《公司治理视角下的税收激进研究》，载于《财务研究》2016 年第 5 期。

[60] 万良勇、梁婵娟、饶静：《上市公司并购决策的行业同群效应研究》，载于《南开管理评论》2016 年第 3 期。

[61] 王静、张天西：《税收规避、公司治理与债务契约定价》，载于《经济管理》2017 年第 4 期。

[62] 王亮亮：《金融危机冲击、融资约束与公司避税》，载于《南开管理评论》2016 年第 1 期。

[63] 王小鲁、樊纲、胡李鹏：《中国分省份市场化指数报告（2018）》，社会科学文献出版社 2019 年版。

[64] 王菅、曹廷求：《董事网络下企业同群捐赠行为研究》，载于《财经研究》2017 年第 8 期。

[65] 王竹泉、段丙蕾、王苑琢、陈冠霖：《资本错配、资产专用性与公司价值——基于营业活动重新分类的视角》，载于《中国工业经济》2017 年第 3 期。

[66] 魏春燕：《审计师行业专长与客户的避税程度》，载于《审计研究》2014 年第 2 期。

[67] 吴联生：《国有股权、税收优惠与公司税负》，载于《经济研究》2009 年第 10 期。

[68] 吴文锋、吴冲锋、芮萌：《中国上市公司高管的政府背景与税收优惠》，载于《管理世界》2009 年第 3 期。

[69] 谢洪明、蓝海林、刘钢庭、曾萍：《动态竞争理论的研究评述》，载于《科研管理》2003 年第 6 期。

[70] 谢建、唐国平、项雨柔：《管理层能力、产权性质与企业避税》，载于《江西财经大学学报》2016 年第 2 期。

[71] 辛兵海、陶江：《商业银行的流动性风险管理存在同群效应吗?》，载于《财贸经济》2018 年第 4 期。

[72] 辛清泉、谭伟强：《市场化改革、企业业绩与国有企业经理薪酬》，载于《经济研究》2009 年第 11 期。

［73］熊家财、郭雪静、胡琛：《卖空与企业避税：基于融资融券的准自然实验》，载于《金融经济学研究》2019 年第 5 期。

［74］严若森、钱晶晶、祁浩：《公司治理水平、媒体关注与企业税收激进》，载于《经济管理》2018 年第 7 期。

［75］杨明增、张钦成：《高新技术企业减税激励政策会产生同伴压力效应吗》，载于《当代财经》2019 年第 6 期。

［76］杨明增：《经验对审计判断中锚定效应的影响》，载于《审计研究》2009 年第 2 期。

［77］叶康涛、刘行：《公司避税活动与内部代理成本》，载于《金融研究》2014 年第 9 期。

［78］易志高、李心丹、潘子成、茅宁：《公司高管减持同伴效应与股价崩盘风险研究》，载于《经济研究》2019 年第 11 期。

［79］袁蓉丽、李瑞敬、夏圣洁：《战略差异度与企业避税》，载于《会计研究》2019 年第 4 期。

［80］曾爱民、魏志华、李先琦：《女性高管对企业税收激进行为的影响》，载于《财经科学》2019 年第 8 期。

［81］曾亚敏、张俊生：《税收征管能够发挥公司治理功用吗？》，载于《管理世界》2009 年第 3 期。

［82］张敦力、江新峰：《管理者权力、产权性质与企业投资同群效应》，载于《中南财经政法大学学报》2016 年第 5 期。

［83］张洪辉、章琳一：《国有公司高管在职消费与风险承担：效率促进还是代理冲突？》，载于《江西财经大学学报》2018 年第 1 期。

［84］张胜、魏汉泽、李常安：《实际控制人居留权特征与企业税收规避——基于我国民营上市公司的经验证据》，载于《会计研究》2016 年第 4 期。

［85］张天宇、钟田丽：《基于学习行为的资本结构同伴效应实证研究》，载于《管理科学》2019 年第 2 期。

［86］张天宇：《资本结构决策同伴效应与产生机制实证研究》，东北大学博士学位论文，2017 年。

［87］张铁铸、沙曼：《管理层能力、权力与在职消费研究》，载于《南开管理评论》2014 年第 5 期。

［88］张新民、葛超、杨道广、刘念：《税收规避、内部控制与企

业风险》，载于《中国软科学》2019 年第 9 期。

[89] 张璇、周鹏、李春涛：《卖空与盈余质量——来自财务重述的证据》，载于《金融研究》2016 年第 8 期。

[90] 张益明：《产品市场势力，公司治理与股票市场流动性》，载于《国际金融研究》2012 年第 3 期。

[91] 赵颖：《中国上市公司高管薪酬的同群效应分析》，载于《中国工业经济》2016 年第 2 期。

[92] 钟田丽、张天宇：《我国企业资本结构决策行为的"同伴效应"——来自深沪两市 A 股上市公司面板数据的实证检验》，载于《南开管理评论》2017 年第 2 期。

[93] 周夏飞、周强龙：《产品市场势力、行业竞争与公司盈余管理——基于中国上市公司的经验证据》，载于《会计研究》2014 年第 8 期。

[94] 邹萍：《"言行一致"还是"投桃报李"？——企业社会责任信息披露与实际税负》，载于《经济管理》2018 年第 3 期。

[95] Albuquerque A M, De Franco G, Verdi R S. Peer Choice in CEO Compensation. Journal of Financial Economics, Vol. 108, No. 1, 2013, pp. 160 – 181.

[96] Allen M P. Managerial Power and Tenure in the Large Corporation. Social Forces, Vol. 60, No. 2, 1981, pp. 482 – 494.

[97] Allingham M G, Sandmo A. Income Tax Evasion: A Theoretical Analysis. Journal of Public Economics, Vol. 1, No. 3 – 4, 1972, pp. 323 – 338.

[98] An W. Instrumental Variables Estimates of Peer Effects in Social Networks. Social Science Research, Vol. 50, 2015, pp. 382 – 394.

[99] Armstrong C S, Blouin J L, Jagolinzer A D, et al. Corporate Governance, Incentives, and Tax Avoidance. Journal of Accounting and Economics, Vol. 60, No. 1, 2015, pp. 1 – 17.

[100] Armstrong C S, Blouin J L, Larcker D F. The Incentives for Tax Planning. Journal of Accounting and Economics, Vol. 53, No. 1, 2012, pp. 391 – 411.

[101] Armstrong C, Glaeser S, Kepler J D. Strategic Reactions in

Corporate Tax Avoidance. SSRN Working Paper, No. 2889145, 2016.

[102] Ayers B C, Laplante S K, McGuire S T. Credit Ratings and Taxes: The Effect of Book-tax Differences on Ratings Changes. Contemporary Accounting Research, Vol. 27, No. 2, 2010, pp. 359 – 402.

[103] Badertscher B A, Katz S P, Rego S O. The Separation of Ownership and Control and Corporate Tax Avoidance. Journal of Accounting and Economics, Vol. 56, No. 2 – 3, 2013, pp. 228 – 250.

[104] Baker S R, Bloom N, Davis S J. Measuring Economic Policy Uncertainty. The Quarterly Journal of Economics, Vol. 131, No. 4, 2016, pp. 1593 – 1636.

[105] Balakrishnan K, Blouin J L, Guay W R. Tax Aggressiveness and Corporate Transparency. The Accounting Review, Vol. 94, No. 1, 2018, pp. 45 – 69.

[106] Banerjee A V. A Simple Model of Herd Behavior. The Quarterly Journal of Economics, Vol. 107, No. 3, 1992, pp. 797 – 817.

[107] Baum J A, Haveman H A. Love Thy Neighbor? Differentiation and Agglomeration in the Manhattan Hotel Industry: 1898 – 1990. Administrative Science Quarterly, Vol. 42, No. 2, 1997, pp. 304 – 338.

[108] Baum J C, Korn H J. Dynamics of Dyadic Competitive Interaction. Strategic Management Journal, Vol. 20, No. 3, 1999, pp. 251 – 278.

[109] Bernheim B, Whinston M D. Multimarket Contact and Collusive Behavior. The RAND Journal of Economics, Vol. 21, No. 1, 1990, pp. 1 – 26.

[110] Bikhchandani S, Hirshleifer D, Welch I. A Theory of Fads, Fashion, Custom, and Cultural Change as Informational Cascades. Journal of Political Economy, Vol. 100, No. 5, 1992, pp. 992 – 1026.

[111] Bikhchandani S, Hirshleifer D, Welch I. Learning from the Behavior of Others: Conformity, Fads, and Informational Cascades. Journal of Economic Perspectives, Vol. 12, No. 3, 1998, pp. 151 – 170.

[112] Bird A, Edwards A, Ruchti T G. Taxes and Peer Effects. The Accounting Review, Vol. 93, No. 5, 2018, pp. 97 – 117.

[113] Bird A, Karolyi S A. Governance and Taxes: Evidence from

Regression Discontinuity. The Accounting Review, Vol. 92, No. 1, 2016, pp. 29 – 50.

[114] Bolton P, Scharfstein D S. A Theory of Predation Based on Agency Problems in Financial Contracting. American Economic Review, Vol. 80, No. 1, 1990, pp. 93 – 106.

[115] Brock W A, Durlauf S N. Growth Empirics and Reality. The World Bank Economic Review, Vol. 15, No. 2, 2001, pp. 229 – 272.

[116] Brown J L, Drake K D. Network Ties among Low-tax Firms. The Accounting Review, Vol. 89, No. 2, 2014, pp. 483 – 510.

[117] Campbell J Y, Lettau M, Malkiel B G, et al. Have Individual Stocks Become More Volatile? An Empirical Exploration of Idiosyncratic Risk. Journal of Finance, Vol. 56, No. 1, 2001, pp. 1 – 43.

[118] Cen L, Maydew E L, Zhang L, et al. Customer-supplier relationships and corporate tax avoidance. Journal of Financial Economics, Vol. 123, No. 2, 2017, pp. 377 – 394.

[119] Chan K H, Lin K Z, Mo P L. Will a Departure from Tax-based Accounting Encourage Tax Noncompliance? Archival Evidence from a Transition Economy. Journal of Accounting and Economics, Vol. 50, No. 1, 2010, pp. 58 – 73.

[120] Chen C, Lai S, Omer T C. Peers' Effects on Corporate Tax Policies—Evidence from State Tax Changes. SSRN Working Paper, No. 2824284, 2016.

[121] Chen H, Tang S, Wu D, et al. The Political Dynamics of Corporate Tax Avoidance: The Chinese Experience. SSRN Working Paper, No. 2640111, 2015.

[122] Chen K P, Chu C Y. Internal Control vs. External Manipulation: A Model of Corporate Income Tax Evasion. The RAND Journal of Economics, Vol. 36, No. 1, 2005, pp. 151 – 164.

[123] Chen M J, Smith K J, Grimm C M. Action Characteristics as Predictors of Competitive Responses. Management Science, Vol. 38, No. 3, 1992, pp. 439 – 455.

[124] Chen S, Chen X, Cheng Q, et al. Are Family Firms More Tax

Aggressive than Non-family Firms. Journal of Financial Economics, Vol. 95, No. 1, 2010, pp. 41 – 61.

[125] Chen T, Leung S, Xie L. Credit Rating Conservatism and Corporate Tax Avoidance: Evidence from the Dodd – Frank Act As a Quasi – Natural Experiment. SSRN Working Paper, No. 2966014, 2017.

[126] Cheng S, Lin K Z. Corporate Social Responsibility and Tax Reporting Aggressiveness in a Transition Economy. SSRN Working Paper, No. 2526671, 2014.

[127] Chi S, Huang S X, Sanchez J M. CEO Inside Debt Incentives and Corporate Tax Sheltering. Journal of Accounting Research, Vol. 55, No. 4, 2017, pp. 837 – 876.

[128] Chung S G, Goh B W, Lee J, et al. Corporate Tax Aggressiveness and Insider Trading. Contemporary Accounting Research, Vol. 36, No. 1, 2019, pp. 230 – 258.

[129] Chung S G, Goh B W, Lee J, et al. Corporate Tax Aggressiveness and Managerial Rent Extraction: Evidence from Insider Trading. SSRN Working Paper, No. 2604376, 2015.

[130] Chyz J A. Personally Tax Aggressive Executives and Corporate Tax Sheltering. Journal of Accounting and Economics, Vol. 56, No. 2, 2013, pp. 311 – 328.

[131] Crocker K J, Slemrod J. Corporate Tax Evasion with Agency Costs. Journal of Public Economics, Vol. 89, No. 9 – 10, 2005, pp. 1593 – 1610.

[132] Davis A K, Guenther D A., Krull L. K., et al. Do Socially Responsible Firms Pay More Taxes? . The Accounting Review, Vol. 91, No. 1, 2015, pp. 47 – 68.

[133] Deephouse D L. To Be Different, or to Be the Same? It's a Question (and Theory) of Strategic Balance. Strategic Management Journal, Vol. 20, No. 2, 1999, pp. 147 – 166.

[134] Derashid C, Zhang H. Effective Tax Rates and the "Industrial Policy" Hypothesis: Evidence from Malaysia. Journal of International Accounting Auditing and Taxation, Vol. 12, No. 1, 2003, pp. 45 – 62.

[135] Desai M A, Dharmapala D. Corporate Tax Avoidance and Firm Value. The Review of Economics and Statistics, Vol. 91, No. 3, 2009, pp. 537 – 546.

[136] Desai M A, Dharmapala D. Corporate Tax Avoidance and High-powered Incentives. Journal of Financial Economics, Vol. 79, No. 1, 2006, pp. 145 – 179.

[137] Desai M A, Dyck A, Zingales L. Theft and Taxes. Journal of Financial Economics, Vol. 84, No. 3, 2007, pp. 591 – 623.

[138] Dhaliwal D S, Gaertner F B, Seung H, et al. Historical Cost, Inflation, and the US Corporate Tax Burden. Journal of Accounting and Public Policy, Vol. 34, No. 5, 2015, pp. 467 – 489.

[139] DiMaggio P J, Powell W W. The Iron Cage Revisited: Institutional Isomorphism and Collective Rationality in Organizational Fields. American Sociological Review, Vol. 48, No. 2, 1983, pp. 147 – 160.

[140] Donohoe M P, Robert K W. Does Corporate Tax Aggressiveness Influence Audit Pricing? . Contemporary Accounting Research, Vol. 31, No. 1, 2014, pp. 284 – 308.

[141] Duncan O D, Haller A O, Portes A. Peer Influences on Aspirations: A Reinterpretation. American Journal of Sociology, Vol. 174, No. 2, 1968, pp. 119 – 137.

[142] Duong H K, Ngo A D, McGowan C B. Industry Peer Effect and the Maturity Structure of Corporate Debt. Managerial Finance, Vol. 41, No. 7, 2015, pp. 714 – 733.

[143] Dyreng S D, Hanlon M, Maydew E L. The Effects of Executives on Corporate Tax Avoidance. The Accounting Review, Vol. 85, No. 4, 2010, pp. 1163 – 1189.

[144] Edwards A S, Schwab C M, Shevlin T. Financial Constraints and Cash Tax Savings. The Accounting Review, Vol. 96, No. 3, 2016, pp. 859 – 881.

[145] Fang V W, Huang A H, Karpoff J M. Short Selling and Earnings Management: A Controlled Experiment. Journal of Finance, Vol. 71, No. 3, 2016, pp. 1251 – 1294.

[146] Faulkender M, Yang J. Inside the Black Box: The Role and Composition of Compensation Peer Groups. Journal of Financial Economics, Vol. 96, No. 2, 2010, pp. 257 – 270.

[147] Faulkender M, Yang J. Is Disclosure an Effective Cleansing Mechanism? The Dynamics of Compensation Peer Benchmarking. The Review of Financial Studies, Vol. 26, No. 3, 2013, pp. 806 – 839.

[148] Foucault T, Fresard L. Learning from Peers' Stock Prices and Corporate Investment. Journal of Financial Economics, Vol. 111, No. 3, 2014, pp. 554 – 577.

[149] Francis B, Hasan I, Wu Q, et al. Are female CFOs less tax aggressive? Evidence from tax aggressiveness. The Journal of the American Taxation Association, Vol. 36, No. 2, 2014, pp. 171 – 202.

[150] Frank M M, Lynch L J, Rego S O. Tax Reporting Aggressiveness and Its Relation to Aggressive Financial Reporting. The Accounting Review, Vol. 84, No. 2, 2009, pp. 467 – 496.

[151] Gallemore J, Labro E. The Importance of the Internal Information Environment for Tax Avoidance. Journal of Accounting and Economics, Vol. 60, No. 1, 2015, pp. 149 – 167.

[152] Gaviria A, Raphael S. School-based Peer Effects and Juvenile Behavior. The Review of Economics and Statistics, Vol. 83, No. 2, 2001, pp. 257 – 268.

[153] Gertler M. Financial Capacity and Output Fluctuations in an Economy with Multi – Period Financial Relationships. The Review of Economic Studies, Vol. 59, No. 3, 1992, pp. 455 – 472.

[154] Glaeser E L, Sacerdote B I, Scheinkman J A. The Social Multiplier. Journal of the European Economic Association, Vol. 1, No. 2 – 3, 2003, pp. 345 – 353.

[155] Goh B W, Lee J, Lim C Y, et al. The Effect of Corporate Tax Avoidance on the Cost of Equity. The Accounting Review, Vol. 91, No. 6, 2016, pp. 1647 – 1670.

[156] Govindarajan V. Appropriateness of Accounting Data in Performance Evaluation: An Empirical Examination of Environmental Uncertainty as

an Intervening Variable. Accounting, Organizations and Society, Vol. 9, No. 2, 1984, pp. 125 – 135.

[157] Graham J R, Hanlon M, Shevlin T, et al. Incentives for Tax Planning and Avoidance: Evidence from the Field. The Accounting Review, Vol. 89, No. 3, 2014, pp. 991 – 1023.

[158] Graham J R, Harvey C R. The Theory and Practice of Corporate Finance: Evidence from the Field. Journal of Financial Economics, Vol. 60, No. 2, 2001, pp. 187 – 243.

[159] Graham J R, Tucker A L. Tax Shelters and Corporate Debt Policy. Journal of Financial Economics, Vol. 81, No. 3, 2006, pp. 563 – 594.

[160] Gul F A, Khedmati M, Shams S. Acquisitiveness and Corporate Tax Avoidance. SSRN Working Paper, No. 2826218, 2016.

[161] Gulen H, Ion M. Policy Uncertainty and Corporate Investment. The Review of Financial Studies, Vol. 29, No. 3, 2016, pp. 523 – 564.

[162] Gupta S, Newberry K. Determinants of the Variability in Corporate Effective Tax Rates: Evidence from Longitudinal Data. Journal of Accounting and Public Policy, Vol. 16, No. 1, 1997, pp. 1 – 34.

[163] Hambrick D C. Upper Echelons Theory: An Update. Academy of Management Review, Vol. 32, No. 2, 2007, pp. 334 – 343.

[164] Hanlon M, Heitzman S. A Review of Tax Research. Journal of Accounting and Economics, Vol. 50, No. 2 – 3, 2010, pp. 653 – 669.

[165] Hanlon M, Slemrod J. What Does Tax Aggressiveness Signal? Evidence from Stock Price Reactions to News about Tax Shelter Involvement. Journal of Public Economics, Vol. 93, No. 1 – 2, 2009, pp. 126 – 141.

[166] Hasan I, Hoi C K, Wu Q, et al. Does Social Capital Matter in Corporate Decisions? Evidence from Corporate Tax Avoidance. Journal of Accounting Research, Vol. 55, No. 3, 2017, pp. 629 – 668.

[167] Haunschild P R, Miner A S. Modes of Interorganizational Imitation: The Effects of Outcome Salience and Uncertainty. Administrative Science Quarterly, Vol. 42, No. 3, 1997, pp. 472 – 500.

[168] Haveman H A. Follow the Leader: Mimetic Isomorphism and Entry into New Markets. Administrative Science Quarterly, Vol. 38, No. 4, 1993, pp. 593 – 627.

[169] Higgins D, Omer T C, Phillips J D. The Influence of A Firm's Business Strategy on Its Tax Aggressiveness. Contemporary Accounting Research, Vol. 32, No. 2, 2015, pp. 674 – 702.

[170] Hoi C K, Wu Q, Zhang H. Is Corporate Social Responsibility (CSR) Associated with Tax Avoidance? Evidence from Irresponsible CSR Activities. The Accounting Review, Vol. 88, No. 6, 2013, pp. 2025 – 2059.

[171] Holmström B. Moral Hazard in Teams. Bell Journal of Economics, Vol. 13, No. 2, 1982, pp. 324 – 340.

[172] Hoopes J L, Mescall D, Pittman J A. Do IRS Audits Deter Corporate Tax Avoidance? . The Accounting Review, Vol. 87, No. 5, 2012, pp. 1603 – 1639.

[173] Jensen M C, Meckling W H. Theory of the Firm: Managerial Behavior, Agency Costs and Ownership Structure. Journal of Financial Economics, Vol. 3, No. 4, 1976, pp. 305 – 360.

[174] Kaplan S N, Zingales L. Do Investment – Cash Flow Sensitivities Provide Useful Measures of Financing Constraints? The Quarterly Journal of Economics, Vol. 112, No. 1, 1997, pp. 169 – 215.

[175] Kaustia M, Rantala V. Social Learning and Corporate Peer Effects. Journal of Financial Economics, Vol. 117, No. 3, 2015, pp. 653 – 669.

[176] Kim C F, Zhang L. Corporate Political Connections and Tax Aggressiveness. Contemporary Accounting Research, Vol. 33, No. 1, 2016, pp. 78 – 114.

[177] Kim J B, Li Y, Zhang L. Corporate Tax Avoidance and Stock Price Crash Risk: Firm-level Analysis. Journal of Financial Economics, Vol. 100, No. 3, 2011, pp. 639 – 662.

[178] King B G, Whetten D A. Rethinking the Relationship between Reputation and Legitimacy: A Social Actor Conceptualization. Corporate Rep-

utation Review, Vol. 11, No. 3, 2008, pp. 192 - 207.

[179] Knight F H. Risk, Uncertainty and Profit. London: Courier Corporation, 2012, pp. 10 - 34.

[180] Kubick T R, Lockhart G B. Overconfidence, CEO Awards, and Corporate Tax Aggressiveness. Journal of Business Finance and Accounting, Vol. 44, No. 5 - 6, 2017, pp. 728 - 754.

[181] Kubick T R, Lynch D P, Mayberry M A, et al. Product Market Power and Tax Avoidance: Market Leaders, Mimicking Strategies, and Stock Returns. The Accounting Review, Vol. 90, No. 2, 2015, pp. 675 - 702.

[182] Kubick T R, Masli A N S. Firm-level Tournament Incentives and Corporate Tax Aggressiveness. Journal of Accounting and Public Policy, Vol. 35, No. 1, 2016, pp. 66 - 83.

[183] Lamont O, Polk C, Saaárequejo J. Financial Constraints and Stock Returns. The Review of Financial Studies, Vol. 14, No. 2, 2001, pp. 529 - 554.

[184] Lanis R, Richardson G. Corporate Social Responsibility and Tax Aggressiveness: An Empirical Analysis. Journal of Accounting and Public Policy, Vol. 31, No. 1, 2012, pp. 86 - 108.

[185] Lanis R, Richardson G. The Effect of Board of Director Composition on Corporate Tax Aggressiveness. Journal of Accounting and Public Policy, Vol. 30, No. 1, 2011, pp. 50 - 70.

[186] Law K K, Mills L F. Military Experience and Corporate Tax Avoidance. The Review of Accounting Studies, Vol. 22, No. 1, 2017, pp. 141 - 184.

[187] Law K K, Mills L F. Taxes and Financial Constraints: Evidence from Linguistic Cues. Journal of Accounting Research, Vol. 53, No. 4, 2015, pp. 777 - 819.

[188] Lawrence P R, Lorsch J W. Differentiation and Integration in Complex Organizations. Administrative Science Quarterly, Vol. 12, No. 1, 1967, pp. 1 - 47.

[189] Leary M T, Roberts M R. Do Peer Firms Affect Corporate Finan-

cial Policy? . Journal of Finance, Vol. 69, No. 1, 2014, pp. 139 – 178.

[190] Liao L., Li Z., Zhang W., et al. Does the Location of Stock Exchange Matter? A Within-country Analysis. Pacific – Basin Finance Journal, Vol. 20, No. 4, 2012, pp. 561 – 582.

[191] Lieberman M B, Asaba S. Why Do Firms Imitate Each Other? . Academy of Management Review, Vol. 31, No. 2, 2006, pp. 366 – 385.

[192] Lyandres E. Capital Structure and Interaction Among Firms in Output Markets: Theory and Evidence. Journal of Business, Vol. 79, No. 5, 2006, pp. 2381 – 2421.

[193] MacMillan I, McCaffery M L, Van Wijk G. Competitors' Responses to Easily Imitated New Products—Exploring Commercial Banking Product Introductions. Strategic Management Journal, Vol. 6, No. 1, 1985, pp. 75 – 86.

[194] Manski C F. Economic Analysis of Social Interactions. Journal of Economic Perspectives, Vol. 14, No. 3, 2000, pp. 115 – 136.

[195] Manski C F. Identification of Endogenous Social Effects: The Reflection Problem. The Review of Economic Studies, Vol. 60, No. 3, 1993, pp. 531 – 542.

[196] Manzon G B, Plesko G A. The Relation Between Financial and Tax Reporting Measures of Income. SSRN Working Paper, No. 312185, 2001.

[197] March J G, Olsen J P. Ambiguity and Choice in Organizations. Bergen, Norway: Universitetsforlaget. 1976.

[198] March J G, Olsen J P. The Uncertainty of the Past: Organizational Learning under Ambiguity. European Journal of Political Research, Vol. 3, No. 2, 2006, pp. 147 – 171.

[199] March J G. Exploration and Exploitation in Organizational Learning. Organization Science, Vol. 2, No. 1, 1991, pp. 71 – 87.

[200] Massa M, Zhang B, Zhang H. The Invisible Hand of Short Selling: Does Short Selling Discipline Earnings Management? . The Review of Financial Studies, Vol. 28, No. 6, 2015, pp. 1701 – 1736.

[201] McGuire S T, Omer T C, Wang D. Tax Avoidance: Does Tax-

specific Industry Expertise Make A Difference. The Accounting Review, Vol. 87, No. 3, 2012, pp. 975 – 1003.

[202] McGuire S T, Wang D, Wilson R J. Dual Class Ownership and Tax Avoidance. The Accounting Review, Vol. 89, No. 4, 2014, pp. 1487 – 1516.

[203] Meyer J W, Rowan B. Institutionalized Organizations: Formal Structure as Myth and Ceremony. American Journal of Sociology, Vol. 83, No. 2, 1977, pp. 340 – 363.

[204] Miller D, Shamsie J. Learning Across the Life Cycle: Experimentation and Performance Among the Hollywood Studio Heads. Strategic Management Journal, Vol. 22, No. 8, 2001, pp. 725 – 745.

[205] Miller J H, Page S E. The Standing Ovation Problem. Complexity, Vol. 9, No. 5, 2004, pp. 8 – 16.

[206] Milliken F J. Three Types of Perceived Uncertainty About the Environment: State, Effect, and Response Uncertainty. Academy of Management Review, Vol. 12, No. 1, 1987, pp. 133 – 143.

[207] Moretti E. Social Learning and Peer Effects in Consumption: Evidence from Movie Sales. The Review of Economic Studies, Vol. 78, No. 1, 2011, pp. 356 – 393.

[208] Nalebuff B. J. , Stiglitz J. E. Information, Competition, and Markets. American Economic Review, Vol. 72, No. 2, 1983, pp. 278 – 283.

[209] Pfeffer J, Salancik G R. The External Control of Organizations: A Resource Dependence Perspective. New York: Harper and Row, 1978, pp. 15 – 23.

[210] Phillips J. D. Corporate Tax – Planning Effectiveness: The Role of Compensation – Based Incentives. The Accounting Review, Vol. 78, No. 3, 2003, pp. 847 – 874.

[211] Popadak J A. Dividend Payments as a Response to Peer Influence. SSRN Working Paper, No. 2170561, 2012.

[212] Powell W W, DiMaggio P J. The New Institutionalismin Organizational Analysis. Chicago: University of Chicago Press, 1991, pp. 73 – 79.

[213] Rego S O, Wilson R. Equity Risk Incentives and Corporate Tax Aggressiveness. Journal of Accounting Research, Vol. 50, No. 3, 2012, pp. 775 – 810.

[214] Richardson G, Taylor G, Lanis R. The Impact of Board of Director Oversight Characteristics on Corporate Tax Aggressiveness: An Empirical Analysis. Journal of Accounting and Public Policy, Vol. 32, No. 3, 2013, pp. 68 – 88.

[215] Ruef M, Scott W R. A Multidimensional Model of Organizational Legitimacy: Hospital Survival in Changing Institutional Environments. Administrative Science Quarterly, Vol. 43, No. 4, 1998, pp. 877 – 904.

[216] Shue K. Executive Networks and Firm Policies: Evidence from the Random Assignment of MBA Peers. The Review of Financial Studies, Vol. 26, No. 6, 2013, pp. 1401 – 1442.

[217] Simon H A. Theories of Decision – Making in Economics and Behavioral Science. The American Economic Review, Vol. 49, No. 3, 1959, pp. 253 – 283.

[218] Slemrod J, Yitzhaki S. Tax Avoidance, Evasion, and Administration. Handbook of Public Economics. Amsterdam: Elsevier, Vol. 3, 2002, pp. 1423 – 1470.

[219] Slemrod J. The Economics of Corporate Tax Selfishness. National Tax Journal, Vol. 57, No. 4, 2004, pp. 877 – 900.

[220] Strang D, Tuma N B. Spatial and Temporal Heterogeneity in Diffusion. American Journal of Sociology, Vol. 99, No. 3, 1993, pp. 614 – 639.

[221] Tarde G. The Laws of Imitation. New York: Patterson Smith, 1903, pp. 51 – 57.

[222] Wilson R. An Examination of Corporate Tax Shelter Participants. The Accounting Review, Vol. 84, No. 3, 2009, pp. 969 – 999.

[223] Winston G C, Zimmerman D J. Peer Effects in Higher Education. Williams Project on the Economics of Higher Education, Vol. 39, No. 2, 2003, pp. 65 – 77.

[224] Wu L, Wang Y, Lin B X, et al. Local Tax Rebates, Corporate

Tax Burdens, and Firm Migration: Evidence from China. Journal of Accounting and Public Policy, Vol. 26, No. 5, 2007, pp. 555 – 583.

[225] Wu S Y, Huang J T, Kao A P. An Analysis of the Peer Effects in Charitable Giving: The Case of Taiwan. Journal of Family and Economic Issues, Vol. 25, No. 4, 2004, pp. 483 – 505.

后　　记

本书是在我博士学位论文的基础上修改完善而成的。值本书出版之际，我要对我的师长、家人、同学、朋友和所有关心和帮助过我的人表示衷心的感谢。

首先，感谢我的恩师杨明增教授。恩师渊博的学识、严谨的治学态度、诲人不倦的敬业精神、乐观豁达的处世哲学，深深地影响着我。读博四年中，每次与恩师交流、讨论的场景仍历历在目。难以忘记我第一次将写好的稿件交给恩师看，返回来的稿件满是批注和标红。难以忘记无数日夜我们彼此往来的邮件和短信息，这是恩师对我学习能力的"敲打"和"锻造"。为了扩展我的研究视野，恩师还多次资助我参加学术会议和培训。博士论文写作过程中，从最初的选题到最终的定稿，一次次的修改中无不凝聚着恩师的悉心指导。感谢恩师和师母解莹老师对我学业和生活的关怀，让我有幸感受到亦师亦友亦亲人般的温暖，这一切必将永记于心。

论文的顺利完稿与山东财经大学会计学院许许多多老师的悉心指导和辛勤工作是分不开的。感谢参加我开题报告会、中期检查以及预答辩等环节的慕好东教授、王爱国教授、毕秀玲教授、朱德胜教授、王守海教授、陈艳教授、张志红教授、刘惠萍教授和王斌教授，你们的宝贵意见极大地促进了博士论文的修改与完善。感谢慕好东教授、王守海教授和牟韶红教授的财务会计理论课程，胡元木教授的财务管理理论课程，武恒光教授和尚兆燕教授的审计理论课程，你们的课程使我系统深入地学习到本专业的理论知识和最新研究成果，为论文的写作打下了坚实的基础；感谢负责研究生教育工作的孙文刚副院长和刘明辉老师在开题、答辩等过程中的辛勤付出。衷心祝愿各位老师工作顺利、幸福安康！

感谢我的同窗，在学习和生活中对我的诸多关心和照顾，与你们共同学习、交流与探讨，让我受益匪浅。感谢我的同门师弟师妹，给予我的无私帮助，无以回馈。衷心祝愿你们能够在工作和生活中一切顺利！

最后，也是最重要的，感谢我的父母一贯的理解与支持，父爱如山，母爱如海，昊天罔极，你们的含辛茹苦和默默付出给予了我前进的动力；感谢我的爱人，从大学校园相识到相爱，最后步入婚姻殿堂，是你一直在我身旁鼓励和支持我，陪我共克难关，与我分享喜悦，执子之手，夫复何求；感谢我的大儿子，从博士学业伊始时的呱呱坠地，到临近毕业时的活泼可爱，再到书稿完成时的小小少年，在繁忙的学习和工作之余你带给我最多欢乐；感谢我的小儿子，你在论文即将完成之际降生，在书稿完成时绕膝欢跳，给我带来更多欢乐与惊喜。没有亲人的理解与支持，我是无法完成我的博士学业和本书稿的，愿此书能聊慰你们无私的爱。

张钦成
2022 年 6 月于山东财经大学